Lernen mit (un-)ähnlichen Beispielen

AF209671

Empirische Erziehungswissenschaft

herausgegeben von

Rolf Becker, Sigrid Blömeke, Wilfried Bos,
Hartmut Ditton, Cornelia Gräsel, Eckhard Klieme,
Rainer Lehmann, Thomas Rauschenbach,
Hans-Günther Roßbach, Knut Schwippert,
Ludwig Stecher, Christian Tarnai, Rudolf Tippelt,
Rainer Watermann, Horst Weishaupt

Band 62

Waxmann 2016
Münster • New York

Veronika Schwelle

Lernen mit (un-)ähnlichen Beispielen

Zur Bedeutung der
Oberflächenstruktur von Beispielen
im naturwissenschaftlichen Sachunterricht

Waxmann 2016
Münster • New York

Bibliografische Informationen der Deutschen Nationalbibliothek
Die Deutsche Nationalbibliothek verzeichnet diese Publikation in
der Deutschen Nationalbibliografie; detaillierte bibliografische
Daten sind im Internet über http://dnb.dnb.de abrufbar.

Empirische Erziehungswissenschaft, Band 62
ISSN 1862-2127
Print-ISBN 978-3-8309-3460-8
E-Book-ISBN 978-8309-8460-3

© Waxmann Verlag GmbH, 2016
Steinfurter Straße 555, 48159 Münster

www.waxmann.com
info@waxmann.com

Umschlaggestaltung: Pleßmann Design, Ascheberg
Satz: Sven Solterbeck, Münster

Gedruckt auf alterungsbeständigem Papier,
säurefrei gemäß ISO 9706

Printed in Germany

Alle Rechte vorbehalten. Nachdruck, auch auszugsweise, verboten.
Kein Teil dieses Werkes darf ohne schriftliche Genehmigung des
Verlages in irgendeiner Form reproduziert oder unter Verwendung
elektronischer Systeme verarbeitet, vervielfältigt oder verbreitet werden.

Danksagung

An dieser Stelle möchte ich allen Personen danken, die mich während meiner Promotion begleitet und unterstützt haben.

Mein Dank gilt zunächst Frau Prof. Dr. Katrin Lohrmann und Herrn Prof. Dr. Andreas Hartinger, die es mir ermöglicht haben, den Weg in die Wissenschaft einzuschlagen. Die Forschungsidee, die Wirksamkeit des Analogen Enkodierens für den Grundschulunterricht zu prüfen, sowie der bewilligte Forschungsantrag an die Deutsche Forschungsgemeinschaft (DFG) waren die Grundlage für das von mir bearbeitete Forschungsprojekt (LO 1706/1-1).

Der Freiraum für meine Arbeit, der mir von Frau Prof. Dr. Katrin Lohrmann geschaffen wurde, sowie die Unterstützung, die sie mir während meiner Promotionsphase zukommen ließ, waren einzigartig, ihr strukturiertes Arbeiten hat mich geprägt und wird mich mein Leben lang begleiten. Herr Prof. Dr. Andreas Hartinger hat meine Arbeit stets mit Rat und Tat begleitet, bei unübersichtlichen Sachlagen schaffte er es, meinen Blick aufs Wesentliche zu lenken. Vielen Dank euch beiden!

Danken möchte ich auch Prof. Dr. Johannes Hartig für seine forschungsmethodische Beratung angesichts der komplexen Datenstruktur. Ein besonderer Dank gilt Herrn Prof. Dr. Wolfgang Einsiedler für seine konstruktive Kritik und Rückmeldung zu meiner Arbeit sowie den gewinnbringenden Austausch bei Tagungen.

Danke sagen möchte ich außerdem bei meinen Freiburger Kolleginnen und Kollegen, die mich jederzeit mit Rat und Tat unterstützt haben. Besonders hervorheben möchte ich an dieser Stelle meine Kollegin Dr. Jana Groß Ophoff, die immer ein offenes Ohr hatte und durch deren Unterstützung vor allem statistische Baustellen nicht mehr unlösbar schienen. Durch unser konspiratives Mittagessen und Kaffeetrinken hat sich eine Vielzahl an Fragezeichen aufgelöst.

Ein großes Dankeschön gilt außerdem Stefanie Baar, die mich unermüdlich bei der Dateneingabe unterstützt hat und unzählige Kilometer mit mir als meine Beifahrerin unterwegs war, sowie Sabrina Walter für ihre vielfältige Hilfe während der gesamten Promotionszeit.

Bedanken möchte ich mich außerdem bei allen beteiligten Lehrerinnen, Lehrern sowie Kindern der 22 Klassen, in denen ich den Unterricht meiner Interventionsstudie gestalten durfte sowie bei allen, die mich bereits im Vorfeld in den Pilotierungsdurchgängen unterstützt haben: Die Realisierung meines Forschungsprojekts wäre ohne das freundliche Öffnen dieser Klassenzimmertüren nicht möglich gewesen.

Last but not least möchte ich mich bei meiner Familie und meinen Freunden bedanken, von denen einige hier besonders hervorzuheben sind:

Zuallererst gilt mein ganz besonderer Dank meinen Eltern Inge und Peter Schwelle, die schon mein ganzes Leben lang bedingungslos an meiner Seite sind, immer an mich geglaubt haben und mir immer wieder den Rücken stärken. Danke, dass ihr die Grundsteine für meinen Weg gelegt habt!

Danke sagen möchte ich auch meiner Freundin Judith Weininger: Ihre unerschöpfliche Zuversicht und das allzeit offene Ohr haben meine Sorgen und Zweifel oftmals schon im Keim erstickt.

Von ganzem Herzen möchte ich mich außerdem bei meinem Freund Simon Kainz bedanken für seine nicht enden wollende Geduld und sein Verständnis, das er mir und meiner Arbeit entgegengebracht hat. Er hat mich schon am Schreiben gesehen, als ich noch Zweifel hatte den Weg nach Freiburg überhaupt einzuschlagen.

Abstract

A quasi-experimental study for scientific teaching analysed the importance of superficial similarity or dissimilarity between scientific examples, based on the same operating principle, on the development of content-specific knowledge of 3rd grade students. Research results show that the explicit comparison of multiple examples during the learning process establish flexible knowledge structures. However, there is no evidence which influence the similarity or dissimilarity within the examples of this comparison process has on the development of knowledge. Consulting theoretical considerations and empirical results there is an ambivalent situation: on the one hand there are good arguments for confronting the learners with superficially similar examples, on the other hand for confronting them with superficial dissimilar examples.

The present study investigates the described research gap: experimental group 1 practiced with similar examples, experimental group 2 practiced with dissimilar examples about the lever principle.

The results prove that practicing with dissimilar examples is more conducive than practicing with similar examples. Considering the possible ATI-effects the findings lead to the conclusion that individual conditions based on the increase of knowledge are less important if there is teaching quality.

Zusammenfassung

Im Rahmen einer quasiexperimentell angelegten Unterrichtsstudie zum naturwissenschaftlichen Sachunterricht wurde in der vorliegenden Arbeit untersucht, welche Bedeutung die oberflächliche Ähnlichkeit bzw. Unähnlichkeit zwischen naturwissenschaftlichen Beispielen, die auf demselben Funktionsprinzip basieren, für den Aufbau von inhaltsspezifischem Wissen bei Kindern der dritten Jahrgangsstufe hat. Forschungsbefunde zeigen, dass der explizite Vergleich von multiplen Beispielen während des Lernprozesses den Aufbau flexibler Wissensstrukturen anregen kann. Offen ist jedoch, welchen Einfluss die (Un-)Ähnlichkeitsbeziehung zwischen den Beispielen innerhalb dieser Vergleichsprozesse auf den Aufbau von Wissen hat. Zieht man theoretische Überlegungen und empirische Befunde heran, zeigt sich ein ambivalentes Bild: Einerseits gibt es gute Argumente für eine Auseinandersetzung mit oberflächlich ähnlichen Beispielen, andererseits jedoch auch für eine Konfrontation der Lernenden mit oberflächlich unähnlichen Beispielen.

Diese Forschungslücke wurde mittels einer Interventionsstudie aufgegriffen. Zum gewählten Interventionsgegenstand, dem Hebelgesetz, wurden vier Unterrichtssequenzen entwickelt, die sich hinsichtlich der (Un-)Ähnlichkeitsbeziehung der Beispiele unterscheiden: Versuchsgruppe 1 setzte sich in der Interventionsphase mit oberflächlich ähnlichen Beispielen auseinander, Versuchsgruppe 2 dagegen mit oberflächlich unähnlichen. Der Ertrag für den Aufbau von Wissen zum Hebelgesetz wurde durch inhaltsspezifische Leistungstests geprüft.

Die Ergebnisse zeigen, dass es Schülern durch explizit angeregte Vergleichsprozesse zwischen unähnlichen Beispielen besser gelingen kann, inhaltsspezifisches Wissen und Verständnis zum Hebelgesetz aufzubauen als Schülern, die ähnliche Beispiele miteinander verglichen haben. Bezogen auf mögliche ATI-Effekte lassen die Daten den Schluss zu, dass individuelle Voraussetzungen bezogen auf den Wissenszuwachs nur eine nebengeordnete Rolle spielen, wenn eine entsprechende Unterrichtsqualität vorliegt.

Anmerkung zur durchgeführten empirischen Unterrichtsstudie

Die Daten der vorliegenden Arbeit stammen aus einem Projekt, welches von der DFG im Zeitraum von 11/2010 bis 12/2012 finanziell gefördert wurde (Aktenzeichen LO 1706/1-1).

Anmerkungen zum Text

Um die Lesbarkeit des Textes zu verbessern, ist in der vorliegenden Arbeit meist von Schülern, Lehrern bzw. Lehrkräften oder Kollegen die Rede. Selbstverständlich sind stets Schülerinnen und Schüler, Lehrerinnen und Lehrer sowie Kolleginnen und Kollegen gemeint.

Hinter jeder Schüleräußerung wird ein Code angegeben, z. B. (POST_GS_M_Maria_123), welcher der Anonymisierung der Schülerdaten dient. Er setzt sich aus dem Messzeitpunkt, der Schule, dem Vornamen der Mutter und der Hausnummer des jeweiligen Kindes zusammen.

Inhalt

1   Einleitung

In den letzten Jahren ist die naturwissenschaftliche Bildung vermehrt in den Forschungsfokus gerückt. Dazu beigetragen haben neben den teils überraschenden Ergebnissen internationaler Vergleichsstudien, wie beispielsweise der TIMS-Studie, die zunehmende Technisierung des Alltags sowie der gravierende Fachkräftemangel in den Naturwissenschaften und der Technik.

Die Notwendigkeit einer naturwissenschaftlichen Bildung wird deshalb zu keiner Zeit in Frage gestellt – es besteht diesbezüglich gesamtgesellschaftlicher und bildungspolitischer Konsens (Labudde & Möller, 2012). Vor allem in Bezug auf die Grundschule ist dieses Anliegen jedoch keine neue Idee. Kornelia Möller (2006) bezieht sich diesbezüglich auf ein Dokument aus den frühen 1970er Jahren, in welchem der Deutsche Bildungsrat u. a. fordert, dass die Anfänge der Naturwissenschaften in elementarisierter Form Eingang in den Primarbereich finden müssen.

Die Frage, die sich nun stellt, lautet aber: Was bedeutet ‚in elementarisierter Form'?

Naturwissenschaftliche Gesetzmäßigkeiten stellen kognitiv anspruchsvolle und inhaltlich komplexe Unterrichtsinhalte dar, welche es vor allem für den Grundschulbereich entsprechend inhaltlich zu reduzieren gilt. Gelingt dies, kann eine Vielzahl an Forschungsbefunden nachweisen (beispielsweise zum Inhaltsbereich Schwimmen und Sinken oder zum Magnetismus, vgl. hierzu u. a. Hardy, Jonen, Möller & Stern, 2006 bzw. Rachel, Heran-Dörr, Wiesner & Waltner, 2009 sowie Rachel, Wecker, Heran-Dörr, Wiesner & Fischer, 2012), dass es bereits Grundschulkindern, ihrem Alter angemessen, gelingt eine naturwissenschaftliche Gesetzmäßigkeit zu durchdringen.

Neben dieser, auf das Alter der jeweiligen Zielgruppe abgestimmten, Reduzierung muss das Augenmerk auf der Auswahl von geeigneten Beispielen liegen, die es ermöglichen den gewählten Bildungsinhalt im Unterricht zu bearbeiten.

Dem Arbeiten mit Beispielen im Unterricht widmen sich sowohl allgemeindidaktische als auch fachdidaktische und lehr-lernpsychologische Zugänge. Steht jeder dieser Zugänge für sich alleine, wird der jeweilige disziplinbedingte Forschungsfokus deutlich: Während es aus allgemeindidaktischer Perspektive eher um die theoriegeleitete Auswahl von Unterrichtsinhalten geht, versucht beispielsweise die Lehr-Lernforschung konkrete Umsetzungsmöglichkeiten empirisch zu erforschen. Trotz dieser unterschiedlichen Schwerpunktsetzung verfügen diese Zugänge über das Potential, sich gegenseitig zu ergänzen.

Die vorliegende Arbeit versucht, die erwähnten Zugänge miteinander zu verbinden, um so einerseits theoretische, andererseits empirisch belegbare Hinweise für die Unterrichtspraxis liefern zu können, die Aussagen über die Bedeutung von oberflächlicher (Un-)Ähnlichkeit von Beispielen für den Aufbau von inhaltspezifischem Wissen zulassen.

2   Ziele naturwissenschaftlichen Lernens

Für das naturwissenschaftliche Lernen bzw. den Sachunterricht in der Grundschule besteht weitestgehend Konsens hinsichtlich der Unterrichtsziele, die verfolgt werden sollten: Als zentral für eine grundlegende naturwissenschaftliche Bildung wird hierbei nicht die Vermittlung von umfangreichem Wissen gesehen, die darauf abzielt, möglichst große Anteile dieses Wissens für weiterführende Lernprozesse zur Verfügung zu stellen. Vielmehr geht es um eine naturwissenschaftliche Grundbildung im Sinne von *scientific literacy* (vgl. zsf. u. a. Bybee, 2002; Gräber & Nentwig, 2002; Gräber, Nentwig & Nicolson, 2002), welche neben dem Erwerb eines grundlegenden Verständnisses naturwissenschaftlicher Konzepte und Verfahren auch nichtleistungsbezogene Komponenten, wie beispielsweise die Förderung von Motivation und Interesse, beinhaltet. In dieses Konzept gehen somit verschiedene fachliche sowie überfachliche Kompetenzen ein, die ergänzt werden durch affektive Komponenten, wie Motivation, Neugierde und Interesse an naturwissenschaftlichen Fragen (Labudde & Möller, 2012). Unter dem in diesem Kontext immer wieder auftauchenden Begriff des Verstehens wird für die vorliegende Arbeit das Vorhandensein von Wissensstrukturen verstanden, die über den Erwerbskontext hinaus anwendbar, d. h. flexibel und nicht situationsspezifisch enkodiert, sind (vgl. dazu die Theorie zur kognitiven Flexibilität: Spiro, Feltovich, Jacobson & Coulson, 1991). Gestützt werden kann diese Definition durch die von Wolfgang Einsiedler (2011), für den Verstehen bedeutet „in sich kohärente Wissensmodelle aufzubauen und das Wissen auf verwandte Sachverhalte anwenden zu können" (S. 343). Ergänzend dazu beinhaltet das Verstehen eines Sachverhalts bzw. einer Gesetzmäßigkeit, dass etwas „Neues" in die bereits vorhandene Wissensstruktur eingeordnet werden kann. Dieser Zu- und Einordnungsprozess kann dazu führen, dass ein naturwissenschaftliches Konzept zunehmend elaboriert (gemeint ist das Konkretisieren und Ausweiten des Wissens) und organisiert (gemeint ist die Bündelung von Wissen bzw. die Zusammenfassung von Einzelheiten) wird (vgl. Einsiedler, 2007, S. 399).

Eine Vielzahl an Autoren beschäftigt sich mit der Frage nach den Zielen naturwissenschaftlichen Lernens und mit ihrer Konkretisierung bezogen auf die Unterrichtspraxis. Nach Möller (2006) sollte naturwissenschaftliches Lernen folgende Aufgaben erfüllen: Die Lernenden sollen

1) beim Nachdenken über Phänomene aus Naturwissenschaft und Technik Interesse und Freude empfinden und daran interessiert sein, naturwissenschaftliche und technische Problemstellungen und Fragen zu ergründen.

2) das Selbstvertrauen entwickeln, etwas entdecken und verstehen zu können.

3) sich mit Freude auf forschendes Denken einlassen und auftretende Herausforderungen im Denken annehmen.

4) dazu befähigt werden, über naturwissenschaftlich-technische Fragen zu sprechen/zu kommunizieren.

5) ein anfängliches Verständnis von Wissenschaft und wissenschaftlichem Arbeiten aufbauen und entsprechende Verfahren, wie beispielsweise das Experimentieren, erlernen.

6) konzeptuelles Basiswissen erwerben, welches von ihnen für das Vorhersagen und Erklären von Phänomenen genutzt werden kann.

Aufgezeigt wird hier ein multikriterialer Katalog an Unterrichtszielen, in welchem „konzeptuelle, verfahrensbezogene, metakognitive, motivationale und selbstbezogene" (ebd., S. 111) Bereiche miteinander verknüpft werden. Es wird deutlich, dass neben der Entwicklung von naturwissenschaftlichem Wissen einerseits und dem Wissen über das Wesen der Naturwissenschaften andererseits, also leistungsbezogenen Zielvariablen, der naturwissenschaftliche Unterricht in der Grundschule auch motivationale, d. h. nichtleistungsbezogene, Zielsetzungen verfolgt: Anzuführen ist hierbei das Streben nach einer Entwicklung von Interesse am Nachdenken über Naturwissenschaften, wobei zwischen individuellem und situationalem Interesse unterschieden werden muss (Krapp, 2002). Lange, Kleickmann, Tröbst und Möller (2012) stellen in diesem Zusammenhang dar, dass beide Formen des Interesses als Zieldimension von Unterricht angesehen werden, Bezug nehmend auf Hidi und Harackiewicz (2000) jedoch das situationale Interesse eher durch Unterricht beeinflussbar ist. Nach Lange et al. (2012) werden „[d]iese mehrdimensionalen Ziele [...] zumeist noch um das situative Erleben von Kompetenz im Unterrichtsgeschehen selbst und den Aufbau positiver selbstbezogener Kognitionen, wie z. B. positiver Selbstwirksamkeitserwartungen, ergänzt" (S. 59; vgl. außerdem Einsiedler, 2003; Möller, 2001).

Auch Prenzel und Kollegen (2004) beschäftigen sich in einer Publikation der Bund-Länder-Kommission mit der Frage, welche Zielsetzungen das naturwissenschaftliche Lernen in der Grundschule verfolgen sollte: „Der

Sachunterricht zielt generell darauf ab, die Wahrnehmung, das Verständnis und das Erschließen der natürlichen, technisch gestalteten, kulturellen und sozialen Umwelt, ausgehend von den Erfahrungen der Kinder, in Richtung fachlich belastbarer Vorstellungen und Zugänge zu entwickeln" (S. 9). Thematisiert wird hier der Aufbau eines grundlegenden konzeptuellen Wissens und Verständnisses, welches naturwissenschaftlichen Leitideen zugeordnet werden kann. Von Bedeutung sind dabei wenige zentrale Konzepte, „die auf die Erfahrungswelt der Kinder bezogen werden können, zugleich aber anschlussfähig sind für nachfolgendes Lernen" (ebd., S. 10). Des Weiteren wird als Zielaspekt, ähnlich wie bei Möller bzw. dem Konzept von *scientific literacy*, der Aufbau eines ersten Verständnisses naturwissenschaftlicher Denk- und Arbeitsweisen gesehen. Parallelen zeigen sich auch bezogen auf den motivationalen Bereich: Sowohl die Entwicklung eines fragenden Interesses als auch die Freude am Fach werden als Ziel formuliert.

Mit Blick auf eine kompetenzorientierte Gestaltung von Lernprozessen, die es ermöglichen soll, die dargestellten Zielsetzungen zu erreichen, wird bei Prenzel und Kollegen folgende Umsetzungsmöglichkeit dargelegt: Es wird dafür plädiert, problemorientiert von Alltagssituationen auszugehen, „Vorstellungen und Annahmen darlegen und begründen zu lassen, zum Explorieren anzuregen und die Erfahrungen und Erkenntnisse auszuwerten und zu interpretieren" (ebd., S. 11). Entscheidend ist ihrer Ansicht nach vor allem in den Erarbeitungsphasen die Balance zwischen gedanklichen Aktivitäten („minds-on") und Tätigkeiten („hands-on") (vgl. ebd.). Für die Lehrkräfte besteht außerdem eine Herausforderung darin, an den Präkonzepten der Kinder anzuknüpfen, mögliche Fehlvorstellungen zu identifizieren und diese aus Sicht der Kinder überzeugend zu widerlegen und dadurch zu überwinden (vgl. hierzu den Ansatz *conceptual change*, u. a. Duit, 1999; Möller, 2007; Schnotz, 2010).

Ebenfalls mit den Zielen des naturwissenschaftlichen Lernens beschäftigt sich der Perspektivrahmen Sachunterricht der Gesellschaft für Didaktik des Sachunterrichts (2013), der als zentrale Orientierungshilfe für die Gestaltung dieses Fachs gesehen werden kann. In einem ersten Schritt legt der Perspektivrahmen Kernziele des sachunterrichtlichen Lernens allgemein dar, welches sich neben der Naturwissenschaft aus sozialwissenschaftlichen, geographischen, historischen sowie technischen Inhalten zusammensetzt. Diese fünf Inhaltsbereiche werden in einem zweiten Schritt detaillierter ausgeführt und bezogen auf die jeweiligen Zielsetzungen konkretisiert, indem aus jedem Inhaltsbereich eine entsprechende Perspektive gebildet wird. In der vorliegenden Arbeit wird auf die naturwissenschaftliche Perspektive des GDSU-Perspektivrahmens fokussiert, teilweise sind Verknüpfungen zur technischen Perspektive zu sehen.

Laut Perspektivrahmen beinhaltet die naturwissenschaftliche Perspektive fünf Schwerpunkte, die sowohl kognitive, metakognitive als auch handlungsorientierte Komponenten enthalten (ebd., S. 38). So werden einerseits Aspekte wie das Wahrnehmen, Erkennen und zunehmende Verstehen von Phänomenen genannt sowie das Erkennen des Wesens naturwissenschaftlichen Wissens, andererseits auch die Aneignung von Denk-, Arbeits- und Handlungsweisen sowie die Reflexion und Bewertung des eigenen Lernprozesses. Deutlich wird, dass im Gegensatz zum multikriterialen Zielkatalog (Möller, 2006) das Hauptaugenmerk auf die leistungsbezogenen Zielsetzungen und die Anschlussfähigkeit des Wissens gelegt wird und die nichtleistungsbezogenen Ziele dagegen in den Hintergrund treten.

Die Zielsetzungen des Verstehens, also das Durchdringen von naturwissenschaftlichen Phänomenen, und die Zielsetzung, konzeptuelles Basiswissen aufzubauen, sind eng miteinander verbunden und stehen im Zentrum der vorliegenden Arbeit. In Anlehnung an den Perspektivrahmen konzentriert sich die Arbeit folglich auf die Frage, wie naturwissenschaftlicher Unterricht gestaltet werden kann, um diese Zielsetzungen zu erreichen. Eine Orientierungshilfe stellen dabei die Vorschläge von Prenzel und Kollegen dar.

Als konzeptuelles Wissen wird in diesem Zusammenhang verstanden, dass es Lernenden gelingt ein Phänomen bezogen auf eine naturwissenschaftliche Gesetzmäßigkeit zu erklären, d.h. sie können damit die Frage nach dem *wie* und *warum* beantworten. Als prozedurales Wissen wird definiert, dass Lernende bezogen auf eine Situation wissen, *wie* etwas funktioniert, ohne in der Lage zu sein zu erklären, warum es so ist (Schwelle, Lohrmann & Hartinger, 2014).

Empirische Forschungsarbeiten versuchten in den letzten Jahren aufzuzeigen, wie es gelingen kann, Lernsettings zu gestalten, die über das Potential verfügen, den angesprochenen Zielsetzungen gerecht zu werden. Als eine Möglichkeit hierfür wird das Arbeiten mit Beispielen gesehen, welches im folgenden Teil der Arbeit dargestellt wird.

3 Arbeiten mit Beispielen

Als eine Möglichkeit Lernumgebungen zu gestalten, mit denen die Ziele des naturwissenschaftlichen Lernens verfolgt werden können, wird das Arbeiten mit Beispielen gesehen. Im folgenden Teil werden deshalb theoretische Zugänge dargestellt, die sich mit der Auswahl und dem Einsatz von Beispielen in Lernsettings beschäftigen und somit die theoretische Rahmung der vorliegenden Arbeit liefern. Dabei wird auf Zugänge aus verschiedenen Fachdisziplinen – der Allgemeinen Didaktik, der Fachdidaktik sowie der Lehr-Lernforschung – zurückgegriffen.

3.1 Allgemeindidaktischer Zugang: Prinzip der Exemplarität

Einen wesentlichen theoretischen Zugang für die vorliegende Arbeit stellt die bildungstheoretische Didaktik nach Wolfgang Klafki dar. Die sogenannte kategoriale Bildung entwirft er anknüpfend an die Theorie der Bildungsinhalte von Erich Weniger (1956). Sein Anliegen ist es, durch die kategoriale Bildung die beiden bisher favorisierten Bildungskonzeptionen, die materiale und die formale Bildung, zusammenzuführen. Unter materialer Bildung wird die möglichst große Anhäufung enzyklopädischen Wissens verstanden, wohingegen mit formaler Bildung die Beherrschung von Methoden, die einen Lernenden dazu befähigen sich Inhalte eigenständig anzueignen, sowie die Entfaltung der individuellen körperlichen, geistigen und seelischen Kräfte gemeint ist (Wiater, 2011, S. 63 f.).

Als zentraler Punkt der bildungstheoretischen Didaktik kann die Fokussierung auf die bildenden Momente im Unterrichtsinhalt gesehen werden, d. h. es wird der Frage nachgegangen, womit sich Lernende für kategoriale Bildung auseinandersetzen müssen. Dabei gilt als wesentliches Ziel von Unterricht, unabhängig von Alter, Schulart und Unterrichtsfach, einen Unterrichtsinhalt so zu gestalten, dass er für die Lernenden bildungswirksam wird. Um die Bildungswirksamkeit zu gewährleisten, liefert Klafki für die Auswahl von Unterrichtsinhalten drei Prinzipien: So muss ein Inhalt *elementar* sein, d. h. er muss – bezogen auf die Sache – über sich hinaus auf etwas Allgemeines verweisen. Zudem muss er *fundamental* sein, also für den Lernenden grundlegende Einsichten bereitstellen, sowie *exemplarisch*, also typisch für die zu erlernende Gesetzmäßigkeit.

Die Auswahl eines entsprechenden Inhalts wird notwendig angesichts zunehmender Stofffülle und der begrenzten Zeit, die für Bildungsprozesse zur Verfügung steht. Die Verschlankung der Curricula ist dabei eine Maßnahme, das Lernpensum dahingehend zu reduzieren, dass anhand von einzelnen Unterrichtsinhalten ein Sachverhalt intensiv durchdrungen werden kann. Der Einsatz der drei oben genannten Prinzipien, insbesondere das der Exemplarität, ermöglicht eine entsprechende Auswahl.

Den durch die kategoriale Bildung vorliegenden theoretischen Zugang versuchte Klafki (1958, 2007) durch die sogenannte „Didaktische Analyse", die ein Modell zur Planung von Unterricht darstellt, für die Unterrichtspraxis nutzbar zu machen, indem er basierend auf den Auswahlprinzipien des Elementaren, Fundamentalen und Exemplarischen Kriterien für eine Inhaltsauswahl formuliert, die von Lehrkräften in der Vorbereitung des Unterrichts für den jeweiligen Unterrichtsinhalt herangezogen werden sollen und die die unterrichtspraktische Umsetzung der drei Prinzipien darstellen.

Von Klafki werden in der didaktischen Analyse, basierend auf den drei Auswahlprinzipien, fünf Grundfragen formuliert (vgl. Tabelle 1; Klafki, 1958; Meyer & Meyer, 2007, S. 68), anhand derer es möglich sein soll zu beurteilen, welchen Bildungsgehalt der ausgewählte Inhalt für die Schülerinnen und Schüler hat.

Tabelle 1: Die fünf Grundfragen der didaktischen Analyse (Meyer & Meyer, 2007, S. 68)

Auswahlkriterium	Didaktische Grundfrage
Gegenwartsbedeutung	Welche Bedeutung hat der betreffende Inhalt bereits im geistigen Leben meiner Klasse und welche Bedeutung sollte er haben?
Zukunftsbedeutung	Worin liegt die Bedeutung des Themas für die Zukunft der Kinder?
Struktur des Inhalts	Welche ist die Struktur des (durch die Fragen I und II in die spezifisch pädagogische Sicht gerückten) Inhalts?
Exemplarische Bedeutung	Welchen allgemeinen Sachverhalt, welches allgemeine Problem erschließt der betreffende Inhalt?
Zugänglichkeit	Welches sind die besonderen Fälle, Phänomene, Situationen, Versuche, in oder an denen die Struktur des jeweiligen Inhalts den Kindern dieser Bildungsstufe, dieser Klasse interessant, frag-würdig [sic], zugänglich, begreiflich, „anschaulich" werden kann?

Diese Grundfragen finden sich auch nach der Wende hin zur kritisch-konstruktiven Didaktik in Klafkis überarbeitetem didaktischen Modell, dem Perspektivenschema zur Unterrichtsplanung (Klafki, 2007, S. 270 ff.), wieder. Die vor mehr als 50 Jahren entwickelten Auswahlkriterien (vgl. Tabelle 1) können auch heute noch als geeignete Leitlinien bzw. Prüfinstrumente verstanden werden, wenn es um die Beurteilung der Ergiebigkeit eines Inhalts geht (Meyer & Meyer, 2007, S. 68).

Für die vorliegende Arbeit wird das Auswahlprinzip der Exemplarität bzw. das Prinzip des exemplarischen Lehrens und Lernens in den Vordergrund gestellt, da im Zentrum der durchgeführten empirischen Studie die Gestaltung von Lehr-Lernsituationen durch den Einsatz von Beispielen und folglich die Auswahl von geeigneten, d. h. elementaren und fundamentalen, Beispielen steht.

Der Grundgedanke des exemplarischen Lehrens und Lernens ist, dass sich die Lernenden mit einer begrenzten Anzahl von ausgewählten Beispielen aktiv auseinandersetzen, somit mehr oder weniger weitreichend verallgemeinerbare Kenntnisse, Fähigkeiten und Einstellungen erarbeiten und dadurch sogenanntes bildendes Lernen stattfindet. Damit gemeint sind Lernprozesse, die die Selbstständigkeit des Lernenden fördern und nicht durch die reproduktive Übernahme möglichst vieler Einzelkenntnisse geprägt sind. „Mit Hilfe solcher allgemeinen Einsichten, Fähigkeiten, Einstellungen können jeweils mehr oder minder große Gruppen strukturgleicher oder ähnlich strukturierter Einzelphänomene und -probleme zugänglich bzw. lösbar gemacht werden" (Klafki, 2007, S. 144). Daraus ergibt sich, dass es den Lernenden möglich sein soll, durch das am besonderen, d. h. am gewählten Beispiel, erarbeitete Allgemeine neue Lösungsstrategien bzw. Strukturierungsmöglichkeiten zu erkennen. Nach Klafki wirkt dieser Bildungsvorgang schon bei Kleinkindern. Als Beispiel führt er die Verknüpfung von „Subjekt" und „Verb" an (z. B. „Oma kommt"): Wurde der Sinn dieser Verknüpfung von einem Kind erkannt, wird es ihm möglich, eine Vielzahl an gleich strukturierten Aussagen zu verstehen und gleichzeitig durch die erworbene Strategie Aussagen mit identischer Struktur eigenständig zu formulieren (ebd., S. 143 ff.).

Dem exemplarischen Lehren und Lernen liegt u. a. die Zielvorstellung zugrunde, dass Kinder durch schulische und außerschulische Lernprozesse zur Selbstständigkeit geführt werden sollen. Lehren wird in diesem Zuge deshalb nicht als bloße Vermittlung von Wissen und Fertigkeiten gesehen; das exemplarische Prinzip kann zusätzlich eine Hilfestellung sein, die in früheren Lehrplänen vorhandene stoffliche Überfrachtung zu verringern. Für ein Gelingen von selbstständigem Lernen sieht Klafki folgende Bedingungen: Als erste Bedingung ist zu sehen, dass es gelingen muss an den kognitiven, psychomotorischen, ästhetischen, sozialen und moralischen Entwicklungsstand der Lernenden anzuknüpfen sowie an die Interessen und Sicht- bzw. Umgangsweisen. An der von Klafki formulierten Bedingung lassen sich Verbindungen zum sogenannten schülerorientierten Lernen erkennen (ebd., S. 145 f.). Als zweite Bedingung formuliert Klafki die Forderung, dass die Schülerinnen und Schüler durch den Unterricht darin unterstützt werden sollen, „die ‚sachlogischen' Stufen der Entwicklung solcher Gesetzmäßigkeiten, Strukturen, Zusammenhänge, entweder schrittweise aufbauend nachzuvollziehen bzw. zu entdecken oder aber analytisch, vom ‚fertigen' Ergebnis aus rückschreitend, zu rekonstruieren" (ebd., S. 147). Der zu lernende Inhalt soll folglich mit den Lernenden erarbeitet werden, d.h. produktiv angeeignet und durch Anwendung gefestigt werden. Falsch wäre dagegen, wenn der Unterricht die zu lernenden Gesetzmäßigkeiten, Prinzipien, Strukturen und Zusammenhänge den Schülerinnen und Schülern als fertiges Modell präsentieren würde (ebd., S. 146 f.).

Der zentrale Vorteil, der sich aus dem Ansatz des exemplarischen Lehrens und Lernens ergibt, wird auch von anderen Autoren wie beispielsweise Jerome S. Bruner gesehen: Er legt dar, dass Lernende in der Lage sind, neue Problemstellungen als Beispiele alter Prinzipien, die bereits bearbeitet wurden, erkennen zu können, wenn das Allgemeine dieser Beispiele bzw. Probleme erfasst wurde (referiert bei Straka & Macke, 1979, S. 134). Das bedeutet, dass die Lernenden vom Exemplarischen ausgehend abstrahieren müssen, indem Einzelheiten bzw. Besonderheiten des konkreten Beispiels abgestreift werden, um das Allgemeine, also das zugrundeliegende Prinzip bzw. Gesetz oder die gemeinsame Struktur herauszuarbeiten. Erst wenn die abstrakte Struktur des konkreten Beispiels durchdrungen wurde, kann es gelingen diese auf neue Beispiele zu übertragen. Neben der bereits angeführten Zielsetzung, Selbstständigkeit bei den Lernenden anzubahnen, kann durch das Abstrahieren und Rückbeziehen im Rahmen des exemplarischen Lehrens und Lernens auch einer zweiten Forderung von Klafki nachgekommen werden, der Festigung der abstrahierten Wissensstruktur an sinnvollen und allmählich im Grad der Variation aufsteigenden Aufgaben (Klafki, 2007, S. 155; Lohrmann, Hartinger & Schwelle, 2013, S. 160 f.).

Nach der Auswahl der Beispiele, die den Zielsetzungen des Unterrichts nachkommen und über entsprechendes exemplarisches Potential verfügen, muss es im Unterricht gelingen, „die Lehr-Lernprozesse so zu gestalten, dass das jeweilige Beispiel über sich hinausweist und somit bildungswirksam wird" (Lohrmann et al., 2013, S. 160), da die Exemplarität für die Lernenden oftmals nicht offensichtlich ist. Abstrahierungs- sowie Rückbezugsprozesse können die Lernenden darin unterstützen, die Exemplarität der ausgewählten Beispiele zu erkennen und zu nutzen.

Die theoretischen Auswahlkriterien für exemplarisches Lehren und Lernen gilt es in einem nächsten Schritt in der Unterrichtspraxis umzusetzen. Hier wird beispielsweise durch Lehrpläne, Schulbücher oder auch Unterrichtsmaterial bereits eine mehr oder weniger enggeführte Inhaltsauswahl getroffen, die es jedoch von der Lehrkraft zu überprüfen und, falls notwendig, gegen didaktisch ergiebigere Beispiele auszutauschen gilt (ebd.).

Klafki (2007, S. 148 ff.) wirft diesbezüglich die Frage auf, inwieweit die Wissenschaft Kriterien für eine Inhaltsauswahl bieten kann bzw. inwieweit aus der Wissenschaft Auswahlkriterien abgeleitet werden können. Seiner Einschätzung nach besteht das Problem darin, dass hierbei der Schwerpunkt auf Strukturkenntnisse und auf grundlegende Untersuchungsverfahren gelegt wird und dabei zu kurz kommt, die Systematik der Kernbegriffe, -theorien und -methoden der jeweiligen Bezugsdisziplin zugrunde zu legen. Zudem wird das Suchen nach geeigneten Veranschaulichungsmöglichkeiten vernachlässigt (ebd., S. 150 f.). Er kommt deshalb zu dem Schluss, dass es künftig sogenannte „Schlüsselprobleme" (z. B. Friedensproblematik, Arbeit und Arbeitslosigkeit usw.) sein werden, die Themen bzw. konkrete Beispiele für das exemplarische Lehren und Lernen liefern (ebd., S. 154).

3.2   Sachunterrichtsdidaktischer Zugang: Arbeiten mit Phänomenkreisen

Wie bereits in Kapitel 1 dargelegt wurde, besteht ein Ziel des naturwissenschaftlichen Sachunterrichts darin Verstehensprozesse, also das Einordnen von Neuem in bereits vorhandene Wissensstrukturen sowie den Aufbau einer flexiblen Wissensstruktur, bei den Lernenden anzubahnen. Bezogen auf physikalische Sachverhalte beschäftigte sich Kay Spreckelsen (1997a, 1998) vorrangig theoretisch in seinen Arbeiten mit Verstehensprozessen von Grundschulkindern und der Frage, wie diese Prozesse durch den Einsatz von Phänomenen (naturwissenschaftlichen Beispielen) angeregt und gefördert werden können. Einen Ansatzpunkt stellten für ihn Arbeiten von

Martin Wagenschein (1965) dar, der sich in seiner Monographie „Die pädagogische Dimension der Physik" bereits mit Verstehensprozessen auseinandersetzte und durch die Formulierung „Verstehen heißt verbinden" (S. 181) deutlich machte, worum es bei Verstehensprozessen seiner Meinung nach gehe. Nach Spreckelsen gebe es jedoch innerhalb der Naturwissenschaftsdidaktik unterschiedliche Definitionen von „Verstehen". Klar sein muss deshalb, welcher Ausgangspunkt bei der Definition dieses Begriffs heranzuziehen ist (z. B. die konstruktivistische Position oder der Rückbezug auf Kants „kopernikanische Wende", vgl. Spreckelsen, 1969, S. 202). Spreckelsen schlägt in diesem Zusammenhang ein subjektbezogenes Vorgehen vor: Das Verstehen physikalischer Phänomene soll untersucht werden, indem der Blick auf die selbst formulierten Erklärungen bzw. Erklärungsmuster der Kinder bezüglich dieser Phänomene gerichtet wird (Spreckelsen, 1997a).

Zur Untersuchung dieser Frage setzt Spreckelsen sogenannte Phänomenkreise ein, die in unterrichtlichen Situationen wie folgt umgesetzt werden können: Den Kindern wird eine Reihe von Phänomenen präsentiert, denen das gleiche Funktionsprinzip, d. h. die gleiche naturwissenschaftliche Gesetzmäßigkeit zugrunde liegt. Die ausgewählten Phänomene bilden zusammen einen Phänomenkreis, der im Rahmen einer Gruppenarbeitsphase bearbeitet wird, indem sich die Kinder nacheinander mit den einzelnen Phänomenen beschäftigen, ohne dabei instruktional von der Lehrkraft in Form von sogenannten *stimulated recalls* (Calderhead, 1981) unterstützt zu werden. Ziel ist, dass die Kinder die Einzelphänomene möglichst genau beobachten und untersuchen. Die der Reihe nach von allen experimentell untersuchten Phänomene sollen anschließend gemeinsam betrachtet, miteinander verglichen und auf Gemeinsamkeiten bzw. Unterschiede hin untersucht werden. Der Lehrperson kommt in diesem Stadium die Aufgabe zu, die Kinder zum Vergleichen und Bilden von Analogien zu ermuntern und dabei aufsteigend von Analogien auf der Oberflächenstruktur (phänotypisch) zu solchen fortzuschreiten, die das Funktionsprinzip der Phänomene betreffen (genotypisch). Die Kinder sollen so darin unterstützt werden, das Funktionsprinzip der Phänomene zu durchdringen (Spreckelsen, 1997b, 1998). Bei der Auswahl der Phänomene ist darauf zu achten, dass sich diese vorzugsweise mit Materialien aus der Lebenswelt der Kinder realisieren lassen, um so den Lebensweltbezug herzustellen (Spreckelsen, 1997a, 1998).

Ein konkretes Umsetzungsbeispiel für einen Phänomenkreis im physikalischen Lernbereich der unteren Sekundarstufe wäre nach Spreckelsen (1995) folgendes:

Verstanden werden soll von den Kindern das Funktionsprinzip eines Heißluftballons, also das Prinzip des Auftriebs/Schwimmens sowohl in Luft als auch in Wasser. Bearbeitet werden soll der Sachverhalt mittels folgender Phänomene: (1) Seifenblase auf der Flasche, (2) Thermometermodell, (3) U-Boot in der Flasche, (4) Unterwasservulkan, (5) Wärmeschlange und (6) Heißluftballon.

1) Seifenblase auf der Flasche: Zur Durchführung dieses Phänomens wird eine leere Flasche mit dem Hals in Seifenlauge getaucht und anschließend mit den Händen erwärmt. Es kann beobachtet werden, dass das Seifenhäutchen, dass sich über dem Hals der Flasche befindet, sich zu einer Halbkugel formt bis es platzt.

2) Thermometermodell: Ein Korken wird der Länge nach durchbohrt. Durch die Bohrung wird anschließend ein durchsichtiger Trinkhalm gesteckt. Eine bis zum Rand mit Wasser gefüllte Flasche wird mit diesem Korken verschlossen. Beobachtet werden kann, dass nach einiger Zeit der Wasserstand im Trinkhalm ansteigt.

3) U-Boot in der Flasche: In eine bis zum Rand mit Wasser gefüllte Flasche wird ein Stück frisch geschälte Orangenschale getaucht. Wird nun mit dem Daumen auf die Wasseroberfläche am Flaschenhals gedrückt, sinkt die Orangenschale wie ein U-Boot nach unten, lässt der Druck nach, steigt sie wieder nach oben. Das „U-Boot" kann durch genaues Dosieren des Drucks durch die gesamte Flasche schweben.

4) Unterwasservulkan: In ein hohes, mit Wasser gefülltes Glas wird ein kleines, mit heißem eingefärbten Wasser gefülltes Fläschchen (am besten mit Fäden) auf den Glasboden gestellt. Es kann beobachtet werden, dass das heiße Wasser im kalten Wasser aufsteigt und sich farbige Wasserverwirbelungen bilden.

5) Wärmeschlange: Eine Papprähre mit ca. 23 cm Durchmesser und ca. 60 cm Höhe wird als „Kamin" über eine einflammige Elektroherdplatte gestülpt. Dabei ist auf die Luftzufuhr des Kamins am unteren Rand zu achten. Auf den Kamin wird ein Holzkreuz gelegt, welches mittig durch einen senkrecht stehenden, angespitzten Bleistift (Spitze nach oben) fixiert wird. Auf die Spitze des Bleistifts wird eine Papierspirale gelegt, die sich aufgrund der aufsteigenden warmen Luft zu drehen beginnt.

6) Heißluftballon: Verwendet wird der bei der „Wärmeschlange" bereits beschriebene Kamin, über dessen Öffnung ein möglichst leichter Müllbeutel gestülpt wird, der durch die warme Luft aufsteigt.

Es gelang Spreckelsen durch den Einsatz von Phänomenkreisen folgende Erklärungsschemata kindlichen Verstehens zu identifizieren: (1) animistische Erklärungsschemata, (2) „Täter-Tat-Schemata", (3) Aussagen, die sich auf einen allgemeinen Erfahrungshintergrund beziehen sowie (4) Einzelfallvergleiche (Analogiebildungen)/Transduktives Verstehen.

1) *Animistisches Erklärungsschema:* Hierbei beziehen die Kinder die von ihnen angenommene Funktionsweise auf ihre ureigenen Handlungsmöglichkeiten, d. h. es handelt sich um Äußerungen kindlicher Egozentrizität (Spreckelsen, 1997a). Die Kinder versuchen dabei, das Phänomen auf die eigene Person zu projizieren und mit ihren eigenen Stimmungen und Wünschen, sprich mit sich selbst zu verbinden (Spreckelsen, 1997b). Oftmals werden auch Phänomene personifiziert bzw. „vermenschlicht", indem ihnen ein eigener Wille zugeschrieben wird. Als Beispiel führt Spreckelsen hierfür folgende Schüleräußerung an: *„Die warme Luft möchte aus der Flasche raus, aber die kalte will drinne [sic] bleiben"* (S. 18).

2) *„Täter-Tat-Schema":* Bei diesem Erklärungsschema werden Vorgänge und Erscheinungen personalisiert, d. h. eine „Tat" wird mit einem „Täter" versehen. Der Täter übt eine bestimmte Handlung aus und wird für das Geschehene, die Tat, verantwortlich gemacht (Spreckelsen, 1997a). Eine beispielhafte Schüleräußerung wäre *„Die Wärme drückt das Geldstück hoch"* (Spreckelsen, 1997b, S. 19). Hieran lässt sich erkennen, dass bei dem betreffenden Phänomen der Täter die Wärme ist und die Tat aus dem „Hochdrücken" des Objekts, des Geldstücks, besteht. Spreckelsen führt an dieser Stelle an, dass bei diesem Erklärungsschema meist „die allen indogermanischen Sprachen typische Form des Satzbaus (Subjekt – Prädikat – Objekt)" vorliegt (ebd., S. 19).

3) *Bezug auf allgemeinen Erfahrungshintergrund:* Schüleraussagen, die sich auf einen allgemeinen Erfahrungshintergrund eines Kindes beziehen, stellen zahlenmäßig die umfangreichste Gruppe in den Untersuchungen von Spreckelsen dar (Spreckelsen, 1997a). Die Kinder versuchen dabei, allgemeine Erfahrungen auf ein neues Phänomen, d. h. einen Einzelfall, anzuwenden bzw. allgemeine Gründe zu suchen, die das jeweilige Phänomen erklär- und verstehbar machen. Nach Spreckelsen zeigen sich, bezogen auf dieses Erklärungsschema, bereits erste Ansätze des deduktiven Denkens. Hier besteht ein Anknüpfungspunkt zu Wagenscheins Aussage „Verstehen heißt verbinden" (1965): Der Verstehensprozess wird an dieser Stelle als eine Einbindung des neuen Phänomens in bereits

vorhandene Wissensstrukturen definiert, also als eine Verbindung des „Neuen" mit bereits Vorhandenem. Die Schüleräußerung *„Die Luft da drinnen wird warm, ... und warme Luft steigt nach oben"* (Spreckelsen, 1997a, S. 114) verdeutlicht dies.

4) *Einzelfallvergleich (Analogiebildung)/Transduktives Verstehen:* Zuletzt ist bezogen auf mögliche Erklärungsschemata der Einzelfallvergleich – sprich die Analogiebildung – zu nennen. Hierbei geht es um verstehendes Verknüpfen eines neuen Phänomens mit einem bereits bekannten Phänomen. Spreckelsen bezieht sich hier auf den sogenannten Transduktionsansatz, der im nachfolgenden Kapitel 3.3.3 detaillierter erläutert wird. Als Beispiel führt Spreckelsen an: *„Ist wie eine Schaukel, wie eine Wippe ... Das schaukelt halt hin und her"* (ebd., S. 115).

Die inhaltlich sehr ähnlichen Erklärungsschemata (3) und (4) können insofern voneinander abgegrenzt werden, als der Einzelfallvergleich zum einen eine etwas höhere kognitive Leistung erfordert, da hier nicht nur auf Alltagserfahrungen Bezug genommen werden kann, und zum anderen die Komponente des „Verstehens" eine größere Rolle spielt.

Berücksichtigt werden muss hinsichtlich der Erklärungsschemata jedoch, dass die empirische Befundlage, auf welche sich Spreckelsen stützt, als wenig umfangreich eingeschätzt werden kann.

Grund für die didaktische Vorgehensweise mit Phänomenkreisen zu arbeiten ist, dass für Spreckelsen die Analogiebildung beim naturwissenschaftlichen Lernen der Kinder von zentraler Bedeutung ist. Diese Erkenntnis ist jedoch nicht neu, ähnliche Aussagen dazu finden sich bereits bei William Stern (1967), der feststellte, dass frühe Urteile von Kindern fast ausnahmslos auf konkreten Einzelfällen basieren und deshalb weder Deduzieren (Ableiten aus allgemeinen Urteilen) noch Induzieren (Hinleiten zu allgemeinen Urteilen) möglich ist, sondern dass meist ein Überleiten von einem Fall zu einem ihm nebengeordneten Fall stattfindet (Spreckelsen, 1995, 1997a). Mit derartigen Transduktionsprozessen beschäftigten sich auch Piaget, Bühler und Wagenschein (Spreckelsen, 1997a), wodurch bereits theoretische Vorarbeiten zu den beiden Kategorien der Analogiebildung vorlagen, die von Spreckelsen in empirischen Untersuchungen identifiziert werden konnten: phänotypische und genotypische Analogiebildung (ebd., Spreckelsen, 1998).

Unter *phänotypischer Analogiebildung* versteht Spreckelsen (1998) Vergleichsprozesse von Einzelfällen, die sich unmittelbar auf das äußere Erscheinungsbild der Phänomene, d. h. auf ihre Oberflächenstruktur be-

ziehen. Für das Grundschulkind sei dies in einem ersten Schritt die nahe-
liegendste Form der Analogiebildung, da zuerst auf Merkmale eines Phänomens fokussiert wird, die augenscheinlich erkennbar sind. Diese werden
mit anderen, aus dem Alltag bekannten Phänomenen bzw. Erfahrungen
verglichen. Bezug nehmend auf den erläuterten Phänomenkreis kann bei
allen Phänomenen – mit Ausnahme des Phänomens „Wärmeschlange" – als
phänotypische Analogie das Vorkommen von Wasser gesehen werden.

Genotypische Analogiebildung definiert dagegen Vergleichsprozesse, die
weniger auf die äußere Erscheinung eines Phänomens als vielmehr auf die
gleichen Wirkmechanismen abzielen und somit die Tiefenstruktur der Phänomene bilden. Das gemeinsame Funktionsprinzip der Phänomene, das unter der Oberflächenstruktur liegt und von den Lernenden entdeckt werden
muss, steht hierbei im Vordergrund (Spreckelsen, 1992, 1997a). „Äußerlich
ganz unterschiedlich erscheinende Phänomene können dennoch ‚innerlich'
dasselbe bedeuten, der gleichen Regel gehorchen" (Spreckelsen, 1998, S. 218).
Hinsichtlich des dargestellten Phänomenkreises besteht die genotypische
Analogie folglich im allen ausgewählten Phänomenen zugrundeliegenden
Funktionsprinzip des Auftriebs.

Spreckelsen stellt in diesem Zusammenhang heraus, dass jüngere Grundschulkinder dazu neigen, sich mit der phänotypischen Analogisierung zwischen zwei Phänomenen zu begnügen, wohingegen bei Kindern spätestens
ab dem dritten Schuljahr das Bedürfnis nach genotypischer Analogisierung
erkennbar sei. Diesem Bedürfnis nach Klärung des Gemeinsamen auf der
Tiefenstruktur der Phänomene muss seiner Meinung nach im Unterricht
Rechnung getragen werden, indem „Verstehenssituationen" geschaffen werden, die das sogenannte ursprüngliche Verstehen durch Vergleichsprozesse
auf der Tiefenstruktur ermöglichen (ebd.). Für die Gestaltung von Lernsituationen schlägt er deshalb das bereits erläuterte Arbeiten mit Phänomenkreisen vor, welches für die vorliegende Arbeit insofern von Bedeutung ist,
als bei der didaktischen Gestaltung der durchgeführten empirischen Unterrichtsstudie mit mehreren, genotypisch analogen Phänomenen gearbeitet
wurde.

3.3 Lehr-lernpsychologische Zugänge

3.3.1 Worked-out examples

In der Lehr-Lernpsychologie gibt es ebenfalls Ansätze, die das Arbeiten mit Beispielen als Forschungsbereich aufgreifen. Herausgegriffen wird im Folgenden das Arbeiten mit Lösungsbeispielen bzw. *worked-out examples* (Renkl, 1997; Renkl, Gruber, Weber, Lerche & Schweizer, 2003; Renkl, Hilbert & Schworm, 2009), da sich sowohl beim grundsätzlichen Anliegen dieses Zugangs als auch bei der didaktischen Vorgehensweise Parallelen zu den anderen, für die Arbeit relevanten, Forschungszugängen erkennen lassen: Um Lernprozesse bestmöglich zu gestalten, werden auch hier – ähnlich wie bei Spreckelsen – mehrere Beispiele, sogenannte *worked-out examples*, nacheinander eingesetzt. Relevant für die vorliegende Arbeit ist zudem die Problemhaltigkeit der Lernumgebungen, welche sowohl bei den Studien zu *worked-out examples* als auch bei den in den nachfolgenden Kapiteln dargestellten Ansätzen erkennbar ist.

Lösungsbeispiele bzw. *worked-out examples* bestehen aus einer Problemstellung, den aufeinander folgenden Lösungsschritten und der (endgültigen) Lösung der Problemstellung (Renkl & Schworm, 2002, S. 261). Verwendet werden vor allem Problemstellungen aus der Mathematik und der Physik, die im Anschluss an die Erklärung oder Erarbeitung eines Prinzips bzw. einer Gesetzmäßigkeit eingesetzt werden. Die Lösungsbeispiele dienen dazu aufzuzeigen, wie das neu eingeführte Prinzip bzw. die Gesetzmäßigkeit angewendet werden kann. Erst nach diesem Lösungsbeispiel sollen Problemstellungen des gleichen Prinzips folgen, die von den Lernenden eigenständig gelöst werden (ebd., S. 261; Renkl et al., 2003, S. 94).

Werden Lösungsbeispiele für die Gestaltung von Lernprozessen eingesetzt, laufen diese Prozesse jedoch nicht – wie normalerweise üblich – so ab, dass zwischen der Vorstellung eines Prinzips bzw. einer Gesetzmäßigkeit und dem selbstständigen Bearbeiten von dazugehörigen Aufgaben lediglich in einer kurzen Lernphase ein Lösungsbeispiel präsentiert wird. Vielmehr wird die Phase der *worked-out examples* verlängert, indem mehrere Lösungsbeispiele nacheinander von den Lernenden bearbeitet werden (Renkl, 1997, S. 5; Renkl & Schworm, 2002, S. 261). Zunächst werden die Lernenden in ein zu lernendes Konzept bzw. Prinzip eingeführt. In einem zweiten Schritt erhalten die Lernenden dann mehrere Lösungsbeispiele, die repräsentativ sind für das Konzept bzw. das Prinzip. In einem abschließenden

Schritt sollen die Lernenden selbstständig Problemstellungen lösen können (Wittwer & Renkl, 2010, S. 394).

Eine derartige Veränderung sei in der Regel dem üblichen Vorgehen, erst ein Lösungsbeispiel und dann direkt im Anschluss Aufgaben zu bearbeiten, überlegen, was insbesondere in Forschungsarbeiten der Arbeitsgruppe um Sweller gezeigt werden konnte (Sweller, van Merrienboer & Paas, 1998; für einen Überblick: Atkinson, Derry, Renkl & Wortham, 2000). Sweller und Cooper (1985) analysierten das Lernen aus Lösungsbeispielen und das Lernen durch Problemlösen (u. a. Sweller, 1983) im Bereich der Algebra. Sie konnten herausarbeiten, dass das Lernen aus Lösungsbeispielen vorteilhaft war, wenn es um das Bilden von kognitiven Schemata ging, die den Transfer des erlernten Wissens auf neue Problemstellungen begünstigen (dazu auch Renkl et al., 2003; Stark, Gruber, Renkl & Mandl, 2000). Auch Renkl, Stark, Gruber und Mandl (1998) konnten in ihren Forschungsarbeiten den Nutzen des Lernens aus Lösungsbeispielen belegen. Von Bedeutung ist diesbezüglich auch, dass besonders Novizen bezogen auf einen Inhaltsbereich vom Einsatz von *worked-out examples* profitieren (Kalyuga, Chandler, Tuovinen & Sweller, 2001; Renkl, 1997; Renkl, Atkinson, Maier & Staley, 2002). Dagegen ist dem Forschungsstand zu entnehmen, dass Experten bzw. Lernende mit bereits ausgeprägterem Vorwissen zum jeweiligen Inhaltsbereich weniger von diesem Setting profitieren, da die Information über die Arbeitsschritte des Lösungsbeispiels, die essentiell für Novizen ist, bei zunehmender Expertise des Lernenden redundant wird (Kalyuga et al., 2001). Die in zahlreichen Studien nachgewiesene Effektivität des Lernens aus Lösungsbeispielen wird mit der *Cognitive Load*-Theorie erklärt (zur Cognitive Load-Theorie (CLT): Sweller, 1994; Sweller et al., 1998; Paas & van Merrienboer, 1994; zu den Erklärungen durch CLT: Renkl et al., 2003; Renkl et al., 2009; Wittwer & Renkl, 2010). Unter *Cognitive Load* versteht man generell ein Konstrukt, das die Belastung des kognitiven Systems, vorrangig des Arbeitsgedächtnisses, beschreibt. Die Schwierigkeit bei der Gestaltung von Lernsettings besteht darin, dass das Arbeitsgedächtnis nur bis zu sieben Elemente bzw. Bestandteile einer Information gleichzeitig aufnehmen kann (Kirschner, 2002). In der *Cognitive Load*-Theorie wird dieser Kapazitätsbegrenzung Aufmerksamkeit geschenkt, indem ein Zusammenhang zwischen der Leistungsfähigkeit des Arbeitsgedächtnisses beim Erwerb kognitiver Fertigkeiten und dem Umgang mit der Kapazitätsbeschränkung im menschlichen Informationsverarbeitungssystem hergestellt wird. Dabei befasst sich die Theorie vor allem mit den einzelnen Modulen des Arbeitsgedächtnisses und den aus der Begrenztheit ableitbaren instruktionalen Konsequenzen (Renkl et al., 2003).

Die kognitive Belastung des Arbeitsgedächtnisses entsteht durch die Menge an Informationen, „die für kognitive Operationen bei der Bearbeitung bestimmter Aufgabenstellungen verfügbar gehalten werden müssen [sowie] aus den geforderten Verarbeitungsprozessen" (ebd., S. 94; vgl. auch Sweller, 1988). Problematisch wird diese Kapazitätsbeschränkung, wenn mehr Informationseinheiten einbezogen werden müssen als Speicherkapazität im Arbeitsgedächtnis vorhanden ist. Die Konsequenz daraus ist die Überforderung des Informationsverarbeitungssystems und die Erhöhung der Fehlerwahrscheinlichkeit (Renkl et al., 2003).

Von Sweller et al. (1998) werden unterschiedliche Formen von *Cognitive Load* differenziert:

- *Intrinsic Load* wird definiert durch die Komplexität des Lernmaterials in Relation zum Vorwissen des Lernenden und kann teilweise nur bedingt durch instruktionales Eingreifen verändert werden.
- *Extraneous Load* bezeichnet die Belastung durch die Informationsverarbeitung, die durch Lernvorgaben, die nicht unmittelbar dem Wissenserwerb dienlich sind, herbeigeführt wird (z. B. das Berechnen von Größen bei der Lösung physikalischer Problemstellungen). Eine so geartete Belastung kann instruktional verändert werden, da sie abhängig von der Gestaltung des Lernsettings ist. Besonders negativ wirkt sich *Extraneous Load* aus, wenn die Kapazität des Arbeitsgedächtnisses bereits durch hohen *Intrinsic Load* ausgeschöpft wird.
- *Germane Load* stellt die kognitive Belastung des Arbeitsgedächtnisses dar, die durch Lernprozesse – vor allem durch Schemakonstruktionen – entsteht (Kirschner, 2002; Paas, Renkl & Sweller, 2004; Renkl et al., 2003; Sweller et al., 1998; van Gog, Paas & Sweller, 2010).

Bei der Gestaltung von Lernprozessen sollte man – der Theorie folgend – vor allem darauf abzielen einen möglichst hohen Anteil von *Germane Load* sicherzustellen, da sich nur dieser mit tatsächlich ablaufenden Lernprozessen in Verbindung bringen lässt. Als zentraler Vorteil beim Lernen mit Lösungsbeispielen wird gesehen, dass die Summe der *Cognitive Load*-Formen, also die Gesamtbelastung des Arbeitsgedächtnisses, verringert werden kann: Dadurch, dass Lösungsbeispiele einen geringeren *Extraneous Load* verursachen, verbleibt mehr Raum für *Germane Load*, d. h. die eigentlichen Lernprozesse (Paas & van Merrienboer, 1994; Renkl et al., 2003).

Ansetzend an der *Cognitive Load*-Theorie können für die Effektivität der *worked-out examples* verschiedene Faktoren benannt werden, die diese beeinflussen: (1) *intra-example features*, (2) *inter-example features* und (3) *individual differences in example processing* (Atkinson et al., 2000).

1) Unter *intra-example features* werden Merkmale zusammengefasst, die beschreiben, „how the example is designed, particularly the way the example's solution is presented" (ebd., 2000, S. 186). Bezug nehmend auf diverse Forschungsarbeiten (u. a. Catrambone, 1994; Mwangi & Sweller, 1998; Ward & Sweller, 1990) kann festgehalten werden, dass das Design bzw. die Struktur von Lösungsbeispielen eine nicht zu vernachlässigende Rolle bezogen auf die Effektivität spielt. Dabei geht es vor allem darum, wie es gelingen kann, einzelne Komponenten miteinander in Verbindung zu bringen, um ein Lösungsbeispiel als bedeutsam erscheinen zu lassen. Die Tatsache, dass das Design der Beispiele als Faktor benannt wird, ist auch für die vorliegende Arbeit zentral.

2) Bei den *inter-example features* geht es um die Reihung bzw. Anordnung der Lösungsbeispiele während der Instruktion. Forschungsarbeiten fokussieren diesbezüglich auf die Anzahl der präsentierten Lösungsbeispiele, darauf, ob und wie Lösungsbeispiele variiert werden, auf so-genannte „surface stories", und wie Anwendung und Lösungsbeispiele sich vermischen sollten. Für die vorliegende Arbeit kann die Idee, mit multiplen Beispielen zu arbeiten, als Möglichkeit übernommen werden, um die Effektivität von Lösungsbeispielen zu moderieren.

3) Bei den *individual differences in example processing* geht es vor allem darum, wie die Lernenden sich die Lösungsbeispiele selbst erklären. Die in einigen Forschungsarbeiten angeführte „self-explanation" hat sich dabei als wichtige Lernaktivität beim Arbeiten mit *worked-out examples* herausgestellt (Atkinson et al., 2000; zur *self-explanation* speziell: Renkl, 2002; Schnotz, 2001). Für die vorliegende Arbeit wird dieser Faktor ebenfalls von Bedeutung sein, da die Lernenden eigenständig mit Beispielen arbeiten.

3.3.2 Analoges Enkodieren

Ein didaktisches Vorgehen für das Arbeiten mit mehreren Beispielen stellt das Analoge Enkodieren dar (Ferguson, 1994; Gentner, Loewenstein & Thompson, 2003). Die Idee ist dabei, dass die Lernenden nicht an mehreren Beispielen aufeinander folgend arbeiten, sondern explizit dazu aufgefordert werden gleichzeitig zwei bzw. mehrere Beispiele miteinander zu vergleichen und so die zugrunde liegende Struktur der Beispiele zu verstehen.

Theoretische Grundlage: Die Structure-Mapping-Theorie

Diese didaktische Vorgehensweise basiert auf der sogenannten *Structure-Mapping*-Theorie (Gentner, 1983; Gentner, 1989) und versucht theoriebasiert eine konkrete Umsetzungsmöglichkeit für die Gestaltung von Lernsituationen zu geben. Um auf der Grundlage von mehreren Beispielen die ihnen zugrunde liegende Tiefenstruktur zu entdecken, bedarf es seitens der Lernenden einer Vielzahl kognitiver Prozesse, die nicht ohne Weiteres zu leisten sind. Von Gentner (1989) werden diese kognitiven Prozesse in ihrer *Structure-Mapping*-Theorie konzeptualisiert. Die Theorie zielt dabei darauf ab „to capture the essential elements that constitute analogy and the operations that are computationally necessary in processing analogy" (ebd., S. 200 f.). Zentrale Idee der *Structure-Mapping*-Theorie ist, dass das Herstellen einer Analogie durch das Transferieren von bereits vorhandenem Wissen bzgl. einer Ausgangssituation – *base* – auf eine Zielsituation – *target* – gelingen kann. Die Ausgangssituation dient dabei als Wissensquelle und die Zielsituation als Bereich, den es durch die Ausgangssituation zu erklären gilt (ebd., S. 157). Ergänzend kann hier Bach (2011) hinzugezogen werden, der darstellt, dass der erläuterte Transferprozess nicht nur in eine, sondern in beide Richtungen möglich ist, d. h. alle herangezogenen Beispiele können sowohl Ausgangs- als auch Zielsituation sein. Die dabei ablaufenden kognitiven Prozesse beschreibt Gentner (1989) wie folgt: „[P]eople seek to put the objects of the base in one-to-one correspondence with the objects in the target so as to obtain the maximum structural match" (S. 201). Konkret bedeutet dies, dass die Lernenden die strukturell relevanten Merkmale von Beispielen, zwischen denen eine Analogie hergestellt werden soll, identifizieren und aufeinander beziehen müssen, um eine gemeinsame Struktur bzw. Bezüge zwischen den Beispielen erkennen zu können. In der Literatur werden diese Merkmale als sogenannte *alignable differences,* übersetzt etwa als ,abgleichbare Merkmale', bezeichnet (Sagi, Gentner & Lovett, 2012). Die stattfindenden Abgleichprozesse zwischen den *alignable differences* bezeichnen Gentner et al. (2003) als *structural alignment* oder auch als *Mapping.*

Die Merkmale der Beispiele, die die Lernenden miteinander abgleichen und deren Gemeinsamkeit sie identifizieren müssen, können auf unterschiedlichen Ebenen liegen. Zwingend notwendig sind jedoch vergleichbare Tiefenstrukturen. Diese Ähnlichkeitsbeziehung wird in der lehr-lernpsychologischen Literatur oft als *structural* oder *relational similarity* bezeichnet (Gentner, 1989). Zwischen Beispielen kann die Ähnlichkeit bzw. Unähnlichkeit jedoch nicht nur hinsichtlich der Tiefenstruktur, sondern auch durch Merkmale der Oberflächenstruktur bestimmt werden. Diese werden als *surface similarity* bezeichnet (ebd.; Goswami, 2001). Was im Einzelfall Oberflächen- und Tiefenstruktur ist, hängt hierbei von der anvisierten Analogie ab. Interessant ist an dieser Stelle, dass sich Parallelen dieser Systematik in der Sachunterrichtsdidaktik finden lassen: Spreckelsen spricht in diesem Zusammenhang von phänotypischer bzw. von genotypischer Analogie (vgl. Kapitel 3.2).

Gelingt den Lernenden dieser komplexe Abgleichprozess zwischen den Beispielen, also das *structural alignment,* und können Gemeinsamkeiten festgestellt werden, können diese auf drei unterschiedlichen Ebenen liegen: Auf der Ebene einzelner Elemente, der Ebene von Relationen oder der Ebene ganzer Systeme (Gentner, 1989; Gentner & Kurtz, 2006; Gentner & Markman, 1994). Liegen Gemeinsamkeiten auf der Ebene von Einzelelementen vor, kann jedes Element des einen Beispiels mit maximal einem Element des anderen Beispiels in Verbindung gebracht werden. Liegen Gemeinsamkeiten auf der Ebene von Relationen vor, werden Beziehungen zwischen Einzelelementen von einem Beispiel auf das andere ,gemappt'. Die Ebene ganzer Systeme beinhaltet die anspruchsvollsten Abgleichprozesse: Hier werden Systeme von miteinander verknüpften Relationen und Einzelelementen von einem Beispiel auf ein anderes übertragen.

Die dargestellte Systematisierung der Vergleichsprozesse bietet die Chance, die geleisteten Vergleichsprozesse der Lernenden zu kategorisieren.

Das Gelingen dieser Vergleichsprozesse kann jedoch nicht vorausgesetzt werden, sondern ist neben entwicklungsbedingten Faktoren abhängig von individuellen Merkmalen, wie den kognitiven Kapazitäten und Grundfähigkeiten oder dem inhaltsspezifischen Vorwissen. Forschungsbefunde zeigen diesbezüglich, dass jüngere Lernende eher auf die Oberflächenmerkmale fokussieren, wohingegen mit zunehmendem Alter der Blick vermehrt auf die Tiefenstruktur der Beispiele gelenkt wird (*relational shift*; Rattermann & Gentner, 1998; Richland, Morrison & Holyoak, 2006). Hinsichtlich der Bedeutung des Vorwissens weisen Forschungsbefunde darauf hin, dass Novizen auf Grund des wenig bis gar nicht vorhandenen Vorwissens über eher schwach strukturierte mentale Repräsentationen verfügen und deshalb bei Vergleichsprozessen, wie sie beispielsweise beim Analogen Enkodieren stattfinden, eher auf die Oberflächenstruktur der Beispiele fokussieren, da ihnen die Tiefenstruktur nicht bekannt ist. Experten hingegen besitzen ausgeprägteres Vorwissen und somit gut strukturierte mentale Repräsentationen. Bei Vergleichsprozessen zwischen den Beispielen können Experten somit ihren Blick auf die Tiefenstruktur richten, da Oberflächenmerkmale als solche identifiziert und beim ablaufenden *structural alignment* nicht mehr berücksichtigt werden. Folglich sind Experten zu höherwertigen Mappingprozessen fähig als Novizen (Blanchette & Dunbar, 2001; Chi, Feltovich & Glaser, 1981; Dunbar, 2001; Kotovsky & Gentner, 1996; Novick, 1988; Vosniadou, 1989). Kurtz, Miao und Gentner (2001) sehen jedoch durch gezielte instruktionale Unterstützung – beispielsweise durch das Hinzuziehen von zusätzlichem Material oder durch das gezielte Lenken der Aufmerksamkeit – die Chance, dass auch Novizen bis zur Tiefenstruktur der Beispiele vordringen können.

Vorteile des Analogen Enkodierens

Ein erster Vorteil dieses auf der *Structure-Mapping*-Theorie basierenden Vorgehens ist darin zu sehen, dass das Analoge Enkodieren es sowohl ermöglicht, das an den Beispielen erworbene Wissen auf neue, ähnliche Situationen zu übertragen als auch das Abrufen von strukturell ähnlichen Beispielen aus dem Gedächtnis zu unterstützen. Als weiterer Vorteil kann außerdem gesehen werden, dass die Lernenden durch dieses didaktische

Vorgehen erkennen können, dass – auf Grund des Einsatzes der Beispiele – das erlernte Wissen für verschiedene Kontexte relevant und nicht nur an die Erwerbssituation gebunden ist. Es kann daher angenommen werden, dass die Gefahr einer sogenannten situationsspezifischen Enkodierung (Mandl, 2010), im Gegensatz zum Arbeiten mit einem Fallbeispiel bzw. mit mehreren Beispielen hintereinander, beim Analogen Enkodieren weniger gegeben ist.

Gentner et al. (2003) legen außerdem dar, dass es in Abgrenzung zu anderen Formen des Analogielernens (z. B. zu den Phänomenkreisen) beim Analogen Enkodieren nicht zwangsläufig erforderlich ist, dass die Lernenden das Funktionsprinzip der Beispiele bereits vor Beginn der expliziten Vergleichsprozesse vollständig verstanden haben. Dadurch, dass alle zu vergleichenden Beispiele als Informationsquelle dienen können, um das jeweils andere Beispiel zu verstehen bzw. das zugrunde liegende Prinzip zu durchdringen, kann durch schlussfolgerndes Denken die gemeinsame Tiefenstruktur erschlossen werden. Durch den im Ansatz des Analogen Enkodierens beinhalteten expliziten Vergleich der Beispiele wird zudem angenommen, dass es dadurch gelingen kann, die Aufmerksamkeit der Lernenden weg von der Oberflächenstruktur der Beispiele hin zur Tiefenstruktur zu lenken.

Anknüpfend an die in Kapitel 2 dargestellten Ziele naturwissenschaftlichen Lernens können Forschungsarbeiten zeigen, dass das für eine naturwissenschaftliche Grundbildung erforderliche Verstehen naturwissenschaftlicher Konzepte sowie deren Anwendung durch eine Auseinandersetzung mit multiplen Beispielen gefördert werden kann (u. a. Anderson, 2007; Gentner, 2005). Herangezogen werden kann hierfür auch die Idee der sogenannten kognitiven Flexibilität (Spiro et al., 1991), d. h. der Unterricht sollte es ermöglichen, dass es Lernenden gelingt auf Wissen flexibel unabhängig vom jeweiligen Kontext zugreifen zu können.

Forschungsstand zum Analogen Enkodieren

Das Potential dieses Ansatzes wird in der Lehr-Lernforschung schon seit einigen Jahren gesehen, weshalb es bereits eine Vielzahl an Forschungsergebnissen dazu gibt (vgl. Tabelle 2). Generell kann festgehalten werden, dass bei der Sichtung des Forschungsstandes zum Analogen Enkodieren alle geprüften Forschungsarbeiten den Gewinn und Nutzen des Analogen Enkodierens – sprich von Vergleichsprozessen – nachweisen konnten.

Die in der Arbeit herangezogenen Forschungsarbeiten stellen dabei eine Auswahl dar, welche jedoch nicht auf Erfolg bzw. Misserfolg des Analogen Enkodierens basiert, sondern auf dem Einsatz mehrerer Beispiele in einer Lernumgebung.

Wie Tabelle 2 zu entnehmen ist, wurden diese Studien zu *unterschiedlichen Inhaltsbereichen*, wie beispielsweise der Mathematik, der Konstruktion von stabilen Gebäuden oder auch der visuellen Abgleichprozesse von Bildern durchgeführt (Gentner, Levine, Dhillon & Poltermann, 2009; Sagi et al., 2012; Star & Rittle-Johnson, 2009). Dies spricht für ein breites inhaltliches Spektrum, in dem das Analoge Enkodieren bei der Gestaltung von Lernprozessen zum Einsatz kommen kann.

Des Weiteren wird deutlich, dass die ausgewählten Studien *Stichproben aus unterschiedlichen Altersstufen* untersuchen: Gezeigt werden konnte von Graham, Namy, Gentner & Meagher (2010), dass sich Vergleichsprozesse bei Vorschülern positiv auf das Bilden von Kategorien hinsichtlich neuer Objekte auswirken. Für Studierende gelang es u. a. Star, Kenyon, Joiner & Rittle-Johnson (2010) die Effektivität von Vergleichsprozessen nachzuweisen.

Die berichteten Befunde sprechen dafür, dass das didaktische Setting des Analogen Enkodierens das Lernen positiv beeinflusst, weshalb zusammenfassend festgehalten werden kann: „[A]nalogical learning appears to be a powerful starting point for learning" (Gentner, Loewenstein & Thompson, 2004, S. 456).

Allerdings muss hinsichtlich des durchschnittlichen Stichprobenalters eingeräumt werden, dass die gesichteten Forschungsarbeiten vorrangig im Kindergarten- und Sekundarbereich oder mit Studierenden arbeiten. Die Forschungslage für die Grundschule kann somit als eher unbefriedigend bezeichnet werden. Des Weiteren muss einschränkend erwähnt werden, dass sich der Forschungsstand hauptsächlich aus Studien speist, die unter Laborbedingungen die Wirksamkeit des Analogen Enkodierens überprüft haben. Es mangelt folglich an Befunden aus Feldstudien.

Tabelle 2: Einschlägige Forschungsarbeiten zum Analogen Enkodieren

Studie	Stichprobe	Feld vs. Labor	Inhaltsbereich	Forschungsergebnisse
Boroditsky 2007	Studierende	Labor	Vergleich von je vier Abbildungen (z. B. Tiere); Erfassung der Rolle von Vergleichsprozessen bei bemerkten Gemeinsamkeiten von ähnlichen und unähnlichen Gegenständen, die miteinander verglichen wurden	Vergleich von ähnlichen Elementen lässt diese noch ähnlicher erscheinen, Vergleich von unähnlichen Elementen lässt diese weniger ähnlich erscheinen. Vergleichen kann zum Entdecken von Gemeinsamkeiten und Unterschieden führen.
Gentner, Levine, Dhillon & Polterman 2009	Sechs- bis Achtjährige	Labor	Statik/Stabilität einer Gebäudekonstruktion	Schon kurze Vergleichsprozesse führen zu einem Verständnis des Sachverhalts.
Graham, Namy, Gentner & Meagher 2010	Vierjährige	Labor	Kategorienbilden für noch unbekannte Gegenstände	Vergleichsprozesse spielen eine entscheidende Rolle beim Bilden von Kategorien.
Jee, Uttal, Gentner, Manduca, Shipley & Sageman 2013	Studierende	Labor	Geowissenschaft: Identifizieren von Fehlern (z. B. beim Vergleichen von Bildern)	Vergleich von Bildern wirkt sich positiv auf das Lernen aus.
Kurtz, Boukrina & Gentner 2013	Studierende	Labor	Vergleich von Bildern von „Fels-Arrangements" (unterschiedlich aufgebaute Felsen) und Transfer der dort beinhalteten Systematik auf Neues	Im Vergleich zur Kontrollgruppe deutlicher Vorteil der Versuchsgruppe: Vergleichsprozesse wirken sich positiv auf das Lernen aus.

Studie	Stichprobe	Feld vs. Labor	Inhaltsbereich	Forschungsergebnisse
Kurtz & Loewenstein 2007	Studierende	Labor	Vergleichen von „Rahmengeschichten" und darin enthaltenen ungelösten Problemstellungen	Vergleich von ungelösten Problemstellungen fördert analoge Abgleichprozesse.
Kurtz & Gentner 2013	Studierende	Labor	Vergleich von Abbildungen des Skeletts der Hand	Effektivität von Vergleichsprozessen kann nachgewiesen werden.
Mussweiler & Gentner 2007	Studierende	Labor	Vergleich von fiktiven Situationen	Versuchspersonen tendieren zum Vergleichen von Beispielen, die offensichtliche abgleichbare Strukturen aufweisen.
Mutafchieva & Kokinov 2007	Vierjährige	Labor	Abgleichprozesse zum Inhaltsbereich „Familie"	Nachweis der Effektivität von explizit angeregten Vergleichsprozessen.
Sagi, Gentner & Lovett 2012	Studierende	Labor	Visuelle Abgleichprozesse bei Bildern: Erkennen eines Unterschieds bei zwei Bildern	Der Unterschied zwischen zwei Bildern kann schneller entdeckt werden bei ähnlichen Bildern als bei unähnlichen Bildern.
Star & Rittle-Johnson 2009	Fünft- und Sechstklässler	Klassenzimmerkontext	Lösungsstrategien in der Mathematik	Nachweis der Effektivität von Vergleichsprozessen.
Star, Kenyon, Joiner & Rittle-Johnson 2010	Studierende	Labor	Vergleich von Lösungsstrategien hinsichtlich unterschiedlicher Inhaltsbereiche (z. B. der Kauf einer Digitalkamera)	Nachweis der Effektivität von Vergleichsprozessen.

3.3.3 Oberflächliche (Un-)Ähnlichkeit von Beispielen

Geht es um die konkrete Ausgestaltung des Arbeitens mit Beispielen, stehen sich zwei lehr-lernpsychologische Positionen gegenüber, die aus theoretischer Sicht beide berechtigt sind: einerseits das Arbeiten mit oberflächlich ähnlichen Beispielen, andererseits das Arbeiten mit oberflächlich unähnlichen Beispielen.

Zunächst geht es um die Frage, wie Ähnlichkeit bzw. Unähnlichkeit festgemacht werden kann: Zum einen ist dies möglich durch Oberflächenmerkmale (sogenannte *surface features*, vgl. dazu Guo, Pang, Yang & Ding, 2012; Rittle-Johnson & Star, 2009), zum anderen durch strukturelle Merkmale (sogenannte *structural features*, vgl. dazu Guo et al., 2012), die die Tiefenstruktur eines Beispiels bilden. Unter *surface features* werden Eigenschaften eines Beispiels zusammengefasst, die Augenscheinliches beschreiben, wie beispielsweise die Farbe, das Material oder die Größe. Guo et al. (2012) führen diesbezüglich als Beispiel den Apfel an: „The shape, size and color are surface features of an apple" (S. 253). Unter den sogenannten *structural features* werden Eigenschaften eines Beispiels verstanden, die etwa eine Regelhaftigkeit, einen Lösungsansatz oder ein zugrundeliegendes Prinzip beschreiben. Bezogen auf das bereits herangezogene Beispiel Apfel bedeutet dies: „[T]he attribution that the apple is edible is a structural feature" (ebd., S. 253).

Werden bei der Gestaltung von Lernumgebungen mehrere Beispiele eingesetzt, weisen diese für den Erwerb von Wissen zu einem Inhaltsbereich zwangsläufig ähnliche *structural features*, d. h. eine gemeinsame Tiefenstruktur, auf. [Anm.: Bei anderen unterrichtlichen Zielsetzungen können dagegen verschiedene Tiefenstrukturen kontrastierend gegenübergestellt werden.]

Bezogen auf die Oberflächenmerkmale stehen sich die beiden bereits erwähnten konträren Positionen, das Arbeiten mit oberflächlich ähnlichen sowie das Arbeiten mit oberflächlich unähnlichen Beispielen, gegenüber, wobei die Forschungslage folgendes zeigt:

Für das *Arbeiten mit ähnlichen Beispielen* sprechen Studienergebnisse, die deutlich machen, dass die Beschaffenheit einer ähnlichen Oberflächenstruktur von Beispielen beim Bilden bzw. Erkennen von Analogien ausschlaggebend ist (Chi et al., 1981; Vosniadou, 1989). So können Haryu, Imai und Okada (2011) bezogen auf den Spracherwerb bei Drei- bis Vierjährigen einen Vorteil von ähnlichen Beispielen gegenüber unähnlichen Beispielen zeigen. Auch Mandrin und Preckel (2009) können im Bereich der physikalischen Mechanik bzw. Geometrie bei Acht- bzw. Neuntklässlern ähnliche Studienergebnisse vorweisen: „[The] study showed that the similarity of concepts allows improved conceptual performance [...]. The effect was still observed when the similarity of concepts was included into guided discovery learning" (ebd., S. 142). Die letztgenannten Autoren sehen in ihren Ergebnissen Hinweise darauf, dass es im Bereich des *discovery learning* angemessene kognitive Strukturierungshilfen braucht (vgl. dazu auch Mayer, 2004). Bezogen auf ihre Studie stellen sie fest: „[S]imilar features served as a structuring aid" (ebd., S. 142).

Es lässt sich zudem empirisch zeigen, dass insbesondere Novizen vom Arbeiten mit ähnlichen Beispielen profitieren, da sie sich auf Grund mangelnder Kenntnis der Tiefenstruktur der gewählten Beispiele häufig an der Oberflächenstruktur orientieren (u. a. Vosniadou, 1989, Weisberg, Dicamillo & Phillips, 1978). „Surface similarity (i. e., non-analogy-related similarity in simple, descriptive properties of objects like shape, color, size, names, profession, workplace of story characters, kinds of animals, etc.) is likely to be noticed more easily than similarity in underlying structure" (Vosniadou, 1989, S. 418). Vosniadou erläutert dies am Beispiel Wolken: Sowohl Novizen als auch Experten können strukturelle Merkmale bei Wolken benennen. Während Novizen hinsichtlich der Thematik Wolken auf oberflächliche Merkmale wie „fluffig" und „rund" fokussieren, schreiben Experten ihnen die Eigenschaften zu, Wasser aufnehmen und wieder abgeben zu können (ebd., S. 425). Die hier beschriebene Systematik lässt sich auch auf das Finden von Gemeinsamkeiten zwischen mehreren Beispielen übertragen.

Auch Chi et al. (1981) kommen zu der Erkenntnis, dass Novizen bezogen auf einen Inhaltsbereich eher auf die Oberflächenstruktur von Beispielen fokussieren, wohingegen es Experten besser gelingt, die gemeinsame Tiefenstruktur zu erkennen. Dies lässt sich bezugnehmend auf Vosniadou (1989) folgendermaßen begründen: „People are more sensitive to similarity in descriptive properties than to similarity in structural aspects" (S. 418).

Dieser Ansatz findet sich nicht nur in der Lehr-Lernpsychologie, sondern auch in der Sachunterrichtsdidaktik wieder: Der bereits in Kapitel 3.2 skizzierte Transduktionsansatz (Spreckelsen, 1995, 1997a, 1997b; Stern, 1967) beschäftigt sich mit sogenannten „Transduktionsschlüssen", die von Fred Wetzel (1980, S. 198) als unmittelbare Analogiebildungen von einem Einzelfall ausgehend hin zu einem anderen Einzelfall definiert werden und somit weder das Hinleiten zu einem allgemeinen Urteil noch das Ableiten aus dem Allgemeinen beinhalten. Zurückführen lässt sich die Definition von Wetzel auf William Stern, der sich bereits 1914 in der Erstauflage seines Werks „Psychologie der Kindheit" mit Analogien und ihrer Bedeutung als elementare Denkprozesse beschäftigte und den Prozess des Transduzierens folgendermaßen begründet sah: Nach Spreckelsen stellte Stern fest, dass sich frühe Urteile von Kindern fast ohne Ausnahme auf einen konkreten Einzelfall beziehen und somit, wie bereits erwähnt, weder Deduktion noch Induktion möglich ist und es sich deshalb vorrangig um einen Prozess des Überleitens eines Sachverhalts von einem Einzelfall auf einen anderen handelt (Spreckelsen, 1997a, S. 115). Jean Piaget schließt sich 1972 Stern an, wobei er deutlich macht, dass der Überleitungsprozess ohne logische Strenge oder ein allgemeines Gesetz berücksichtigend vonstatten geht (vgl. ebd., S. 189 ff.). Für den konkreten Lernprozess bedeutet dies, dass das intensive Durcharbeiten eines Beispiels den Ausgangspunkt für das nächste Beispiel darstellt (zu didaktischen Umsetzungsmöglichkeiten vgl. Kapitel 3.2), d. h. ein bekanntes, durchgearbeitetes Beispiel wird auf ein weniger bekanntes, noch nicht durchgearbeitetes Beispiel ,gemappt' (vgl. Kapitel 3.3.2) bzw. übertragen, wodurch anhand der übereinstimmenden Merkmale Schluss-folgerungen über das unbekannte Beispiel möglich sind. Wie u. a. bei Piaget (1972) deutlich wird, basieren diese Schlussfolgerungen auf keiner allgemei-nen Gesetzmäßigkeit, d. h. die Abgleichprozesse spielen sich auf der Ebene der Beispiele (vgl. Kapitel 3.3.2) ab. Ein Springen zwischen den Beispielen, also der Konkretion, und der zugrunde liegenden gemeinsamen Tiefen-struktur, also der Abstraktion, wie es von Klafki gefordert wird, ist somit nicht möglich.

Für das *Arbeiten mit oberflächlich unähnlichen Beispielen* spricht, dass es dadurch möglich scheint, den Blick der Lernenden durch den Mangel an ähnlichen Oberflächenmerkmalen auf die gemeinsame Tiefenstruktur zu lenken (Guo et al., 2012, S. 253). Hier liegt die Annahme zugrunde, dass es durch das Gegenüberstellen von oberflächlich unterschiedlichen Beispielen gelingen kann, das gemeinsame Prinzip eines Inhaltsbereichs zu entdecken (vgl. u. a. Bransford et al., 2000). Eine Vielzahl an Studien (u. a. Catram-bone & Holyoak, 1989; Hammer, Bar-Hillel, Hertz, Weinshall & Hochstein, 2008; Kurtz et al., 2001; Merrill & Tennyson, 1978; Paas & van Merriënboer, 1994; Quilici & Mayer, 1996) kann diese Annahme bestätigen: Unähnliche Beispiele helfen den Lernenden, sich von der Oberflächenstruktur zu lösen, und unterstützen das Gelingen von tiefer gehenden Denkprozessen. Ähn-liche Beispiele hingegen hindern die Lernenden eher daran, die relevanten

Aspekte zu erkennen und für den Wissenserwerb zu nutzen (Guo et al., 2012). So können Paas und van Merrienboer (1994) zeigen, dass beim Arbeiten mit unähnlichen Beispielen weniger Zeit aufgewendet werden muss sowie auch eine geringere kognitive Belastung, sogenannte *Cognitive Load* (vgl. Kapitel 3.3.1), verursacht wird und es dadurch zu einer besseren Transferleistung kommt. Quilici und Mayer (1996) können vergleichbare Belege liefern und zudem zeigen, dass durch den Einsatz von ähnlichen Beispielen der zukünftige Transfer beeinträchtigt wird.

Einschränkend hierzu ist zu erwähnen, dass die vorliegenden Studien, die die beiden konträren Positionen darstellen, überwiegend mit Studierenden durchgeführt wurden und sich die dargestellten Ergebnisse somit nicht unmittelbar auf den Grundschulbereich übertragen lassen. Dies liegt sowohl an den Unterschieden bei den kognitiven Fähigkeiten als auch an den gravierenden Differenzen beim Vorwissen zu einem Inhaltsbereich. Des Weiteren müssen die Ergebnisse der bisherigen Forschungsarbeiten insofern eingeschränkt werden, als in den meisten Studien keine systematische Variation der Ähnlichkeit bzw. Unähnlichkeit der herangezogenen Beispiele vorgenommen wird. Aussagen über die Auswirkungen dieser Variation können deshalb nicht getroffen werden.

4   Zusammenfassung des Forschungsstandes

Die theoretische Fundierung für die vorliegende Arbeit liefern Forschungsbefunde aus mehreren Disziplinen, deren gemeinsames Anliegen darin
besteht, im Unterricht mit Beispielen zu arbeiten. Diese grundsätzliche
Gemeinsamkeit berücksichtigend lassen sich die Zugänge jedoch systema-
tischer betrachten, wodurch die Unterschiede zwischen den Forschungs-
richtungen deutlich werden. Vorab zu erwähnen ist, dass die theoretischen
Zugänge inkonsistent sind hinsichtlich der verwendeten Begrifflichkeiten.
Während Spreckelsen durch die stärkere Fokussierung auf naturwissenschaftliche Inhalte den Begriff des „Phänomens" (bezogen auf den Gegenstand, mit dem im Unterricht gearbeitet wird) verwendet, sprechen Klafki,
Renkl und Gentner dagegen von „Beispielen". Für die vorliegende Arbeit
wird die Terminologie von Klafki, Renkl und Gentner übernommen.

Die folgenden Abschnitte verstehen sich als Zusammenfassung der für
die Arbeit relevanten Forschungsstränge, gleichzeitig wird erweiternd anhand von drei Perspektiven eine Analyse des Forschungsstandes vorgenommen. In den Blick genommen wird dabei die Anzahl an zu bearbeitenden
Bespielen, die Präsentation der vorgeschlagenen Beispiele sowie die konkrete Ausgestaltung eines auf Beispielen basierenden Unterrichtssettings.

Zunächst bietet es sich an, den Blick auf die in den Forschungsbefunden
empfohlene *Anzahl an zu bearbeitenden Beispielen* zu richten. Während
aus allgemeindidaktischer Perspektive Klafki generell für das Arbeiten mit
Beispielen plädiert, ohne sich dabei konkret auf die Anzahl der Beispiele
festzulegen, sprechen sich Autoren aus anderen Disziplinen explizit für das
Arbeiten mit mehreren Beispielen aus (vgl. Kapitel 3.2 bis 3.3.2; außerdem
u. a. Gick & Holyoak, 1983; Namy & Gentner, 2002): Spreckelsen liefert für
die sachunterrichtliche Idee der Phänomenkreise vor allem theoretisch gute
Argumente, wohingegen Renkl und Kollegen durch empirische Belege den
Nutzen des Einsatzes von mehreren Beispielen aufzeigen. Ähnliche Befunde
zeigen sich bei Gentner und Kollegen, die ebenfalls die Effektivität des Einsatzes mehrerer Beispiele nachweisen können.

Ein weiterer Gesichtspunkt, unter dem die dargestellten Forschungsbefunde betrachtet werden können, ist die *vorgeschlagene Präsentation der
Beispiele*. Während sich Klafki diesbezüglich nicht äußert, sprechen sich
sowohl Spreckelsen als auch der Forschungskreis um Renkl dafür aus, die
ausgewählten Beispiele aneinandergereiht zu präsentieren, also erst ein Beispiel durchzuarbeiten und im Anschluss daran das dort erworbene Wissen

auf das nächste Beispiel zu übertragen. Gentner und Kollegen schlagen jedoch eine gleichzeitige Präsentation der Beispiele und folglich das parallele Arbeiten mit den Beispielen vor: Mit ihren empirischen Befunden können sie zeigen, dass dieses Vorgehen und nicht die bloße Aneinanderreihung von Beispielen entscheidend für die Qualität von Lernprozessen ist. Als wesentliches Potential dieser gleichzeitigen Präsentation hat sich dabei das explizite Anregen von Vergleichsprozessen erwiesen, welches durch das parallele Arbeiten mit mehreren Beispielen bewirkt wird.

Richtet man den Blick auf einen dritten Aspekt, die *konkrete Ausgestaltung eines auf Beispielen basierenden Settings*, lässt sich aus den Forschungsbefunden Folgendes entnehmen: Klafki plädiert für das Prinzip der Exemplarität, durch welches es gelingen soll passende Beispiele mit einem allgemeinen Bildungsgehalt auszuwählen. Konkrete unterrichtspraktische Hinweise werden jedoch nicht gegeben. Entsprechende Hinweise für die Unterrichtspraxis finden sich eher bei Spreckelsen, der für die Unterrichtspraxis den Einsatz von Phänomenkreisen vorschlägt, die aus mehreren Beispielen mit einem gemeinsamen Funktionsprinzip bestehen. Mit Ausnahme der genotypischen Analogie werden aber hier keine konkreten Hinweise auf Auswahlkriterien für die einzusetzenden Beispiele gegeben. Für das Setting des Analogen Enkodierens können das Arbeiten mit oberflächlich ähnlichen Beispielen sowie das Arbeiten mit oberflächlich unähnlichen Beispielen als zwei Konkretisierungsmöglichkeiten gesehen werden, wobei für beide Positionen gute Argumente bestehen. Eine der Hauptargumentationslinien innerhalb der beiden Positionen bezieht sich auf das inhaltsspezifische Vorwissen: Einerseits werden die Vorteile einer Oberflächenähnlichkeit darin gesehen, dass v. a. Novizen so unterstützt werden können, die angestrebten Vergleichsprozesse zu leisten. Andererseits werden auch die Vorzüge deutlich, die durch das Wegfallen einer ähnlichen Oberflächenstruktur entstehen: Es scheint dadurch möglich, die Lernenden dazu zu bringen, eher auf die gemeinsame Tiefenstruktur der Beispiele zu fokussieren und sich nicht von den oftmals irrelevanten Oberflächenmerkmalen ablenken zu lassen. Die herangezogenen Forschungsbefunde zeigen auf, dass gerade Experten diesen kognitiven Abgleich auch bei weniger offensichtlicher Ähnlichkeit leisten können.

Es kann zusammenfassend festgehalten werden, dass keiner dieser theoretischen Zugänge, für sich alleine genommen, ausreichend ist, um für die Unterrichtspraxis theoretisch fundierte sowie empirisch belegbare Hinweise zu geben. Betrachtet man jedoch das Zusammenspiel dieser Ansätze, wird deutlich, dass sie trotz unterschiedlicher Schwerpunktsetzung über das Potential verfügen, sich gegenseitig zu ergänzen: Liefern Klafki und Spreckelsen überwiegend theoretische Überlegungen (Spreckelsen erprobte auch die Phänomenkreise) zum Arbeiten mit Beispielen, wird die Empirie durch Renkl und Kollegen sowie Gentner und Kollegen eingebracht.

Trotz des gemeinsamen Anliegens, im Unterricht mit Beispielen zu arbeiten, zeichnet sich jedoch bezogen auf die vorgeschlagene Präsentation im Unterricht ein widersprüchliches Bild ab: Während Spreckelsen und Renkl eine Aneinanderreihung der Beispiele vorschlagen, plädieren Gentner und Kollegen für eine gleichzeitige Präsentation der Beispiele. Die Ansätze von Klafki und Spreckelsen eignen sich für die vorliegende Arbeit deshalb als theoretische Rahmung, im Hinblick auf den eigenen empirischen Ansatz wird in dieser Arbeit aber dem lehr-lernpsychologischen Zugang größeres Gewicht beigemessen.

Zusammenfassend ergeben sich aus der Aufarbeitung des Forschungs-standes zwei Kernaussagen: Zum einen kann festgehalten werden, dass das Arbeiten mit mehreren Beispielen den Aufbau von Wissen besser unterstützt als das Arbeiten mit einem Beispiel. Zum anderen erweist sich vor allem das explizite Anregen von Vergleichsprozessen zwischen mehreren Beispielen als zentral bei der Gestaltung didaktischer Settings. Die Befundlage bezogen auf die oberflächliche Ähnlichkeit bzw. Unähnlichkeit der herangezogenen Beispiele ist dagegen unklar.

5 Einfluss von individuellen Schülervoraussetzungen auf den Lernerfolg

Ein weiterer Aspekt, der für die vorliegende Arbeit von Bedeutung ist, ist neben dem Arbeiten mit Beispielen der Einfluss von individuellen Schülervoraussetzungen (Vorwissen, kognitive Grundfähigkeiten) auf den Lernerfolg. Die Bedeutung dieser beiden Einflussfaktoren ist Gegenstand der sogenannten ATI-Forschung (ATI = Aptitude-Treatment-Interaction; vgl. dazu Cronbach & Snow, 1977), welche die Wechselwirkungseffekte von individuellen Schülervoraussetzungen (*Aptitude*) und dem gewählten *Treatment* untersucht.

Auf Grund des inhaltlichen Schwerpunkts der vorliegenden Arbeit sind in diesem Zusammenhang Befunde aus der ATI-Forschung von Bedeutung, die sich mit der instruktionalen Gestaltung von Lernprozessen beschäftigt haben. Diese können zeigen, dass Lernende mit gering ausgeprägtem Vorwissen umfangreichere Unterstützungsmaßnahmen benötigen als Lernende mit hoch ausgeprägtem Vorwissen. Die Arbeitsgruppe um Mayer (vgl. dazu zusammenfassend 1997, 2001 sowie Massa & Mayer, 2006) konnte diesbezüglich zeigen, dass Lernende mit wenig Vorwissen mehr von didaktisch wertvollem Material profitieren als Lernende, die bereits über Vorwissen zu dem jeweiligen Inhaltsbereich verfügen.

Des Weiteren zeigen Untersuchungen zum sogenannten „expertise reversal effect", dass instruktionale Gestaltungsmaßnahmen, die für Lernende mit geringem Vorwissen hilfreich sind, bei Lernenden mit hohem Vorwissen den Umfang des Wissenserwerbs reduzieren können (Kalyuga, Ayres, Chandler & Sweller, 2003). Als Erklärungsansatz hierfür wäre die bereits in Kapitel 3.3.1 dargestellte *Cognitive Load*-Theorie zu sehen: Unterstützungsmaßnahmen stellen bei hoch ausgeprägtem Vorwissen redundante Informationen dar, welche bei der Bearbeitung eines Sachverhalts jedoch nicht vollständig ausgeblendet werden können und folglich eine zusätzliche kognitive Belastung darstellen. Seufert und Kollegen (2009) gehen sogar so weit die Vermutung anzustellen, dass Lernende mit hohem Vorwissen eher von Unterstützungsmaßnahmen profitieren, die schon ein gewisses Maß an inhaltlichem Vorwissen voraussetzen. Lernende mit wenig Vorwissen haben dagegen oftmals Schwierigkeiten relevante Informationen bezüglich eines Sachverhalts zu identifizieren und zu verarbeiten. Als Konsequenz ist hierbei zu sehen, dass aufwändige Unterstützungsmaßnahmen zu einer weiteren kognitiven Belastung führen könnten und somit lernhinderlich sind.

Studien der Arbeitsgruppe um Rittle-Johnson (vgl. dazu Fyfe, Rittle-Johnson & DeCaro, 2012) zeigen ebenfalls, dass das Vorhandensein von Vorwissen moderierende Auswirkungen haben kann: In einer von ihnen durchgeführten Studie profitieren Kinder mit wenig Vorwissen mehr von unterstützenden Feedback-Maßnahmen als Kinder mit viel Vorwissen zum erforderlichen mathematischen Inhaltsbereich, d.h. auch hier zeigt sich, dass je mehr Vorwissen vorhanden ist, umso weniger Unterstützungsmaßnahmen notwendig sind.

Ob sich die dargestellten Befunde auch auf das Arbeiten mit mehreren Beispiele übertragen lassen, wird deshalb in der vorliegenden Arbeit thematisiert.

Basierend auf den für die vorliegende Arbeit relevanten theoretischen Zugängen und dem dargestellten Stand der Forschung werden nun im folgenden Teil die relevanten Forschungsfragen abgeleitet sowie zu überprüfende Hypothesen dargestellt.

6 Konkretisierung der Fragestellung

6.1 Darstellung der Forschungslücke

In der Unterrichtsforschung, speziell in Deutschland, haben die Ergebnisse der PISA-Studie und der TIMS-Studie zu einer Fokussierung auf das Konzept der „Unterrichtsqualität" geführt. Unterrichtsqualität zeigt sich u. a. in der bestmöglichen Gestaltung von Lernumgebungen, die elaboriertes Wissen und konzeptuelles Verstehen ermöglichen.

Einschlägige Forschungsbefunde zeigen, dass das Arbeiten mit Beispielen eine Möglichkeit darstellt, den Auf- und Ausbau von Wissensstrukturen zu fördern, und sich vor allem das gleichzeitige Arbeiten mit mehreren Beispielen positiv auf den Lernprozess auswirkt. Dieser Forschungsstand setzt sich jedoch aus einer Vielzahl an Studien für die Sekundarstufe und für Studierende zusammen, weshalb der Stand der Forschung im Grundschulbereich als unbefriedigend bezeichnet werden kann. Außerdem gibt es wenig gesichertes Wissen darüber, wie die Konkretionen beschaffen sein sollen bzw. anhand welcher Kriterien sie für die Gestaltung von Lernsettings ausgewählt werden sollen.

Speziell für den Grundschulunterricht besteht also der Forschungsbedarf in der Frage, was von den Lernenden miteinander verglichen werden soll. Einziger Anhaltspunkt diesbezüglich ist bei identischer Tiefenstruktur die Variation der (Un-)Ähnlichkeitsbeziehung der Beispiele auf der Oberflächenstruktur. Zu dieser Frage besteht eine international diskutierte, ambivalente Befundlage (Guo et al., 2012; Rittle-Johnson & Star, 2009).

Den Kern der vorliegenden Arbeit stellt deshalb die Bearbeitung dieser Forschungslücke dar. Es geht dabei um die Untersuchung der Auswirkungen einer Variation von oberflächlich ähnlichen bzw. unähnlichen Beispielen auf den Auf- und Ausbau von Wissen bei Grundschulkindern.

6.2 Zielsetzungen, Forschungsfragen und forschungsleitende Hypothesen

Im Rahmen einer empirischen Unterrichtsstudie mit Kindern der dritten Jahrgangsstufe wurde der in Kapitel 6.1 dargestellten Forschungslücke nachgegangen. Folgende Zielsetzungen wurden dabei verfolgt:

Als erstes Ziel der vorliegenden Arbeit kann gesehen werden, ein Testheft zu entwickeln, das folgenden Kriterien entspricht: Erforderlich ist ein Instrument, welches es bei Kindern der dritten Jahrgangsstufe ermöglicht inhaltsspezifisches Wissen zum gewählten Unterrichtsgegenstand, dem Hebelgesetz, zu erfassen und zusätzlich die Auswirkungen der Variation von oberflächlicher (Un-)Ähnlichkeit zu messen. Unter inhaltsspezifischem Wissen wird für die vorliegende Arbeit sowohl konzeptuelles bzw. prozedurales Wissen verstanden als auch Wissen zu den Funktionsprinzipien von Hebeln. Somit steht die Erfassung von leistungsbezogenen Zielsetzungen (vgl. Kapitel 2) im Vordergrund, wohingegen auf eine Erfassung von nichtleistungsbezogenen Zielsetzungen verzichtet wurde: Da sich Forschungen zu der Beschäftigung mit dem Hebelgesetz in der Grundschule noch im Anfangsstadium befinden, scheint es sinnvoll in einem ersten Schritt ein valides Testinstrument zu entwickeln, welches leistungsbezogene Ziele erfasst, um dieses Instrument in weiteren Forschungsarbeiten um die Erfassung von nichtleistungsbezogenen Zielen zu ergänzen.

Als zweites Ziel der Arbeit wird die Erfassung und Analyse der Auswirkungen, die sich durch die Variation der Ähnlichkeit bzw. der Unähnlichkeit der verwendeten Beispiele ergeben, definiert. Wie bereits dargestellt gibt es bei der Konkretisierung des didaktischen Settings des Analogen Enkodierens gute Argumente für eine gleichzeitige Beschäftigung mit oberflächlich ähnlichen Beispielen sowie auch für eine gleichzeitige Beschäftigung mit oberflächlich unähnlichen Beispielen. Diese gilt es mit Blick auf die nachfolgend dargestellten, forschungsleitenden Hypothesen zu überprüfen.

Als drittes Ziel der vorliegenden Arbeit ist die Überprüfung möglicher Einflüsse von Vorwissen und Intelligenz auf die Lernergebnisse zu sehen. Der Forschungsstand zeigt diesbezüglich auf, dass das Niveau von explizit angeregten Vergleichsprozessen von der Expertise des jeweiligen Lerners beeinflusst werden kann und vor allem das Vorwissen einen entscheidenden Faktor darstellt. Zudem wird die Intelligenz als möglicher Einflussfaktor gesehen, da vor allem beim Lernen mit unähnlichen Beispielen angenommen wird, dass die zu leistenden Mappingprozesse auf Grund der mangelnden Oberflächenähnlichkeit weniger augenscheinlich und somit kognitiv anspruchsvoller sind.

In der vorliegenden Arbeit werden deshalb folgende Fragestellungen bearbeitet:

1) Wie wirkt sich die Ähnlichkeit bzw. Unähnlichkeit von Beispielen auf den Aufbau von inhaltsspezifischem Wissen aus?

2) Welche Wechselwirkungseffekte bestehen zwischen den Schülervoraussetzungen (inhaltsspezifisches Vorwissen, kognitive Grundfähigkeiten) einerseits und der Lernbedingung (Konfrontation mit ähnlichen bzw. unähnlichen Beispielen) andererseits?

Basierend auf dem dargelegten Forschungsstand werden somit folgende Hypothesen geprüft:

1) Beim Lernen mit unähnlichen Beispielen setzen sich die Kinder intensiver mit der Tiefenstruktur der Beispiele auseinander, weshalb sie mehr inhaltsspezifisches Wissen und Verständnis aufbauen können als Kinder, die mit ähnlichen Beispielen arbeiten.

2) Arbeiten Kinder mit unähnlichen Beispielen, wirken sich die individuellen Schülervoraussetzungen (inhaltsspezifisches Vorwissen, kognitive Grundfähigkeiten) förderlicher auf den Aufbau von Wissen und Verständnis aus als bei Kindern, die mit ähnlichen Beispielen arbeiten.

Im folgenden methodischen Teil dieser Arbeit werden das Erhebungsdesign, die Erhebungsbedingungen und die zur Verfügung stehende Stichprobe erläutert sowie die statistischen Verfahren zur Datenerfassung und -auswertung dargestellt.

7 Studiendesign

Die Unterrichtstudie, welche den Kern der vorliegenden Arbeit darstellt, verfügt über ein quasiexperimentelles Design: Es handelt sich dabei um einen nicht-randomisierten Drei-Gruppen-Plan mit Prätest, Intervention, Posttest und Follow up (vgl. Tabelle 3). Bedingt durch die Forschungsfrage, wie sich die oberflächliche (Un-)Ähnlichkeit von Beispielen auf den Auf- und Ausbau von Wissen auswirkt, ergeben sich für die Untersuchung durch die Variation der Oberflächenstruktur zwei Versuchsgruppen sowie eine Kontrollgruppe, die als Wartegruppe konzipiert ist. Die Kinder der Versuchsgruppen nehmen an allen Testterminen sowie an der Intervention teil, wohingegen die Kinder der Kontrollgruppe nur an den Tests teilnehmen und keinen Unterricht zum Hebelgesetz erhalten. Aufgabe der Kontrollgruppe ist es, zufallsbedingte Entwicklungen zu kontrollieren und die entwicklungsbedingten Veränderungen im Wissen der Kinder abzubilden. Bei der Auswahl der Klassen wurde deshalb sichergestellt, dass sich keine der Versuchs- und Kontrollklassen im Vorfeld mit dem Unterrichtsinhalt beschäftigt hat.

Um die Hypothese hinsichtlich der Wechselwirkungseffekte zwischen dem eingesetzten Setting (ähnlich vs. unähnlich) und den Lernvoraussetzungen der Schüler zu erfassen, wurde zum Prä-Messzeitpunkt sowohl das inhaltsspezifische Vorwissen der Schüler mittels eines eigens für die Studie entwickelten Leistungstests (vgl. Kapitel 9.1) als auch die kognitiven Grundfähigkeiten mittels des publizierten CFT 20-R erhoben (Weiß, 2006; vgl. außerdem Kapitel 9.2). Um die Auswirkungen der beiden Lernbedingungen auf den Auf- und Ausbau von Wissen sowie längerfristige Effekte der beiden Settings zu untersuchen, wurde zum Post- und Follow-up-Messzeitpunkt der bereits aus dem Prätest bekannte inhaltsspezifische Leistungstest eingesetzt (vgl. Tabelle 3).

Tabelle 3: Studiendesign

Versuchsgruppe „ähnlich" (8 Klassen, N=158)	Versuchsgruppe „unähnlich" (8 Klassen, N=152)	Kontrollgruppe (6 Klassen, N=119)
Prätest (MZP 1); kognitive Grundfähigkeiten (CFT 20-R); inhaltsspezifischer Leistungstest zum Hebelgesetz		
Intervention (vier Unterrichtseinheiten zum Hebelgesetz)		Kein Unterricht
Posttest (MZP 2); inhaltsspezifischer Leistungstest zum Hebelgesetz		
Follow up (MZP 3); inhaltsspezifischer Leistungstest zum Hebelgesetz		

8 Intervention zum Unterrichtsgegenstand „Hebelgesetz"

8.1 Potential des Unterrichtsgegenstands

Als Unterrichtsgegenstand der Intervention wurde für die vorliegende Arbeit das Hebelgesetz ausgewählt, welches aus mehreren Gründen als besonders geeignet erschien.

Als erster Grund ist die Sache an sich anzuführen: Das Hebelgesetz, welches bereits von Archimedes in Ansätzen formuliert wurde, stellt als eines der ältesten physikalischen Gesetze ein zentrales naturwissenschaftliches Konzept dar. Unter einem Hebel wird ein starrer Körper verstanden, welcher an einem bestimmten Punkt befestigt und um diesen drehbar ist (der sogenannte Drehpunkt). Unterscheiden lassen sich einseitige und zweiseitige Hebel sowie einfache und doppelte Hebel: Ob ein *ein- bzw. zweiseitiger Hebel* vorliegt, wird über die Angriffspunkte der wirkenden Kräfte (Kraft und Last) auf einer bzw. auf beiden Seiten des sogenannten Drehpunkts definiert. Während bei einem einseitigen Hebel der Drehpunkt an der Spitze des Körpers zu finden ist und die angreifenden Kräfte auf der gleichen Seite vom Drehpunkt aus wirken, greifen die Kräfte bei einem zweiseitigen Hebel getrennt voneinander auf beiden Seiten des Drehpunkts an. Ob ein *einfacher bzw. doppelter Hebel* vorliegt, kann daran festgemacht werden, ob die Hebelarme (Kraft- und Lastarm) jeweils einmal vorhanden sind oder in doppelter Ausführung. Zieht man die gängige Formel des Hebelgesetzes heran, werden die Wirkungszusammenhänge der angreifenden Kräfte deutlich:

$F_1 \times L_1 = F_2 \times L_2$, wobei F jeweils die wirkende Kraft definiert und L die Länge des entsprechenden Hebelarms (Gascha & Pflanz, 2004; Stöcker, 2010).

Durch die explizite Auseinandersetzung mit Beispielen zum Hebelgesetz haben die Schüler die Möglichkeit, grundlegendes konzeptuelles Wissen zu einem physikalischen Gesetz aufzubauen, welches für weiterführende Lernprozesse genutzt werden kann. Die Kinder sollen durch das Arbeiten mit Hebeln befähigt werden, die Beispiele an sich sowie die Wirkungszusammenhänge der einzelnen Strukturmerkmale des Hebelgesetzes (z. B. den Zusammenhang zwischen der wirkenden Kraft und der Länge des jeweiligen Hebelarms) zu entdecken. Ein Hauptaugenmerk liegt dabei nicht auf der formal-mathematischen Darstellung der Zusammenhänge mittels einer

Formel, sondern auf der Ausbildung der Fähigkeit, diese Wirkungszusammenhänge eigenständig, dem Alter angemessen zu formulieren. Ein Beispiel für eine solche Formulierung wäre: *Je näher das Gewicht am Drehpunkt ist, umso weniger Kraft brauche ich, um es mit der Sackkarre anzuheben.*

Im Alltag findet man eine Vielzahl an konkreten Beispielen für das Hebelgesetz, welche zur Vereinfachung von Arbeitsschritten im täglichen Gebrauch zum Einsatz kommen. Da auch Kinder in ihrem Alltag bereits Beispielen für das Hebelgesetz begegnen, kann als zweiter Grund für die Auswahl des Hebelgesetzes als Unterrichtsinhalt genannt werden, dass es dadurch möglich ist, an die Lebens- und Erfahrungswelt der Kinder anzuknüpfen (vgl. didaktische Grundfragen nach Klafki, Kapitel 3.1 und Tabelle 1). Schon in den ersten Lebensjahren verwenden Kinder unbewusst Hebel, z. B. die Wippe auf dem Spielplatz, und generieren so Handlungswissen. Da die Kinder Hebel verwenden und die daraus resultierenden Vorteile nutzen, ohne ihre Wirkungsweise zu reflektieren oder das zugrunde liegende Funktionsprinzip zu verstehen, wird dieser Sachverhalt von Wilkening und Cacchione (2011) als intuitive Physik bezeichnet (vgl. hierzu auch Wilkening, Huber & Cacchione, 2006). Das so generierte Handlungswissen und die damit verbundenen eigenen Vorstellungen der Kinder hinsichtlich der Funktionsweise können Anknüpfungspunkte liefern für weiterführende Lernprozesse, bei denen die bisherigen Wissensstrukturen durch neues Wissen ergänzt oder auch verändert werden können (u. a. Einsiedler, 1996; Steiner, 2001; zur Veränderung von Wissensstrukturen/conceptual change u. a. Duit, 1997, 2009; Max, 1997).

Zuletzt ist als Grund für die Auswahl des Hebelgesetzes als Unterrichtsgegenstand die didaktische Ergiebigkeit anzuführen. Beim Arbeiten mit Hebelbeispielen bietet sich eine Vielzahl an didaktischen Gestaltungsmöglichkeiten, um die Kinder in ihren Lernprozessen zu unterstützen. Es besteht einerseits die Möglichkeit, dreidimensionale Modelle zu verwenden, die während der Versuchsphasen von den Lernenden von allen Seiten betrachtet werden können. Die Funktionsweise und die strukturellen Merkmale des jeweiligen Beispiels können dadurch genauer in Augenschein genommen werden. Außerdem liegt ein großer Vorteil des Hebelgesetzes und des damit verbundenen Einsatzes der erwähnten Modelle darin, dass die Versuchsabläufe von den Kindern rückgängig gemacht werden können. Betrachtet man beispielsweise Versuche aus dem Bereich der Chemie, so ist nach dem Vermischen zweier Flüssigkeiten einmalig eine Reaktion zu beobachten, die aber nicht wiederholt oder rückgängig gemacht werden kann. Bei Beispielen zum Hebelgesetz ist es den Kindern jedoch möglich, den Versuchsablauf mehrmals hintereinander zu verfolgen, beispielsabhängig die Ablaufgeschwindigkeit zu steuern und den Versuchseffekt beim Arbeiten mit den Modellen rückgängig zu machen. Durch die Veränderung von Einflussgrößen, wie beispielsweise der Hebelarmlänge oder der Distanz des Gewichts zum Drehpunkt, lassen sich zudem die aus dem Versuchsaufbau resultierenden Effekte dahingehend manipulieren, dass den Lernenden die Vielfalt der Einsatzmöglichkeiten von Hebeln deutlich wird. Der von Siegler (1976) in seinen mikrogenetischen Studien aufgezeigten Problematik, gleichzeitig sowohl Gewichts- als auch Distanzinformationen bei Hebeln (bei Siegler: Balkenwaage) zu berücksichtigen, kann in der vorliegenden Arbeit somit entgegengewirkt werden: Während Siegler die zu leistenden kognitiven Prozesse als große Herausforderung ansieht und die erfolgreiche Integration von Gewichts- und Distanzinformationen erst bei älteren Schülern für möglich hält, können Wilkening und Anderson zeigen, dass Kindern eine solche Integration durchaus gelingen kann (Wilkening & Anderson, 1990). Voraussetzung dafür ist, dass die Kinder um eine Produktion mittels konkreten Materials gebeten werden, welches in der vorliegenden Arbeit durch den Einsatz der dreidimensionalen manipulierbaren Modelle gewährleistet ist, und nicht um die theoretische Beurteilung einer fiktiven Situation. Andererseits können, um Einblick in die Wirkmechanismen von Hebeln zu erlangen und diese zusammen mit Strukturmerkmalen zu veranschaulichen, visuelle Repräsentationsformen, wie beispielsweise Legebilder, zum Einsatz kommen (Martschinke, 2007). Dadurch ist es möglich, die einzelnen Elemente eines Hebels und ihre Beziehung zueinander durch Pfeile, verschiedene Farben und ihre Platzierung darzustellen. Unterstützt werden kann dadurch außerdem das Erkennen von kausalen Zusammenhängen innerhalb des Unterrichtsgegenstandes.

8.2 Die Variation der (Un-)Ähnlichkeitsbeziehung von Beispielen zum Hebelgesetz

8.2.1 Theoretische (Un-)Ähnlichkeit

Vor Beginn der Interventionsplanung war es notwendig in einem ersten Schritt festzulegen, mit welchen Beispielen zum Hebelgesetz die Kinder in den beiden Versuchsgruppen konfrontiert werden. Bezogen auf die forschungsleitende Fragestellung stellt die Variation der oberflächlichen Ähnlichkeit bzw. Unähnlichkeit - bei gleich bleibender Tiefenstruktur - den Kern der vorliegenden Arbeit dar und ist somit zentrales Auswahlkriterium für die Beispiele (vgl. dazu die Definition von Oberflächen- und Tiefenstruktur, Kapitel 3.3.3).

Um eine Auswahl für mögliche Beispielkombinationen zu treffen, wurde zunächst ein Pool an Beispielen zum Hebelgesetz (identische Tiefenstruktur) angelegt, für den in einem weiteren Schritt mittels theoretischer Kriterien das (Un-)Ähnlichkeitsverhältnis beurteilt wurde (vgl. Tabelle 4). Herangezogen wurden ausschließlich Kriterien, die in Zusammenhang mit dem Hebelgesetz stehen, d. h. beispielsweise Material, Größe und Farbe wurden nicht berücksichtigt.

Zu den theoretischen Kriterien zählen (1) das Funktionsprinzip des Hebels, (2) ob Strukturmerkmale festgelegt sind oder nicht, (3) ob Strukturmerkmale augenscheinlich sind oder nicht, (4) die Art der Hebelarme sowie (5) die Anzahl der Hebelarme:

1) In der vorliegenden Arbeit wird unter dem Begriff Funktionsprinzip bezogen auf das Hebelgesetz die Zielsetzung verstanden, welche durch den Einsatz des jeweiligen Hebels verfolgt wird. Es lassen sich diesbezüglich zwei Ausprägungen unterscheiden: entweder das Ziel der Kraftverstärkung oder das Ziel, Gleichgewicht bzw. Ungleichgewicht herzustellen.

2) Als weiteres theoretisches Kriterium wird herangezogen, ob Strukturmerkmale, dazu zählen neben dem Drehpunkt sowohl die wirkenden Kräfte (Kraft, Last) als auch die Hebelarme (Kraft- und Lastarm), bei einem Beispiel für das Hebelgesetz festgelegt sind oder nicht. Ist ein Strukturmerkmal festgelegt, bedeutet dies, dass z. B. beim jeweiligen Beispiel der Drehpunkt nicht variiert werden kann, wie es bei der Wippe der Fall ist. Das Strukturmerkmal Drehpunkt wäre stattdessen nicht festgelegt

beim Spaten, da hier die Stelle des Drehpunkts bei jedem Einsatz durch die Einstichtiefe des Spatens in den Boden neu definiert wird.

3) Als drittes Kriterium für die theoretische Beurteilung der (Un-)Ähnlichkeit wird berücksichtigt, ob Strukturmerkmale für den Betrachter augenscheinlich sind oder nicht. Augenscheinlichkeit ist beispielsweise bei der Wippe gegeben, da hier für den Betrachter deutlich erkennbar ist, um welchen Punkt sich der Hebel drehen kann. Beim Spaten dagegen handelt es sich um einen nicht augenscheinlichen Drehpunkt, da für das Erkennen dieses Strukturmerkmals ein Einblick in die Funktionsweise notwendig ist und er, wie bereits bei Punkt (2) dargelegt, bei jeder Verwendung neu festgelegt wird.

4) Ein weiteres Beurteilungskriterium stellt die bereits in Kapitel 8.1 erläuterte Art der Hebelarme – ein- oder zweiarmig – dar. Ein einarmiger Hebel liegt beispielsweise bei der Knoblauchpresse vor, da sich bei diesem Beispiel der Drehpunkt an der Spitze des Körpers befindet. Bei der Brechstange handelt es sich dagegen um einen zweiarmigen Hebel, da bei diesem Beispiel der Drehpunkt mittig zwischen den beiden Hebelarmen (Kraft- und Lastarm) zu finden ist.

5) Als letztes Kriterium für die Beurteilung der oberflächlichen Ähnlichkeit bzw. Unähnlichkeit wird die Anzahl der Hebelarme (vgl. Kapitel 8.1) herangezogen. Ein Beispiel für einen einfachen Hebel stellt die Brechstange dar, da sie aus jeweils nur einem Kraft- und Lastarm besteht. Die Knoblauchpresse kann dagegen in die Kategorie der zweiarmigen Hebel eingeordnet werden, da sie aus jeweils zwei Kraft- und Lastarmen besteht.

Tabelle 4: Beurteilung der (Un-)Ähnlichkeitsbeziehung mittels theoretischer Kriterien

Hebel	Funktion		Strukturmerkmale							Art der Hebelarme		Anzahl der Hebelarme	
			festgelegt		augenscheinlich								
	Gleich-gewicht	Kraftver-stärkung	DP	K, L, KA, LA	DP	K	L	KA	LA	Ein-armig	Zwei-armig	Einfach	Doppelt
Balkenwaage	X		X		X	X	X	X	X		X	X	
Mobile	X					X	X	X	X		X	X	
Wippe	X		X	X	X	X	X	X	X		X	X	
Kran	X		X	X			X				X	X	
Kragbogenbrücke	X					X					X	X	
Spaten		X		X	X	X	X				X	X	
Brechstange		X	X	X	X	X	X				X	X	
Sackkarre		X	X	X	X	X					X	X	
Nussknacker (Figur)		X	X	X	X	X	X				X	X	
Schere		X	X	X	X	X					X		X
Locher		X	X	X	X	X				X			X
Schubkarre		X	X	X	X	X	X			X		X	
Flaschenöffner		X	X	X	X	X				X		X	
Knoblauchpresse		X	X	X	X	X	X			X			X
Nussknacker (Zange)		X	X	X	X	X	X			X			X
Weckglasöffner		X	X	X	X	X				X			X

Anmerkungen. DP = Drehpunkt, K = Kraft, L = Last, KA = Kraftarm, LA = Lastarm; X = das entsprechende Kriterium trifft zu.

Das (Un-)Ähnlichkeitsverhältnis konnte mittels der Anzahl an Übereinstimmungen bzgl. der theoretischen Kriterien bestimmt werden. Es kristallisierten sich daraus folgend Beispiele heraus, die einander eher ähnlich sind und andere, die einander eher unähnlich sind:

In Bezug auf die Funktion Gleichgewicht wurden Balkenwaage und Wippe auf Grund der Parallelen in der Beurteilung als eher ähnlich eingestuft, die anderen Gleichgewichtsbeispiele dagegen als eher unähnlich. Grund dafür war die geringere Anzahl an Übereinstimmungen (vgl. Tabelle 4).

Bezüglich der Funktion Kraftverstärkung wurden sowohl Spaten und Brechstange als auch Nussknacker (Zange) und Knoblauchpresse eher als ähnlich eingestuft, wohingegen die anderen Beispiele zur Kraftverstärkung eher als unähnlich eingestuft wurden.

Unter zusätzlicher Berücksichtigung der didaktischen Umsetzungsmöglichkeiten der Beispiele innerhalb eines Klassenzimmers wurden folgende Beispiele in die engere Auswahl für die Interventionseinheiten genommen:

Tabelle 5:   Mögliche Beispiele zum Hebelgesetz für die Intervention

Funktionsprinzip	Gleichgewicht	Kraftverstärkung
Beispiel	Balkenwaage	Spaten
	Mobile	Brechstange
	Wippe	Sackkarre
	Kragbogenbrücke	Nussknacker (Figur)
		Nussknacker (Zange)
		Locher
		Flaschenöffner
		Knoblauchpresse

Mit Blick auf die zu planenden Interventionseinheiten folgten Überlegungen zu möglichen Beispielkombinationen. Als zentral stellten sich dabei zwei Aspekte heraus:

Zum einen war von Bedeutung, dass es jeweils ein Beispiel (Kernbeispiel) pro Interventionseinheit geben muss, von dem ausgehend die Ähnlichkeit bzw. Unähnlichkeit bestimmt wird, da sonst die Nähe bzw. die Entfernung der beiden anderen Beispiele (Kombinationsbeispiele) nicht sichergestellt werden könnte. Die sich daraus ergebende Anforderung war, ausgehend vom Kernbeispiel, Kombinationsbeispiele zu finden, bei welchen das ähnliche Beispiel sehr nah am Kernbeispiel und das unähnliche sehr weit davon entfernt einzuordnen ist.

Zum anderen wurden sowohl die Funktionsprinzipien als auch die Art der Hebelarme als zentrale Kriterien für die Kombination von Beispielen angesehen. Mit Blick auf die sinnvolle Strukturierung des Unterrichtsinhalts erschien es plausibel, nur Beispiele zu kombinieren, welche über dasselbe Funktionsprinzip (Gleichgewicht, Kraftverstärkung) und dieselbe Art an Hebelarmen verfügen.

Bezug nehmend auf die Überlegungen von Mähler und Stern (2010) zur subjektiv wahrgenommenen Übereinstimmung sollte sichergestellt werden, dass die theoretisch vorliegende Ähnlichkeit bzw. Unähnlichkeit auch von den Lernenden als solche wahrgenommen wird. Da keine wissenschaftlich fundierten Aussagen darüber vorliegen, welche Beispiele zum Hebelgesetz von Drittklässlern als ähnlich oder unähnlich wahrgenommen werden, wurden subjektive Einschätzungen hierzu mittels Einzelinterviews erfasst. Die dadurch gewonnene empirische Evidenz sollte zusätzlich zu den theoretischen Kriterien in die Festlegung der Beispielgruppierungen für die Versuchsgruppen einfließen.

8.2.2 Subjektive Einschätzungen hinsichtlich der (Un-)Ähnlichkeit: eine Vorstudie

Die im folgenden Teil beschriebene Vorstudie beschreibt die Ergebnisse von 17 Einzelinterviews, in denen Drittklässler um ihre subjektiven Einschätzungen hinsichtlich der (Un-)Ähnlichkeit von mehreren Beispielen gebeten wurden. Das Design basiert dabei auf dem in Kapitel 3.3.2 beschriebenen didaktischen Vorgehen des Analogen Enkodierens. Aus den für die Intervention in Frage kommenden Beispielen (vgl. Tabelle 5) wurden insgesamt in Anlehnung an Spreckelsen (Kapitel 3.2) drei Phänomenkreise zu den beiden Funktionen des Hebelgesetzes gebildet. Da nicht alle theoretisch denkbaren Beispiele einer subjektiven Einschätzung unterzogen werden konnten, wurden Beispiele ausgewählt, bei denen die Ähnlichkeitsbeziehung aus theoretischer Sicht nicht allzu naheliegend war. Aus diesem Grund wurde beispielsweise die Wippe im Phänomenkreis 1 nicht berücksichtigt.

Tabelle 6: In der Vorstudie überprüfte Phänomenkreise (vgl. Schwelle, Lohrmann & Hartinger, 2012)

	Phänomenkreis 1	**Phänomenkreis 2**	**Phänomenkreis 3**
Beispiele	Balkenwaage	Brechstange	Nussknacker
	Mobile	Nussknacker (Figur)	Locher
	Kragbogenbrücke	Sackkarre	Flaschenöffner
Funktion	Gleichgewicht	Kraftverstärkung (zweiarmig; einfach)	Kraftverstärkung (einarmig; einfach/ doppelt)

Betrachtet man Phänomenkreis 1, so besteht das gemeinsame Funktionsprinzip im Herstellen von Gleichgewicht. Im Vergleich zu Phänomenkreis 1 unterscheiden sich Phänomenkreis 2 und 3 hinsichtlich der Funktion Kraftverstärkung: Während Phänomenkreis 2 zweiarmige Hebelbeispiele zur Kraftverstärkung enthält, wurden in Phänomenkreis 3 einarmige Hebelbeispiele zur Kraftverstärkung gruppiert (vgl. Kapitel 8.1).

Alle Einzelinterviews liefen wie folgt ab: Nach der Präsentation eines Phänomenkreises konnten die Kinder die einzelnen Beispiele genauer anschauen und ausprobieren. Im Anschluss daran wurden die Kinder um eine Einschätzung gebeten, „ob ihnen zwei Phänomene [Anm.: gemeint sind Beispiele] ähnlicher erscheinen als die anderen" (Schwelle, Lohrmann & Hartinger, 2012, S. 123). Nachdem die Kinder die Möglichkeit hatten, sich frei zu äußern, erfolgte im Anschluss eine gezielte Unterstützung (gemäß der Methode des *stimulated recall* – vgl. Calderhead, 1981), die den Blick der Kinder auf die für die Ähnlichkeitsbestimmung relevanten Merkmale richten sollte. Dies erfolgte beispielsweise durch Impulse wie „*Bei der Waage hast du entdeckt, dass sie an einem Punkt kippen kann. Gibt es so einen Punkt beim Mobile und der Brücke auch?*". Das eben beschriebene Ausmaß an Unterstützung wurde bei der im Anschluss folgenden inhaltsanalytischen Auswertung, die sich aus zwei Schritten zusammensetzte, berücksichtigt. In einem ersten Schritt wurde der Erstzugang der Kinder zu den Beispielen untersucht, indem ausgewertet wurde, wie die Kinder die präsentierten Beispiele hinsichtlich der Frage „*Gibt es zwei Gegenstände, die sich ähnlicher sind oder findest du alle drei gleich ähnlich?*" einschätzten. In einem zweiten Schritt wurden die Schüleräußerungen, bei denen die Kinder gezielt unterstützt wurden, ausgewertet. Bei der Auswertung der Schüleräußerungen wurde unterschieden zwischen konzeptuellem und prozeduralem Wissen (vgl. Kapitel 2). Aussagen von Kindern, die bereits in Ansätzen das Hebelgesetz beinhalteten, wurden als konzeptuelles Wissen gewertet (z. B. *„Bei dem ist das das Gleiche, das ist die gleiche Armtechnik."*) wohingegen Äußerungen, welche sich auf die Oberflächenstruktur der Beispiele, sprich auf Äußerlichkeiten oder beobachtbare Funktionsvorgänge bezogen, als prozedurales Wissen gewertet wurden. Beispiele dafür wären folgende: *„Und die zwei Dinge [Flaschenöffner und Locher] find ich jetzt halt ganz gleich. Hier muss man nach oben drücken, und da ist das das Gleiche, nur drückt man nach unten."* oder *„Mit dieser Stange kann man's fahren und mit der heben [Sackkarre und Brechstange]."*

Die im folgenden Teil geschilderten Ergebnisse stammen aus Einzelinterviews, die mit 17 Kindern zweier dritter Klassen geführt wurden. Die kleine Stichprobengröße „ergab sich auf Grund der sich einstellenden Sättigung" (Schwelle et al., 2012, S. 123; zum Begriff der Sättigung vgl. Kvale, 1996, S. 102; Strübing, 2008, S. 33 f.), da bereits nach etwa 15 Einzelinterviews festgestellt werden konnte, dass kein zusätzlicher Erkenntnisgewinn durch weitere Interviews zu erwarten ist. Begründen lässt sich dies mit den von den Kindern verwendeten inhaltlichen Erklärungsschemata: Es konnte festgestellt werden, dass die interviewten Kinder bezüglich des Hebelgesetzes über prozedurales Wissen verfügen und dieses häufig für Ihre Erklärungen heranziehen, wohingegen sie nur selten auf konzeptuelles Wissen zurückgreifen. Alltagswissen ermöglicht es den Kindern folglich zu erklären, *„dass* etwas so ist, aber nicht *warum"* (Schwelle et al., 2012, S. 124). Folgende Schüleräußerung zu Phänomenkreis 2 zeigt dies: *„Sie machen alle etwas einfacher".* Bei genauer Nachfrage, ob der Schüler erklären könne, warum das so ist, sagte er: *„Ne, ich kann's mir nicht vorstellen".* Betrachtet man den Erstzugang der Drittklässler zu den Beispielen, so wird auch hier das Fehlen des konzeptuellen Wissens deutlich, wobei hier noch am häufigsten konzeptionelle Tiefe erreicht wird. Eine Schüleräußerung über Kragbogenbrücke und Balkenwaage verdeutlicht dies: *„Wenn man die Bausteine nebeneinander legt, sind es auch zwei Arme".* Wurde dagegen gezielt nachgefragt, zeigte sich, dass die Kinder häufig auf die Oberflächenstruktur der Beispiele fokussieren: *„Das sieht wie ein Katapult aus [über die Brechstange]."*

Betrachtet man die Argumentationslinien, die von den Kindern für die Begründung von Gemeinsamkeiten herangezogen werden, zeigt sich, dass sich diese ausschließlich auf der Oberflächenstruktur befinden. Ein weiterer, sich herauskristallisierender und zentraler Aspekt ist, dass die Einschätzungen der Kinder bezogen auf die (Un-)Ähnlichkeit der präsentierten

Beispiele sehr unterschiedlich sind. Folgende Schülereinschätzungen zu Phänomenkreis 3 (vgl. Tabelle 7) verdeutlichen dies:

Tabelle 7:   Schülereinschätzungen zur (Un-)Ähnlichkeit von Beispielen zum Hebelgesetz

Nussknacker – Flaschenöffner	„Die zwei Sachen, die sind ziemlich ähnlich, weil man damit das gleiche Ziel erreichen will – Öffnen."
Nussknacker – Locher	„Und die zwei Dinge find ich jetzt halt ganz gleich. Hier muss man nach oben drücken, und da ist das das gleiche, nur drückt man nach unten."
Nussknacker – Flaschenöffner – Locher	„Man muss überall drücken".

Quantifiziert man die Ergebnisse aller 17 Kinder und betrachtet zudem die anderen beiden Phänomenkreise (vgl. Tabelle 8), zeigen sich ähnliche Ergebnisse. Die Einschätzungen der Kinder unterscheiden sich so voneinander, dass sich keine Kombinationsmöglichkeit als ähnlich oder unähnlich durchsetzen kann. Die Ursache ist im Wesentlichen darin zu sehen, dass das konzeptuelle Wissen zum Hebelgesetz wenig bis gar nicht elaboriert ist und auch gezielte Unterstützung den Kindern nur bedingt helfen kann, „da die Bezugspunkte, die von den Kindern fokussiert werden, ausschließlich auf der Oberflächenstruktur liegen" (ebd., S. 125).

Tabelle 8:   Quantifizierung der Schülereinschätzungen hinsichtlich der (Un-)Ähnlichkeit von Beispielen zum Hebelgesetz

Waage (W), Mobile (M) und Kragbogenbrücke (B)				
	W – M	W – B	M - B	alle gleich ähnlich	nicht eindeutig
Nennungen	7	7	0	3	0

Brechstange (BS), Nussknacker (Figur; NK_F) und Sackkarre (SK)				
	BS - NK_F	BS – SK	NK_F – SK	alle gleich ähnlich	nicht eindeutig
Nennungen	6	8	1	0	2

Nussknacker (Zange; NK_Z), Locher (L) und Flaschenöffner (F)				
	NK_Z – L	NK_Z – F	L – F	alle gleich ähnlich	nicht eindeutig
Nennungen	6	3	1	3	4

Aus den dargelegten Ergebnissen der Einzelinterviews ergeben sich deshalb folgende Konsequenzen: Die Forschungsfrage der Vorstudie, nämlich die subjektive Einschätzung der Kinder bezüglich der (Un-)Ähnlichkeit der

Beispiele in die letztendliche Beispielkombination für die Versuchsgruppenzuteilung einfließen zu lassen, kann mit dem gewählten Setting nicht beantwortet werden. Als Konsequenz daraus wird die Beurteilung des (Un-)Ähnlichkeitsverhältnisses mittels der erläuterten theoretischen Kriterien durchgeführt (vgl. Tabelle 4).

An dieser Stelle ist außerdem zu ergänzen, dass für die endgültige Auswahl der Beispielkombinationen nicht nur das Funktionsprinzip sowie die Art des Hebels herangezogen wird, sondern auch die Anzahl der Hebelarme, welche beim Setting der Einzelinterviews noch nicht berücksichtigt wurde.

8.2.3 Endgültige Auswahl der Beispielkombinationen für die Hauptuntersuchung

Bezug nehmend auf die im vorherigen Kapitel berichteten Ergebnisse einer Vorstudie wurde die endgültige Auswahl der Beispielkombinationen für die beiden Versuchsgruppen ausschließlich anhand der theoretischen Kriterien unter Berücksichtigung der Umsetzungsmöglichkeiten im Unterricht vorgenommen. Eine Äquidistanz, d. h. dass die Beispielkombinationen zu den Funktionsprinzipien gleich ähnlich bzw. unähnlich sein müssen, wurde dabei nicht als zwingend notwendig erachtet: Gelingt es, eine sehr ähnliche Beispielkombination zu generieren, so kann auch die Unähnlichkeit der anderen Beispielkombination besser gewährleistet werden.

Es ergeben sich für die Intervention folgende Beispielkombinationen (vgl. Abbildung 1):

Versuchsgruppe ähnlich			Versuchsgruppe unähnlich	Kontrollgruppe
	Ähnliche Beispiele		Unähnliche Beispiele	
Funktionsprinzip	Kombinations-beispiel	Kernbeispiel	Kombinations-beispiel	
Gleichgewicht		Wippe / Balkenwaage — Kragbogenbrücke		
Kraftverstärkung einfach		Brechstange / Spaten — Sackkarre		Kein Unterricht
Kraftverstärkung doppelt		Nussknacker / Knoblauchpresse — Locher		

Abbildung 1:   Endgültige Beispielkombinationen für die Hauptuntersuchung

8.2.3.1   Funktionsprinzip Gleichgewicht

Die Repräsentanten des Funktionsprinzips Gleichgewicht sind, wie der Abbildung 1 zu entnehmen ist, die Beispiele Wippe, Balkenwaage und Kragbogenbrücke.

Als Kernbeispiel für die erste Gruppierung (Gleichgewicht, zweiarmig, einfach) wurde die Wippe ausgewählt, die in vielerlei Hinsicht einen geeigneten Vertreter für das Hebelgesetz darstellt. Argumente dafür sind beispielsweise, dass sie Bestandteil der Lebenswelt aller Kinder ist und an ihr die zentralen Strukturmerkmale eines Hebels, beispielsweise der Drehpunkt, augenscheinlich erkannt werden können.

Sowohl Wippen, wie sie sich auf Spielplätzen befinden, als auch dreidimensionale Modelle davon zeigen folgende, für das Hebelgesetz charakteristische Merkmale:

- Drehpunkt: mittige Befestigung des Holzbalkens
- Hebelarme: gesamter Holzbalken, jeweils vom Drehpunkt ausgehend in die entgegengesetzte Richtung laufend
- Wirkende Kräfte/Gewicht: sowohl das Gewicht der Hebelarme als auch auf den Hebelarmen aufliegendes Gewicht (d. h. die wippende Person)

Als ähnliches Beispiel wurde die Balkenwaage ausgewählt, da sie mit der Wippe alle relevanten Oberflächenmerkmale teilt und auch hinsichtlich der Augenscheinlichkeit der strukturellen Merkmale identisch ist. Beide Beispiele lassen zu, dass durch den Einsatz von dreidimensionalen Modellen besonders gut die Gleichgewichtsfunktion von Hebeln in Experimentierphasen dargestellt werden kann (vgl. Kapitel 8.1). Die Strukturmerkmale der Balkenwaage lassen sich wie folgt zuordnen:

- Drehpunkt: mittige Befestigung des Holzbalkens am Standfuß
- Hebelarme: gesamter Holzbalken, jeweils vom Drehpunkt ausgehend in die entgegengesetzte Richtung laufend
- Wirkende Kräfte/Gewicht: sowohl das Gewicht der Hebelarme als auch das an den Hebelarmen anliegende Gewicht (Waagschalen und darin befindliche Gegenstände wie beispielsweise Obst)

Als unähnliches Beispiel im Vergleich zur Wippe wurde die Kragbogenbrücke ausgewählt. Auch bei diesem Beispiel lässt sich die Gleichgewichtsfunktion aufzeigen, jedoch sind bedingt durch den komplexen Aufbau die strukturellen Merkmale des Beispiels nicht augenscheinlich erkennbar: Betrachtet man eine Brücke, die in ihrer Gesamtheit nach dem Prinzip der Überkragung konstruiert und aufgebaut ist, so besteht diese Brücke aus einer Vielzahl an Hebeln: An jeder Stelle, an der zwei Steine aufeinanderliegen, können beim oberen, überkragenden Stein die Strukturmerkmale eines Hebels identifiziert werden:

- Drehpunkt: an der Schnittstelle zwischen dem überkragenden Stein und dem darunterliegenden Basisstein
- Hebelarme: gesamter (überkragender) Stein, jeweils vom Drehpunkt ausgehend in die entgegengesetzte Richtung laufend
- Wirkende Kräfte/Gewicht: der Stein selbst; möglicherweise zusätzliches Gewicht (in Form eines weiteren Steins), das bei zu weitem Überkragen als Ausgleich eingesetzt wird

Beim Experimentieren wird auf Grund der Komplexität des Beispiels die Kragbogenbrücke insofern vereinfacht, als nur zwei Brückensteine herausgegriffen werden, anhand derer das Hebelgesetz aufgezeigt werden soll: Bei zwei versetzt übereinander gelegten Brückensteinen kippt bei zu weitem Überkragen der obere Stein über den unteren Brückenstein, an welchem die bereits erwähnten Strukturmerkmale verdeutlicht werden können. Durch eine Veränderung der Überkragung sowie durch den Einsatz eines zusätzlichen Gewichts kann das Gleichgewicht jedoch wieder hergestellt werden.

8.2.3.2 Funktionsprinzip Kraftverstärkung

Zum Funktionsprinzip der Kraftverstärkung wurden insgesamt sechs Beispiele für den Einsatz in den Interventionseinheiten ausgewählt (vgl. Abbildung 1). Um die Ähnlichkeits- bzw. Unähnlichkeitsbeziehungen zwischen den Beispielen nicht zu komplex zu gestalten, wurde darauf geachtet, dass ausschließlich Hebelbeispiele der gleichen Art, d. h. entweder einfache oder doppelte Hebel, und mit der gleichen Anzahl an Hebelarmen, d. h. entweder einarmig oder zweiarmig, einander zugeordnet wurden (vgl. Kapitel 8.1).

Einfache Hebel

Als Repräsentanten des Funktionsprinzips Kraftverstärkung bei einfachen Hebeln wurden die Brechstange, der Spaten und die Sackkarre ausgewählt.

Als Kernbeispiel für die zweite Gruppierung (Kraftverstärkung, zweiarmig, einfach) wurde die Brechstange gewählt, da im Gegensatz zu den anderen zur Auswahl stehenden Beispielen die relevanten Strukturmerkmale für den Betrachter augenscheinlich sind. Zudem ermöglicht es das Beispiel, das Prinzip der Kraftverstärkung durch eine Veränderung des ursprünglichen Aufbaus (Verschieben des Drehpunkts und dadurch Veränderung der Länge von Kraft- und Lastarm) für den Betrachter offensichtlich und erfahrbar darzustellen. Die Brechstange setzt sich bezogen auf die für das Hebelgesetz charakteristischen Strukturmerkmale wie folgt zusammen:

- Drehpunkt: Auflagepunkt des Hebels
- Hebelarme: gesamter Hebel, Differenzierung nach Kraft- und Lastarm möglich: Kraftarm = Drehpunkt bis zum Kraftansatzpunkt, Lastarm = Drehpunkt bis zum Lastauflagepunkt
- Wirkende Kräfte/Gewicht: Differenzierung nach Kraft und Last möglich: Kraft = Kraftquelle (i. d. R. die Arme), Last = anzuhebendes Gewicht

Als im Vergleich mit der Brechstange ähnliches Beispiel wurde der Spaten ausgewählt. Dieser eignet sich deshalb nicht als Kernbeispiel, da der Drehpunkt weder festgelegt noch augenscheinlich für den Betrachter erkennbar ist (Anm.: Drehpunkt liegt an der Rasenkante). Die Ähnlichkeit zur Brechstange, die sich durch die Parallelen hinsichtlich der anderen Strukturmerkmale ergibt, lässt die Einstufung des Spatens als ähnliches Kombinationsbeispiel jedoch zu:

- Drehpunkt: Auflagepunkt des Hebels an der Last (d. h. Drehpunkt = Rasenkante)
- Hebelarme: gesamter Spaten; Differenzierung nach Kraft- und Lastarm möglich: Kraftarm = Drehpunkt bis zum Kraftansatzpunkt, Lastarm = Drehpunkt bis zum Lastauflagepunkt
- Wirkende Kräfte/Gewicht: Differenzierung nach Kraft und Last möglich: Kraft = Kraftquelle (i. d. R. die Arme), Last = anzuhebendes Gewicht (z. B. Erde, Kies etc.)

Als unähnliches Beispiel im Vergleich zur Brechstange wird die Sackkarre ausgewählt. Begründen lässt sich diese Entscheidung vor allem mit dem Erscheinungsbild des Beispiels (Drehpunkt am 90°-Knick) und den von der Brechstange abweichenden strukturellen Merkmalen (vgl. Tabelle 4):

- Drehpunkt: Achse mit Rädern
- Hebelarme: gesamte Sackkarre; Differenzierung nach Kraft- und Lastarm möglich: Kraftarm = Drehpunkt bis zum Kraftansatzpunkt, Lastarm = Drehpunkt bis zum Lastauflagepunkt (d. h. gesamte Lastauflagefläche)
- Wirkende Kräfte/Gewicht: Differenzierung nach Kraft und Last möglich: Kraft = Kraftquelle (i. d. R. die Arme), Last = anzuhebendes Gewicht (z. B. eine schwere Kiste etc.)

Doppelte Hebel

Um das Funktionsprinzip Kraftverstärkung bei doppelten Hebeln zu veranschaulichen, wurden die Beispiele Nussknacker, Knoblauchpresse und Locher ausgewählt.

Als Kernbeispiel für die dritte Gruppierung (Kraftverstärkung, einarmig, doppelt) wurde der Nussknacker (Zangenform) ausgewählt, da er auf Grund seiner strukturellen Klarheit ein geeignetes Beispiel für einen einarmigen doppelten Hebel und somit für die Illustration des Prinzips der

Kraftverstärkung darstellt. Die strukturellen Merkmale eines einarmigen, doppelten Hebels sind zudem am Nussknacker gut erkennbar:

- Drehpunkt: Schraube, an der die beiden Griffe zusammengeführt und befestigt werden
- Hebelarme: beide Metallgriffe (jeweils ein Griff stellt einen Hebelarm dar); Differenzierung zwischen Kraft- und Lastarm möglich: Kraftarm = Drehpunkt bis zum Kraftansatzpunkt, Lastarm = Drehpunkt bis Lastansatzpunkt
- Wirkende Kräfte/Gewicht: Differenzierung zwischen Kraft und Last möglich: Kraft = Kraftquelle (i. d. R. die Hand), Last = zu knackende Nuss

Als ähnliches Kombinationsbeispiel wurde die Knoblauchpresse ausgewählt, da der strukturelle Aufbau dieses Beispiels nahezu identisch ist zu dem des Nussknackers. Die relevanten Strukturmerkmale sind folgendermaßen zuzuordnen:

- Drehpunkt: Schraube, an der die beiden Griffe zusammengeführt und befestigt werden
- Hebelarme: beide Metallgriffe (jeweils ein Griff stellt einen Hebelarm dar); Differenzierung zwischen Kraft- und Lastarm möglich: Kraftarm = Drehpunkt bis zum Kraftansatzpunkt, Lastarm = Drehpunkt bis Lastansatzpunkt
- Wirkende Kräfte/Gewicht: Differenzierung zwischen Kraft und Last möglich: Kraft = Kraftquelle (i. d. R. die Hand), Last = zu pressender Gegenstand (i. d. R. Knoblauch)

Der Locher, der als unähnliches Kombinationsbeispiel ausgewählt wurde, besitzt dieselben Strukturmerkmale, verfügt jedoch über eine vom Nussknacker abweichende Oberflächenstruktur bedingt durch seine Anwendung: Auch wenn nur auf den augenscheinlicheren Hebelarm die Kraft einzuwirken scheint, ist auch in der Auflagefläche des Lochers auf dem Tisch ein Hebelarm zu sehen. Die relevanten Strukturmerkmale des Hebelgesetzes können beim Locher folgendermaßen zugeordnet werden:

- Drehpunkt: Achse zwischen den beiden Hebelarmen (auf Höhe der „Stanzen", die die Löcher produzieren)

- Hebelarme: Auflagefläche auf dem Tisch und offensichtlicher Hebelarm, auf den gedrückt wird; Differenzierung zwischen Kraft- und Lastarm möglich: Kraftarm = Drehpunkt bis zum Kraftansatzpunkt, Lastarm = Drehpunkt bis Lastansatzpunkt
- Wirkende Kräfte/Gewicht: Differenzierung zwischen Kraft und Last: Kraft = Kraftquelle (i. d. R. die Hand), Last = Papier

8.3   Interventionsentwicklung

8.3.1   Vorgehen

Ziel der Interventionsentwicklung war es, die auf dem didaktischen Vorgehen des Analogen Enkodierens (vgl. Kapitel 3.3.2) basierenden Unterrichtseinheiten so identisch wie möglich zu konzipieren, um mit Blick auf die Forschungsfrage (vgl. Kapitel 6.2) die Varianz ausschließlich durch die Variation des Kombinationsbeispiels (vgl. Abbildung 1) herzustellen.

Folgende Maßnahmen sollten dies gewährleisten: Zum einen wurde, um Lehrereffekte ausschließen zu können, die Lehrperson in den Interventionseinheiten konstant gehalten, d. h. jede Unterrichtseinheit in den Versuchsklassen wurde ausschließlich von mir gehalten.

Zum anderen wurde ein methodisch und didaktisch identisches Vorgehen innerhalb der Intervention angestrebt. Umgesetzt wurde dies, indem die Distanz zwischen dem Kern- und dem Kombinationsbeispiel durch keinerlei instruktionale Einflussnahme verringert bzw. vergrößert wurde, d. h. die Distanz zwischen den Beispielen sollte für sich sprechen. Dies gilt in der Versuchsgruppe „unähnlich" in größerem Maße, da v. a. die unähnlichen Beispielkombinationen keinesfalls „ähnlich gemacht" werden durften. In diesem Zuge wurde auch Abstand genommen von einer zusammenfassenden Unterrichtseinheit im Anschluss an die versuchsgruppenspezifischen Unterrichtseinheiten, da dies neben der Nivellierung möglicher gruppenbedingter Effekte auch gegen das didaktische Vorgehen des Analogen Enkodierens spricht, auf welchem die Intervention basiert. Erwähnt werden muss außerdem, dass kein sogenanntes *embellishment*, d. h. eine „Verpackung" der Beispiele in ein Rahmenthema (Malone & Lepper, 1987), stattfand, da auch hier die Argumentation zum Tragen kam, dass die Beispiele für sich stehen sollen und nicht durch eine Rahmengeschichte von ihnen abgelenkt wird.

Für die inhaltliche Reihung der Beispielkombinationen ergaben sich zwei mögliche Umsetzungsmöglichkeiten: Die erste bestand darin, mit der Kraftverstärkung (einfach) zu beginnen, in einem zweiten Block die Kraftverstärkung (doppelt) und in einem dritten Block das Funktionsprinzip Gleichgewicht zu bearbeiten. Die zweite Möglichkeit beinhaltet eine Reihung, beginnend mit dem Funktionsprinzip Gleichgewicht über die Kraftverstärkung (einfach) hin zur Kraftverstärkung (doppelt). Für die erste Möglichkeit spricht, dass die Gleichgewichtsfunktion eher selten bei Hebelbeispielen auftritt wohingegen die Kraftverstärkungsfunktion deutlich häufiger vertreten ist. Des Weiteren kann im Kernbeispiel Wippe auf Grund der strukturellen Eigenschaften (zwei gleich lange Hebelarme) ein Spezialfall des Hebelgesetzes gesehen werden, was dafür spricht, dieses Beispiel nicht für einen Erstzugang zum Hebelgesetz einzusetzen. Für die zweite Möglichkeit spricht, dass sich vor allem die Wippe besonders als Einstiegsbeispiel in die Thematik eignet, da an ihr auf Grund der Augenscheinlichkeit die strukturellen Merkmale eines Hebels (wenn auch ein Spezialfall) gut veranschaulicht und erläutert werden können. Der Lebensweltbezug, der durch das Beispiel gegeben ist, wird außerdem als Argument angesehen, sich mit dem Funktionsprinzip Gleichgewicht bereits im ersten Block der Intervention auseinanderzusetzen.

Für die Entwicklung der Intervention wurde der zweiten Argumentationslinie gefolgt, d. h. die in Abbildung 1 dargestellte Reihung der inhaltsspezifischen Blöcke stellt auch den Ablauf der Intervention dar.

8.3.2   Ziele der Unterrichtseinheiten

Vor dem Hintergrund der in Kapitel 2 dargestellten Ziele naturwissenschaftlichen Lernens wird als das den Unterrichtseinheiten übergeordnete Ziel definiert, das Hebelgesetz als grundlegende naturwissenschaftliche Gesetzmäßigkeit mit seinen Funktionsweisen und strukturellen Bestandteilen zu erarbeiten. Auf Grund der Komplexität des Inhalts verfolgen die einzelnen Unterrichtseinheiten zu den Beispielkombinationen unterschiedliche, aufeinander aufbauende Zielsetzungen. Da die durch den Unterrichtsgegenstand vorgegebene inhaltliche Gliederung (Gleichgewicht, Kraftverstärkung einfach, Kraftverstärkung doppelt) für die Interventionseinheiten übernommen wird, ergeben sich folgende Feinziele (Wiater, 2011) für die einzelnen Unterrichtseinheiten:

Ziel der ersten Einheit (Funktionsprinzip Gleichgewicht) stellt die Einführung der für das Hebelgesetz relevanten Fachbegriffe (Drehpunkt, Hebelarme, Gewicht) sowie die Klärung ihrer Bedeutung dar. Zudem sollen
die Schüler diese strukturellen Merkmale an dreidimensionalen Modellen
identifizieren und mittels logischer Bilder (vgl. Kapitel 8.3.4.2) eigenständig
(ggf. mit Hilfestellung) zeichnen können. Als weiteres Ziel der ersten Unterrichtseinheit wird das Verständnis des Funktionsprinzips Gleichgewicht
angeführt: Von den Schülern soll einerseits erkannt werden, dass Gleichgewicht vorliegt, wenn bei einem Hebel bei gleicher Hebelarmlänge gleiches
Gewicht anliegt. Außerdem soll durch den Einsatz eines dreidimensionalen
Wippenmodells (vgl. Kapitel 8.3.4) mit außermittigem Drehpunkt verdeutlicht werden, dass Gleichgewicht außerdem vorliegen kann, wenn bei unterschiedlicher Hebelarmlänge am kürzeren Hebelarm ein schwereres Gewicht
anliegt als am längeren Hebelarm.

Ziel der zweiten Unterrichtseinheit (Funktionsprinzip Kraftverstärkung,
einfach zweiarmig) ist u. a. die Ausdifferenzierung der Fachbegriffe: Die
Kinder sollen erkennen, dass für eine genaue Bestimmung der Hebelarme
die Fachbegriffe Kraft- und Lastarm notwendig sind sowie für das Einwir-
ken von Gewicht die Begriffe Kraft und Last. Auch in dieser Unterrichtseinheit sollen die identifizierten strukturellen Merkmale eines Hebels in
Form eines logischen Bildes gezeichnet werden unter Berücksichtigung
der ausdifferenzierten Fachbegriffe. An dieser Stelle ist zudem entscheidend, dass der Anfangs- und Endpunkt des jeweiligen Hebelarms von den
Kindern berücksichtigt wird. Eine Zuordnung der Strukturmerkmale zu
konkreten dreidimensionalen Modellen wird in diesem Zusammenhang
außerdem angestrebt. Inhaltlich zielt die Einheit ferner auf das Verständnis
des Funktionsprinzips Kraftverstärkung ab. Zentral ist dabei, dass die Kinder erkennen, dass der Einsatz eines Hebels die eigentlich aufzubringende
Kraft zum Anheben einer Last verändert, d. h. ist der Kraftarm bei einem
Hebel länger als der Lastarm, muss weniger Kraft aufgewendet werden, um
die Last anzuheben, als bei einem Hebel, bei welchem der Kraftarm kürzer
ist als der Lastarm.

Ziel der dritten Unterrichtseinheit (Funktionsprinzip Kraftverstärkung,
doppelt einarmig) ist es unter Anwendung der Fachbegriffe den Unterschied
zwischen einem einfachen Hebel und einem doppelten Hebel herauszuarbeiten. Die Kinder sollen dabei erkennen, dass bei einem doppelten Hebel
je zwei Kraft- und Lastarme vorhanden sind und, bedingt durch die Art des
Hebels, ein Hebelarm gleichzeitig Kraft- und Lastarm sein kann. Auch hier

soll es den Kindern gelingen, die Struktur der Beispiele mittels logischer Bilder graphisch darzustellen sowie die Strukturmerkmale den konkreten Modellen zuzuordnen.

8.3.3 Testläufe und Überarbeitung der Unterrichtseinheiten

Um die Qualität der entwickelten Unterrichtseinheiten und der didaktischen Unterstützungsmaßnahmen zu überprüfen, wurden vor Beginn der Hauptuntersuchung je drei Testläufe der versuchsgruppenspezifischen Intervention durchgeführt. Im Rahmen von mehrmaligen Probedurchläufen konnten durch Rückmeldungen von beobachtenden Personen Bestandteile der Intervention identifiziert werden, welche einer Überarbeitung bedurften:

1) *Ausweitung der Intervention von drei auf vier Unterrichtseinheiten:* Es zeigte sich, dass es als Einstieg in die Thematik nicht ausreicht, das Funktionsprinzip Gleichgewicht innerhalb von einer Unterrichtseinheit zu bearbeiten. Da mit der ersten Beispielkombination die Grundlagen für die weiteren Unterrichtseinheiten gelegt werden, wie z. B. das Kennenlernen der Strukturmerkmale eines Hebels, wurde diesem bedeutenden Teil durch die Ausweitung auf zwei Unterrichtseinheiten mehr Zeit eingeräumt. Die daran anschließenden Beispielkombinationen zur Kraftverstärkung (einfach und doppelt) wurden dann, wie ursprünglich geplant, in jeweils einer Unterrichtseinheit von den Kindern bearbeitet.

2) *Parallelisierung der Unterrichtseinheiten:* Einen weiteren zentralen Überarbeitungsaspekt stellte die aus forschungsmethodischen Gründen notwendige absolute Parallelisierung der Unterrichtseinheiten beider Versuchsgruppen dar.

Um diese in den beiden Versuchsgruppen zu gewährleisten und vor allem nach Beendigung der Intervention prüfen zu können, ob die entstandenen Effekte tatsächlich auf die Manipulation einer Variable, also der Zugehörigkeit zu einem Lernsetting, zurückzuführen sind (sogenannter *manipulation check*, vgl. Perdue & Summers, 1986), wurde jede Unterrichtseinheit in den Versuchsgruppen protokolliert. Zuverlässigere Ergebnisse würden Videoaufnahmen der Unterrichtseinheiten liefern, es erschien jedoch auf Grund der für Videoaufnahmen erforderlichen Einverständniserklärungen der Erziehungsberechtigten möglich auf den *manipulation check* zu verzichten, da der Kern der Manipulation bezogen auf die Intervention der Einsatz oberflächlich unterschiedlicher Beispiele ist. Diese Variation war zweifelsfrei gegeben.

Die während der theoretischen Planungsphase entstandenen geringfügigen Abweichungen zwischen den Unterrichtseinheiten wurden so während der Testläufe identifiziert und angepasst.

3) *Einstieg in die Unterrichtseinheiten:* In den Testläufen zeigte sich des Weiteren, dass die Überlegung, jeweils den Anfang der Unterrichtseinheiten durch eine theoretische Einführung zu gestalten und die Kinder dann im Anschluss experimentieren zu lassen, weniger geeignet ist: Die Neugier der Kinder auf das Unterrichtsmaterial verhindert ein konzentriertes Arbeiten im theoretischen Teil, weshalb die Unterrichtseinheiten dahingehend umgestaltet wurden, dass zügig mit den Experimentierphasen begonnen werden konnte.

4) *Verständnisschwierigkeiten:* Durch die Testläufe kristallisierten sich zudem Verständnisschwierigkeiten der Kinder heraus, so dass durch diese Identifizierung geeignete didaktische Unterstützungsmaßnahmen (beispielsweise in Form von verbalen Impulsen, die die Aufmerksamkeit der Kinder lenken sollen bzw. mittels Veränderungen des Unterrichtsmaterials) entwickelt werden konnten.

Die so entstandene Endfassung der Interventionseinheiten wurde kurz vor Beginn der Hauptuntersuchung nochmals in jeweils einer Klasse durchgeführt und geprüft. Es zeigte sich, dass die durch die Testläufe aufgetretenen Problemstellen in der Überarbeitungsphase sinnvoll verändert werden konnten und so eine Intervention entwickelt werden konnte, durch welche die Bearbeitung der Forschungsfragen (vgl. Kapitel 6.2) möglich ist. Die Endfassung der versuchsgruppenspezifischen Unterrichtseinheit ist in Kapitel 8.4 in Form eines Ablaufplans dargestellt.

8.3.4 Materialentwicklung

Um die im vorausgegangenen Kapitel (vgl. Kapitel 8.3.2) dargestellten Ziele der Unterrichtseinheiten erreichen zu können, bedarf es didaktisch ergiebigem und gut strukturiertem Unterrichtsmaterial. Im Rahmen der Interventionsentwicklung wurden deshalb sowohl dreidimensionale Modelle für jedes Beispiel als auch weiteres Unterrichtsmaterial, das als didaktische Unterstützung dienen sollte, entwickelt.

8.3.4.1 Dreidimensionale Modelle

Um in den Interventionseinheiten die Beispiele und ihre Funktions- und Wirkungsweise erfahrbar zu machen, wurden für jedes Beispiel dreidimensionale Modelle verwendet. Die ausgewählten Modelle sollten es den Kindern ermöglichen, Gemeinsames hinsichtlich der Funktionsweise und des strukturellen Aufbaus zu entdecken. Zudem sollte so gewährleistet werden, dass in Gruppenarbeitsphasen jedes Kind mit den Beispielen arbeiten kann.

Dreidimensionale Modelle zum Funktionsprinzip Gleichgewicht

Da bei handelsüblichen Modellen, z. B. bei der Balkenwaage, die Strukturmerkmale oftmals nur schlecht einsehbar sind und die Messgenauigkeit auch durch Austarierungsmaßnahmen meist nur schwer herstellbar ist, wurden sowohl die Wippen und auch die Balkenwaagen in Zusammenarbeit mit einem Schreiner entwickelt und hergestellt. Das Hauptqualitätskriterium der Modelle besteht, neben der kindgerechten Verarbeitung und der Funktionalität der Modelle, vor allem im reduzierten Aufbau. Dieser ermöglicht es den Kindern die relevanten Strukturmerkmale eher zu erkennen, da diese augenscheinlicher sind als bei herkömmlichen Modellen wie beispielsweise einer Spielzeugwaage.

Für das Arbeiten mit dem Kombinationsbeispiel Kragbogenbrücke konnte dagegen auf handelsübliche Holzbausteine mit einer Länge von 12 cm zurückgegriffen werden.

Um mit Gleichgewicht und Ungleichgewicht bei den Beispielen zu experimentieren, wurden als zusätzliche Gewichte für die Hebelarme (vgl. Kapitel 8.2.3.1) Tafelmagnete und Dekorationsgranulat gewählt. In den Probeläufen der Intervention wurde noch mit Reis und einem Schülerfedermäppchen als Gewichte gearbeitet, jedoch dauerte das Herstellen von Gleichgewicht auf Grund der Größe und des Gewichts des Federmäppchens in den Experimentierphasen zu lange. Des Weiteren zeigte sich, dass den Kindern ein, bezogen auf die Klasse, einheitliches Ergebnis wichtig ist, weshalb auf den Einsatz des Federmäppchens verzichtet wurde.

Abbildung 2:
Modell des
Kernbeispiels
Wippe

Abbildung 3:
Modell des
ähnlichen
Kombinati-
onsbeispiels
Balkenwaage

Abbildung 4:
Modell des
unähnlichen
Kombinati-
onsbeispiels
Kragbogen-
brücke

Dreidimensionale Modelle zum Funktionsprinzip Kraftverstärkung (einfach, zweiarmig)

Abbildung 5:   Modell des Kernbeispiels Brechstange

Abbildung 6:
Modell des ähnlichen Kombinationsbeispiels Spaten

Abbildung 7:
Modell des unähnlichen Kombinationsbeispiels Sackkarre

Der Aufbau der Brechstange (Holzbrett, Pflasterstein und Metallgewicht) wurde nach den Interventionstestläufen nur gering verändert: Für die bessere und vor allem einheitlichere Durchführung der Versuche wurden alle Auflagepunkte des Hebels auf dem Drehpunkt (d. h. dem Pflasterstein) und alle Krafteinwirkungsstellen mit Klebebandstreifen bzw. Moosgummifeldern markiert.

Bei der Auswahl des Spatens lag das Augenmerk auf einem nicht geknickten Stil bzw. einer nicht geknickten Schaufel, um den Blick der Kinder nicht auf diese für das Hebelgesetz irrelevanten Eigenschaften zu lenken. Da sich ein Großteil der Hauptuntersuchungszeit in den Wintermonaten befand, wurde der ursprünglich geplante Versuchsaufbau des Spatens (Ausprobieren des Spatens im Schulgarten) dahingehend verändert, dass dieser nicht ausschließlich im Freien sondern auch im Klassenzimmer zum Einsatz kommen konnte: Mit Hilfe eines mit Ton gefüllten Eimers konnte die Funktionsweise eines Spatens so auch im Klassenzimmer überprüft werden.

Bei der Sackkarre war das ausschlaggebende Auswahlkriterium des Modells – ähnlich wie bei Wippe und Balkenwaage – der reduzierte, also strukturell augenscheinliche, Aufbau. Ausgewählt wurde deshalb ein Modell, welches nicht durch zusätzliche Griffe, Stabilisationsstäbe und -gitter von den relevanten Strukturmerkmalen ablenkt und diese so in den Hintergrund treten lässt.

Dreidimensionale Modelle zum Funktionsprinzip Kraftverstärkung (doppelt, einarmig)

Beim Nussknacker wurde ein einfaches Modell in Zangenform gewählt, da hier, ähnlich wie bei der Sackkarre, die Strukturmerkmale für die Kinder gut einsehbar sind. Bei der Auswahl der zu knackenden Nüsse wurden Walnüsse gewählt, da sich in den Testläufen der Intervention andere Nusssorten als zu leicht bzw. zu schwer zu knacken erwiesen haben. Für die Versuche mit der Knoblauchpresse wurde auf Grund der Einsehbarkeit in den Versuchsablauf ebenfalls ein einfach strukturiertes Modell gewählt. Als zu pressendes Gewicht (Last) wurde jedoch auf Knetmasse zurückgegriffen, da Knoblauch eine zu starke Geruchsbelastung während der Unterrichtseinheit darstellt.

Der ausgewählte Locher ist ebenfalls weitgehend einfach aufgebaut und wurde vor allem danach ausgewählt, dass die beiden Hebelarme möglichst gleich lang sind (vgl. Kapitel 8.2.3.2).

Abbildung 8:
Modell des
Kernbeispiels
Nussknacker

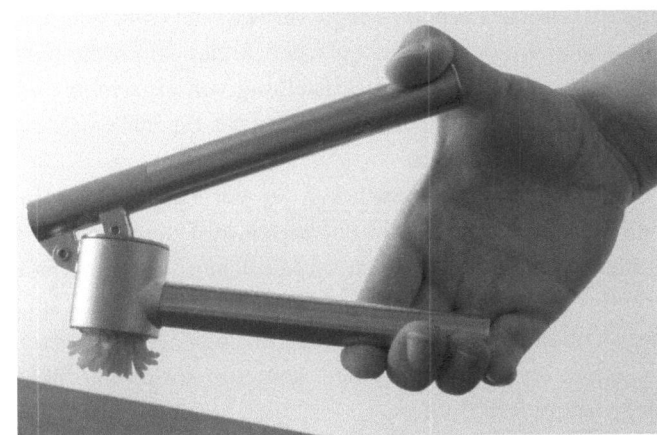

Abbildung 9:
Modell des
ähnlichen
Kombinati-
onsbeispiels
Knoblauch-
presse

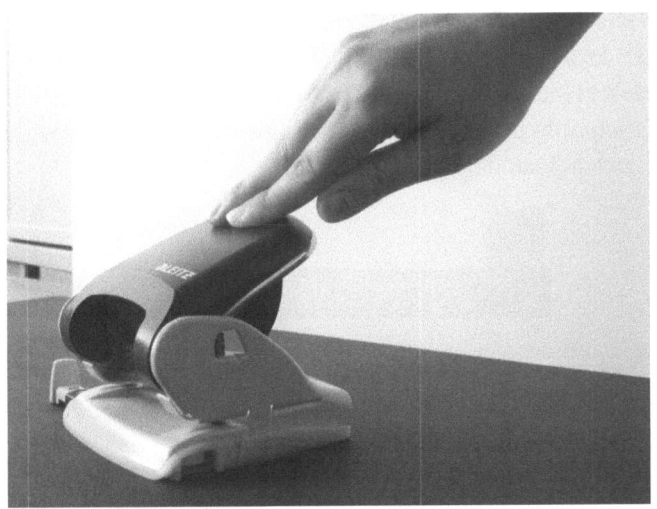

Abbildung 10:
Modell des
unähnlichen
Kombinati-
onsbeispiels
Locher

8.3.4.2   Didaktische Unterstützungsmaßnahmen

Um die Kinder während der Unterrichtseinheiten bestmöglich darin zu unterstützen, Gemeinsames zwischen den Beispielen zu entdecken, wurden zusätzlich zu den dreidimensionalen Modellen didaktische Unterstützungsmaßnahmen entwickelt, die im folgenden Teil dargestellt werden.

Es handelt sich dabei um sogenannte logische Bilder, die den Lernenden als Strukturierungshilfen dienen sollen und es ermöglichen, einen Sachverhalt mit seinen einzelnen Elementen und deren Zusammenhängen darzustellen. Die Ergebnisse einer Studie konnten zeigen, „dass gerade solche logischen Strukturbilder den Aufbau mentaler Modelle unterstützen und damit die Lernergebnisse verbessern" (Martschinke, 2007, S. 504 f.). Umgesetzt werden solche logischen Bilder durch die unterschiedlich stark dominante bzw. abstrakte Darstellung von einzelnen Bildelementen sowie durch die Darstellung der Beziehung der Einzelelemente in Form von Pfeilen, Rahmen, Farbe etc.

Für die Hauptuntersuchung der vorliegenden Studie wurde für jedes Beispiel ein logisches Bild entworfen, um den Kindern den strukturellen Aufbau und die Funktion zu verdeutlichen sowie unterstützend bei der Erarbeitung von Fachbegriffen zu wirken. Um näher am sprachlichen Duktus der Drittklässler zu liegen, wurden die logischen Bilder während der Unterrichtsphasen „Funktionsbilder" genannt, sprich die Bilder zeigen, wie ein Gegenstand funktioniert.

Die folgenden Abbildungen zeigen die logischen Bilder zu den Hebelbeispielen Wippe, Balkenwaage und Kragbogenbrücke. Die einzelnen Strukturmerkmale der Beispiele sind dabei unterschiedlich graphisch sowie verschiedenfarbig dargestellt: In den nachfolgenden Abbildungen wird der Drehpunkt braun, die Hebelarme werden rot und die wirkenden Kräfte/das Gewicht blau dargestellt.

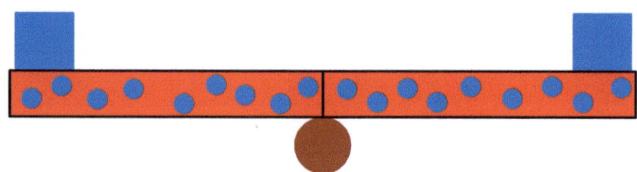

Abbildung 11: Logisches Bild der Wippe

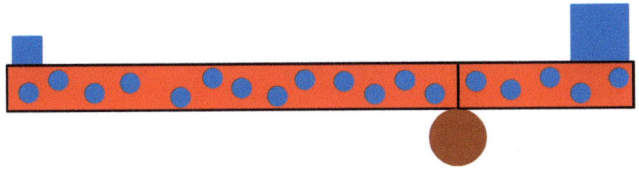

Abbildung 12: Logisches Bild der Wippe mit außermittigem Drehpunkt

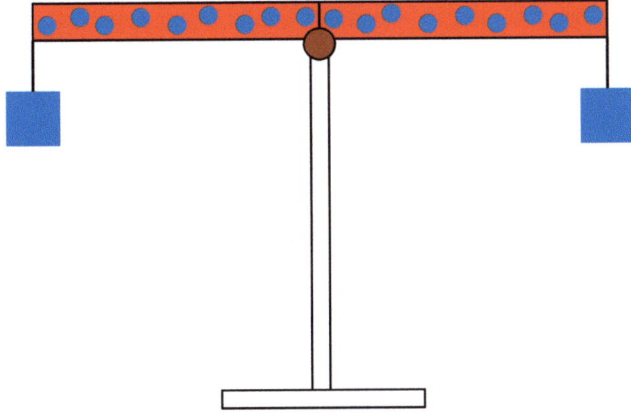

Abbildung 13: Logisches Bild der Balkenwaage

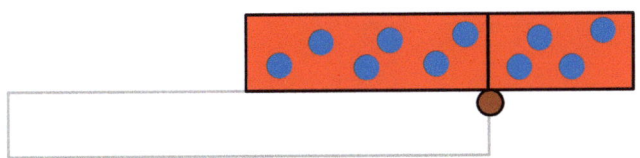

Abbildung 14: Logisches Bild der Kragbogenbrücke

Bei allen drei logischen Bildern zur Gleichgewichtsfunktion war zunächst eine andere Darstellungsform des Gewichts der Hebelarme geplant, die am Beispiel der Wippe kurz erläutert wird: Zunächst wurden das Gewicht der Hebelarme und der Hebelarm an sich durch zwei sich farblich unterscheidende Schichten dargestellt (vgl. Abbildung 15).

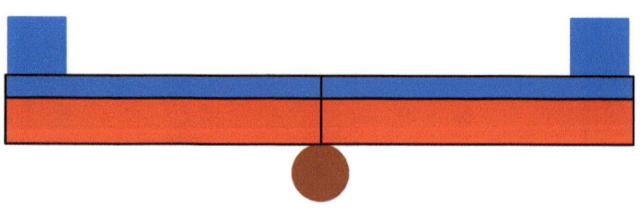

Abbildung 15: Logisches Bild einer Wippe (überarbeitete Darstellungsform)

Es zeigte sich jedoch bei Testläufen der Interventionseinheiten, dass diese Darstellungsform bei den Kindern ein Fehlkonzept generiert: Die Kinder äußerten sich in ihren Erklärungen zum strukturellen Aufbau dahingehend, dass auf der Unterseite des Holzbrettes der Hebelarm wäre und auf der Oberseite des Hebelarms das Gewicht. Da dieses Schichtprinzip jedoch nicht zutrifft, da das Holzbrett sowohl Hebelarm als auch Gewicht in einem ist, wurde die Darstellungsform, wie beispielsweise Abbildung 11 entnommen werden kann, optimiert: Das Gewicht der Hebelarme wurde fortan mittels kleiner blauer Punkte dargestellt, um zu symbolisieren, dass es sich bei dem entsprechenden Teil des Beispiels gleichzeitig um Hebelarm und Gewicht handelt.

Auch zu den Beispielen der Funktion Kraftverstärkung wurden für den Einsatz im Unterricht logische Bilder entwickelt. Die Strukturmerkmale sind folgendermaßen farblich zu unterscheiden: Der Drehpunkt wird braun, die Kraft gelb, die Last grün, der Kraftarm orange und der Lastarm schwarz dargestellt.

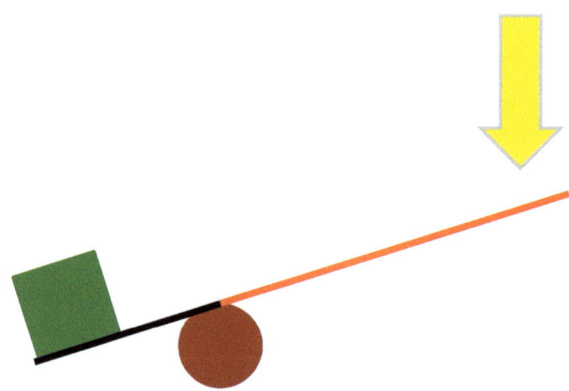

Abbildung 16: Logisches Bild der Brechstange (einfacher zweiarmiger Hebel)

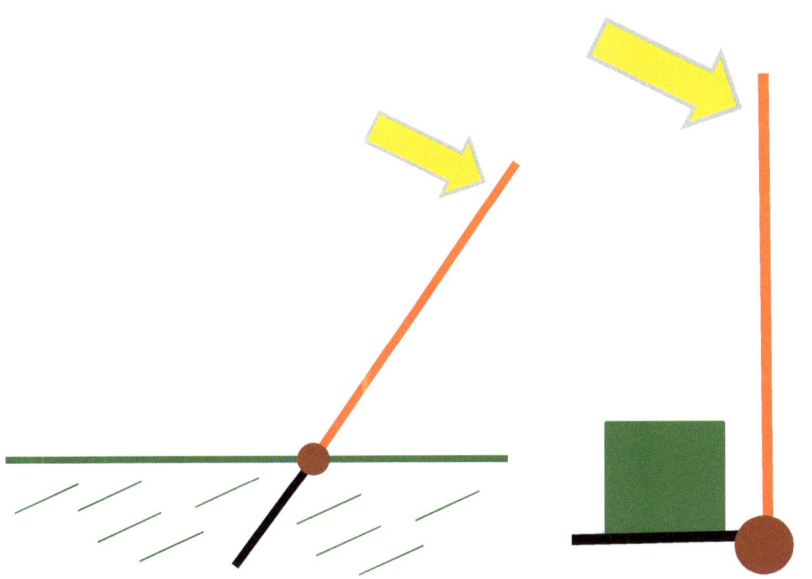

Abbildung 17:
Logisches Bild des Spatens (einfacher
zweiarmiger Hebel)

Abbildung 18:
Logisches Bild der Sackkarre
(einfacher zweiarmiger Hebel)

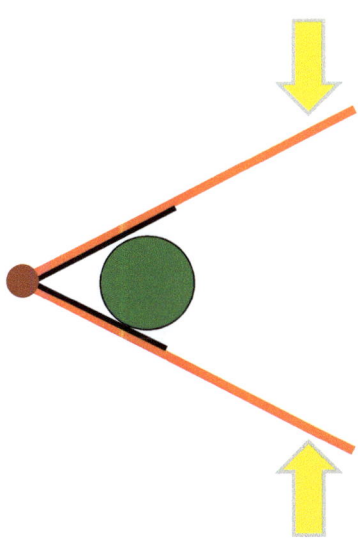

Abbildung 19: Logisches Bild zum Nussknacker (doppelter einarmiger Hebel)

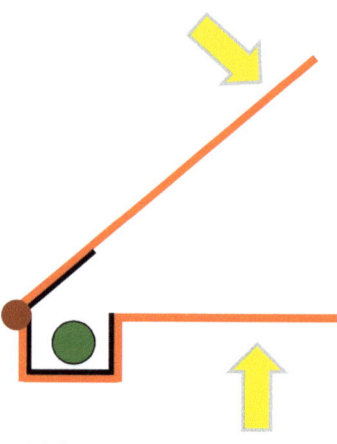

Abbildung 20: Logisches Bild der Knoblauchpresse (doppelter einarmiger Hebel)

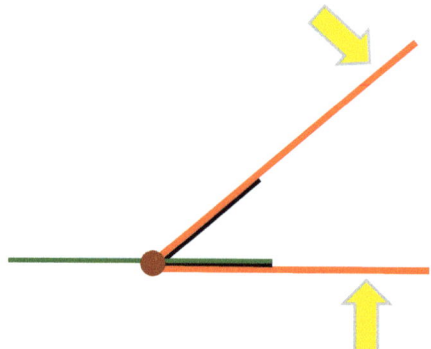

Abbildung 21: Logisches Bild des Lochers (doppelter einarmiger Hebel)

Neben der im Vorfeld vorgenommenen inhaltlichen Strukturierung des Unterrichtsgegenstands (vgl. Abbildung 1), der gezielten Auswahl der dreidimensionalen Modelle und dem Einsatz logischer Bilder wurden die Kinder beider Versuchsgruppen im Unterricht sowohl durch Impulse als auch durch eine strukturierte, fachbezogene Gesprächsführung didaktisch unterstützt (Einsiedler & Hardy, 2010; Hardy, 2012):

Durch Fragen wie *„Welche Gemeinsamkeiten entdeckst du bei den beiden Beispielen?"* oder *„Findest du etwas Gemeinsames, wenn du dir anschaust, wie die beiden Beispiele funktionieren?"* sollte es gelingen, den Schülerblick auf die für das Hebelgesetz relevanten Merkmale der Beispiele zu lenken. Des Weiteren wurden beispielsweise richtige Anteile in Schüleräußerungen hervorgehoben und es wurden Zusammenfassungen von mehreren Schüleräußerungen gegeben, um die relevanten Aspekte zu verdeutlichen. Außerdem wurde seitens der Lehrperson eine klare Lehrersprache eingesetzt, Ähnliches und Unterschiedliches in Schüleräußerungen herausgestellt und durch entsprechende Hinweise das Unterrichtsgespräch auf das gerade aktuelle Thema zurückgelenkt. Falls nötig bekamen die Kinder außerdem Analogien zur Unterstützung angeboten.

Ziel dieser kognitiven Strukturierungsmaßnahmen war es, die Kinder bestmöglich in ihrem Lernprozess zu unterstützen, da sowohl der gewählte Unterrichtsgegenstand als auch die im Rahmen des Unterrichts explizit angeregten Vergleichsprozesse zwischen den Beispielen kognitiv als anspruchsvoll einzuschätzen sind und somit das Arbeitsgedächtnis belastet wird. Bezug nehmend auf die in Kapitel 3.3.1 dargestellten Forschungsbefunde zum *Cognitive Load* ist anzunehmen, dass es durch kognitive Strukturierungsmaßnahmen gelingt die Belastung des Arbeitsgedächtnisses, die durch einen hohen *Intrinsic* und *Extraneous Load* verursacht wird, dahingehend zu reduzieren, dass mehr Raum für den *Germane Load*, die Auslastung des Arbeitsgedächtnisses durch tatsächliche Lernprozesse, bleibt:

Es ist davon auszugehen, dass sich die gezielte Auswahl von dreidimensionalen Modellen positiv auf den Intrinsic Load (Komplexität des Lernmaterials in Relation zum Vorwissen) auswirkt, da die Komplexität eines Beispiels durch ein gut gewähltes Modell insofern reduziert werden kann, als die Funktion eines Beispiels im Vordergrund steht und keine zusätzlichen, irrelevanten Bauteile davon ablenken. Zur Veranschaulichung können hierfür zwei Modelle einer Waage herangezogen werden (vgl. Abbildung 22): Während die links abgebildete Waage über einen optisch klaren Aufbau verfügt, der es den Kindern ermöglicht die strukturellen Merkmale und die Funktionsweise dieser Waage zu erkennen, verfügt die rechts abgebildete Waage dagegen über unnötige Bauteile, die eine solche Einsicht erschweren (vgl. Schwelle, Lohrmann & Hartinger, 2015).

Abbildung 22: Ein „gutes" und ein „weniger gutes" dreidimensionales Modell einer Waage (vgl. Schwelle et al., 2015)

Des Weiteren werden die bereits dargestellten Impulse (v. a. beim Stunden-einstieg) als Möglichkeit angesehen den Intrinsic Load zu reduzieren, da auf diese Weise Verbindungen zum Vorwissen der Kinder offengelegt werden können.

Neben den Auswirkungen der Strukturierungsmaßnahmen auf den Intrinsic Load sind auch jene zu erwähnen, die den *Extraneous Load* positiv beeinflussen: Angenommen werden kann, dass es durch die Auswahl der dreidimensionalen Modelle und die Arbeitsaufträge in den einzelnen Interventionseinheiten gelungen ist, den Blick der Kinder zielführend auf die relevanten Aspekte zu richten (z. B. die Funktionsweise oder den strukturellen Aufbau eines Beispiels) und so irrelevante kognitive Belastungen minimiert wurden.

8.4   Endfassung der Intervention

1. Unterrichtseinheit: Wippe und Balkenwaage/Kragbogenbrücke

Unterrichtsverlauf/Inhalt	Methodische Hinweise/ Unterrichtsmaterial
Einstieg: Präsentation der Beispiele	
Den Kindern werden die Beispiele präsentiert.	Der Einstieg erfolgt mit dreidimensionalen Modellen der Beispiele im Sitzkreis.
Sie werden aufgefordert, sich die Beispiele anzuschauen und sich zu überlegen, was sie sehen. Im Unterrichtsgespräch werden die Kinder dazu aufgefordert, Gemeinsamkeiten zwischen den beiden Beispielen zu identifizieren.	
Im Anschluss an die Schüleräußerungen wird das Stundenziel formuliert:	
„Es geht heute um die Wippe und die Balkenwaage/ die Kragbogenbrücke und darum, wie diese beiden Gegenstände funktionieren."	
1. Teilschritt: Erstellen eines logischen Bildes von der Wippe	
Den Kindern wird erklärt, warum ein logisches Bild (im Unterricht „Funktionsbild" genannt) hilfreich sein kann, einen Sachverhalt bzw. einen Gegenstand und seinen Aufbau zu verstehen.	Auslegen eines logischen Bildes der Wippe (in Form eines Legebildes) in der Mitte des Sitzkreises.
Gearbeitet wird mit dem Beispiel Wippe: Die Kinder sollen aus Einzelteilen eines Legebildes die Wippe „nachlegen".	
Um die Fachbegriffe einzuführen, sollen im Anschluss daran Wortkarten den einzelnen Teilen des Legebildes und dem dreidimensionalen Modell der Wippe zugeordnet werden. Die Bedeutung sowie mögliche Eselsbrücken zum Merken der Fachbegriffe werden besprochen.	Wortkarten mit Fachbegriffen und dreidimensionales Modell der Wippe

Unterrichtsverlauf/Inhalt	Methodische Hinweise/ Unterrichtsmaterial

2. Teilschritt: Übertragen auf die Balkenwaage/Kragbogenbrücke

Als Folge aus den anfänglich entdeckten Gemeinsamkeiten zwischen Wippe und Balkenwaage/Kragbogenbrücke sollen Aufbau und Fachbegriffe der Wippe nun auf die Balkenwaage bzw. die Kragbogenbrücke übertragen werden.	Wortkarten mit Fachbegriffen und dreidimensionales Modell der Balkenwaage/ Kragbogenbrücke
Die Fachbegriffe werden am dreidimensionalen Modell befestigt.	Erarbeitung im Sitzkreis

3. Teilschritt: Zeichnen eines logischen Bildes von der Balkenwaage/Kragbogenbrücke

Die Schüler sollen ein logisches Bild der Balkenwaage/Kragbogenbrücke unter Berücksichtigung der vorgegebenen Farbgebung zeichnen (Drehpunkt = braun, Hebelarme = rot, Gewicht = blau).	Einzel- oder Partnerarbeitsphase
Nach Fertigstellung der Bilder werden diese sowie Kriterien eines guten „Funktionsbildes" im Plenum besprochen.	Bei Zeichenschwierigkeiten kann unterstützend ein Legebild der Balkenwaage/ Kragbogenbrücke zum Einsatz kommen.

4. Teilschritt: Experimentierphase mit den dreidimensionalen Modellen der Beispiele

Die Gruppen bestehen klassenabhängig aus drei bis fünf Kindern. Jede Gruppe führt Versuche zu beiden Beispielen (Wippe + Balkenwaage/Kragbogenbrücke) durch.	Gruppenarbeitsphase
Nach der Einteilung von Arbeitsgruppen werden den Kindern die Arbeitsaufträge vorgestellt:	Benötigt werden für die Versuche die dreidimensionalen Modelle von Wippe und Balkenwaage/Kragbogenbrücke, eine Digitalwaage, pro Gruppe ein Magnet, eine Dose mit Dekorationsgranulat sowie eine kleine Papiertüte und pro Kind eine vorgefertigte Tabelle zum Eintragen der Messergebnisse sowie ein Lineal (für die Kragbogenbrücke).
Versuchsgruppe „ähnlich":	
Ziel bei beiden Modellen ist es, sie ins Gleichgewicht zu bringen. Dies geschieht, indem auf einen Hebelarm ein Magnet gelegt wird. Auf den anderen Hebelarm wird aus einer Dose in eine Papiertüte so viel Granulat gefüllt, bis das Modell im Gleichgewicht ist. Der Magnet und die Papiertüte werden im Anschluss mittels einer Digitalwaage abgewogen und die Messergebnisse werden in einer Tabelle notiert.	

Unterrichtsverlauf/Inhalt	Methodische Hinweise/ Unterrichtsmaterial
Versuchsgruppe „unähnlich":	
Neben dem Herstellen von Gleichgewicht bei der Wippe sollen die Kinder überprüfen, wie weit sie bei der Kragbogenbrücke den überkragenden Stein über den Basisstein schieben können, ohne dass der überkragende Stein herunterfällt. Das Ergebnis soll mit einem Lineal abgemessen werden.	
5. Teilschritt: Besprechen der Ergebnisse	
Im Anschluss an die Experimentierphase werden die einzelnen Gruppen zu ihren Ergebnissen befragt. Optimalerweise entsteht zwischen den Kindern eine Diskussion über unterschiedliche Messergebnisse (falls diese vorliegen).	Sitzkreis/Plenum
Ziel ist es, dass die Kinder unabhängig von ihren Messergebnissen formulieren können, was Gleichgewicht bedeutet: Gleiches Gewicht auf beiden Hebelarmen (wenn diese gleich lang sind).	

2. Unterrichtseinheit: Wippe und Balkenwaage/Kragbogenbrücke: Arbeiten mit einer „besonderen" Wippe

Unterrichtsverlauf/Inhalt	Methodische Hinweise/ Unterrichtsmaterial
Einstieg	
Zunächst werden mit den Kindern die Inhalte und Experimentierergebnisse der ersten Unterrichtseinheit wiederholt. Zentral ist dabei, dass die Kinder formulieren können, dass gleiches Gewicht auf beiden Seiten für das Herstellen von Gleichgewicht notwendig war.	Sitzkreis/Plenum Dreidimensionales Wippenmodell der ersten Unterrichtseinheit
Im Anschluss daran wird den Kindern ein weiteres Wippenmodell präsentiert, diesmal jedoch mit außermittigem Drehpunkt. Die Kinder sollen erklären, was das besondere an dieser Wippe ist.	Dreidimensionales Wippenmodell mit außermittigem Drehpunkt

Unterrichtsverlauf/Inhalt	Methodische Hinweise/ Unterrichtsmaterial

1. Teilschritt: Experimentierphase mit der „besonderen" Wippe

Die Kinder gehen in den Gruppen, die in der ersten Unterrichtseinheit gebildet wurden, zusammen.

Ziel ist es, während der Experimentierphase, wie in der ersten Unterrichtseinheit, die Wippe ins Gleichgewicht zu bringen. Diesmal müssen die Kinder jedoch folgende Arbeitsschritte durchlaufen:
* Notieren der Vermutung, wie die Wippe ins Gleichgewicht gebracht werden kann
* Versuch durchführen
* Beobachtungen/Ergebnisse notieren
* Evtl. Begründung notieren

Ebenso wie in der ersten Unterrichtseinheit experimentieren die Kinder mit Magnet und Dekorationsgranulat, diesmal gibt es jedoch keine konkrete Vorgabe, auf welchen Hebelarm welches Gewicht gelegt werden muss.

Methodische Hinweise:

Gruppenarbeitsphase

Pro Gruppe ein dreidimensionales Modell, ein Magnet, eine Dose Dekorationsgranulat, eine Papiertüte, außerdem eine Digitalwaage und pro Kind ein „Forscherbericht", in dem Vermutung, Beobachtung und Ergebnisse notiert werden.

2. Teilschritt: Besprechen der Ergebnisse

Im Plenum werden die Vermutungen und Ergebnisse der Versuchsdurchführung besprochen. Zudem wird über mögliche Gründe für die Differenz zwischen den Ergebnissen einer „normalen" Wippe und der „besonderen" Wippe gesprochen.

Ziel ist es, dass die Kinder erkennen, dass die in der ersten Unterrichtseinheit vernachlässigte Länge der Hebelarme die entscheidende Rolle spielt bei der Entscheidung, wie viel Gewicht auf welchen Hebelarm muss.

Die Ergebnisse der ersten und zweiten Unterrichtseinheit werden (auch mit Blick auf das Kombinationsbeispiel Balkenwaage/Kragbogenbrücke) zu diesem Zweck nochmals besprochen bzw. miteinander verglichen.

Plenum

Unterrichtsverlauf/Inhalt	Methodische Hinweise/ Unterrichtsmaterial

3. Teilschritt: Arbeitsblatt zur Sicherung der Ergebnisse zum Funktionsprinzip Gleichgewicht

Auf einem Arbeitsblatt werden – zusammen mit den Kindern – die Ergebnisse der ersten und zweiten Unterrichtseinheit zusammenfassend notiert.	Auflösung des Plenums: jedes Kind notiert die Ergebnisse auf seinem eigenen Arbeitsblatt.
	Auf Overheadfolie gedrucktes Arbeitsblatt, pro Kind ein Arbeitsblatt im Format A3.

3. Unterrichtseinheit: Brechstange und Spaten/Sackkarre

Unterrichtsverlauf/Inhalt	Methodische Hinweise/ Unterrichtsmaterial

Einstieg

Den Kindern werden die Beispiele präsentiert.	Sitzkreis
Sie werden aufgefordert, sich die Beispiele anzuschauen und sich zu überlegen, was sie sehen. Im Unterrichtsgespräch werden die Kinder dazu aufgefordert, Gemeinsamkeiten zwischen den beiden Beispielen zu identifizieren. Im Anschluss an die Schüleräußerungen wird das Stundenziel formuliert:	Aufgebaute Modelle der beiden Beispiele (Brechstange und Spaten/Sackkarre)
„Es geht heute um die Brechstange und den Spaten/ die Sackkarre und darum, wie diese beiden Gegenstände funktionieren."	

Unterrichtsverlauf/Inhalt	Methodische Hinweise/ Unterrichtsmaterial

1. Teilschritt: Experimentierphase mit Brechstange und Spaten/Sackkarre

In dieser Experimentierphase sollen die Kinder in Gruppen herausfinden, an welcher Stelle man bei den beiden Beispielen „drücken" muss, damit am wenigsten Kraft gebraucht wird (Anm.: Bei der Brechstange wurden die Auflagefläche der Last sowie die Stelle des Drehpunkts farbig markiert, was beim Spaten/bei der Sackkarre nicht notwendig war.).

Den Kindern werden beide Versuchsaufbauten gezeigt und der Versuchsablauf demonstriert. Im Anschluss daran bauen die Kinder die Versuche gemäß der Anleitung auf.

Ablauf der Experimentierphase:
- Vermutung notieren
- Versuch durchführen
- Beobachtung/Ergebnisse notieren
- Evtl. Begründung notieren

Ziel: Die Kinder sollen erkennen, dass der Kraftansatzpunkt entscheidend für den Kraftaufwand ist.

Methodische Hinweise (rechte Spalte):

Plenum/Gruppenarbeitsphase

Brechstange: Ziegelstein als Drehpunkt, Metallklotz als Last, Holzbrett mit farbigen Markierungen als Hebel

Spaten: handelsüblicher Spaten (ohne Knick in der Schaufel), Eimer mit Ton (falls wetterbedingt Versuch nicht draußen stattfinden kann)

Sackkarre: Sackkarre, schwerer Eimer

Pro Kind ein Forscherbericht

2. Teilschritt: Besprechen der Ergebnisse

Im Anschluss an die Experimentierphase werden die Vermutungen und Ergebnisse der beiden Versuche besprochen.

Zudem wird über mögliche Gründe für die Ergebnisse diskutiert.

Ziel: Die Kinder sollen erkennen, dass man weniger Kraft aufwenden muss, wenn die Kraft möglichst weit vom Drehpunkt weg angesetzt wird.

Methodische Hinweise (rechte Spalte):

Sitzkreis/Plenum

Unterrichtsverlauf/Inhalt	Methodische Hinweise/ Unterrichtsmaterial

3. Teilschritt: Herstellen des Bezugs zu Unterrichtseinheit 1 und 2 und Einführung neuer Fachbegriffe

Um die Verbindung zu den vorherigen Unterrichtseinheiten herzustellen, werden die Fachbegriffe (Hebelarm, Drehpunkt, Gewicht) mit den Kindern zusammen wiederholt.

Sitzkreis/Plenum

Dreidimensionale Modelle von Brechstange und Spaten/ Sackkarre

Angestoßen durch den Hinweis, dass es diese strukturellen Elemente auch bei der Brechstange und beim Spaten/bei der Sackkarre gibt, sollen die Kinder die Wortkärtchen zunächst einzelnen Teilen der Brechstange zuordnen.

Wortkarten mit Fachbegriffen (Hebelarm, Drehpunkt, Gewicht)

Es wird erläutert, dass zur genaueren Unterscheidung der Hebelarme und des Gewichts neue Fachbegriffe eingeführt werden (wobei die „alten" ihre Gültigkeit nicht verlieren und der Drehpunkt nicht umbenannt wird).

Wortkarten mit Fachbegriffen (Last, Kraft, Lastarm, Kraftarm)

Reihenfolge bei der Einführung:

Last – Kraft – Lastarm – Kraftarm

Die eingeführten Fachbegriffe werden der Brechstange zugeordnet und mittels Wortkarten markiert. Dabei werden die „alten" Fachbegriffe durch die „neuen" ersetzt.

Anm.: Bei der Einführung der Fachbegriffe wurde die nebenstehende Reihenfolge gewählt, da die Klärung von Last und Kraft am Anfang unterstützend wirkt, dass Last- und Kraftarm zugeordnet werden können.

Nachdem die Zuordnung bei der Brechstange durchgeführt wurde, erfolgt nun der Transfer auf den Spaten/die Sackkarre. Auch hier werden die Begriffe mittels der Wortkarten zugeordnet. Zentral beim Spaten: variabler Drehpunkt.

Zentral bei der Sackkarre: Drehpunkt am 90°-Knick.

Im Anschluss daran werden die einzelnen Fachbegriffe nochmals wiederholt, indem sie von den Kindern in eigenen Worten erklärt werden.

Wichtig dabei: Der „Startpunkt" von Kraft- und Lastarm ist der Drehpunkt, Last- und Kraftarm werden festgelegt durch die Ansatzpunkte von Last und Kraft.

Unterrichtsverlauf/Inhalt	Methodische Hinweise/ Unterrichtsmaterial

4. Teilschritt: Erstellen eines logischen Bildes

Es werden die Merkmale eines „Funktionsbildes" (z. B. farblich korrekte Darstellung) wiederholt. Dann zeichnen die Kinder ein Funktionsbild von Brechstange oder vom Spaten/der Sackkarre.

Einzelarbeitsphase

Wichtig hierbei: Es wird den Kindern freigestellt, ob sie die „neuen" oder die „alten" Fachbegriffe verwenden möchten; es wird jedoch auf die bessere Differenzierung bei der Verwendung der „neuen" hingewiesen.

Im Anschluss daran werden die Zeichnungen besprochen.

Plenum

5. Teilschritt: Experimentierphase mit variablem Versuchsaufbau bei der Brechstange

In einer zweiten Experimentierphase arbeiten die Kinder mit einem komplexen Aufbau der Brechstange. Bei diesem Aufbau wird durch das Verändern des Drehpunktes das Verhältnis zwischen Last- und Kraftarm verändert. Der Last- und Kraftansatzpunkt bleibt dabei jedoch unverändert.

Brechstange (Holzbrett, Ziegelstein, Metallgewicht)

Ziel: Die Kinder sollen herausfinden, dass es nicht nur günstig ist, möglichst weit vom Drehpunkt weg die Kraft anzusetzen, sondern dass es zentral ist, dass für wenig Krafteinsatz der Kraftarm länger sein muss als der Lastarm. Zudem sollen sie erkennen, dass durch den Einsatz der Brechstange (bzw. allgemein durch den Einsatz eines Hebels) die eigentlich aufzuwendende Kraft verändert wird (entweder positiv oder negativ), d.h. hier soll das Prinzip der Kraftverstärkung veranschaulicht werden.

Pro Gruppe ein Brechstangenaufbau, pro Kind ein Forscherbericht

Ablauf der Experimentierphase:
- Vermutung notieren
- Versuch durchführen
- Beobachtung/Ergebnisse notieren
- Evtl. Begründung notieren

Unterrichtsverlauf/Inhalt	Methodische Hinweise/ Unterrichtsmaterial

6. Teilschritt: Besprechen der Ergebnisse und Formulieren eines „Merksatzes"

Die Vermutungen und Ergebnisse des Versuchs werden mit den Kindern besprochen. Zentral ist, dass die Kinder herausgefunden haben, dass nicht nur der Kraftansatzpunkt (möglichst weit weg vom Dreh-punkt) relevant ist, sondern vor allem das Verhältnis zwischen Kraft- und Lastarm.	Plenum
Die Kinder werden aufgefordert, sich mit ihrem Partner zusammen einen Merksatz zu überlegen, mit dem man die Experimentierergebnisse der Unter-richtseinheit zusammenfassen kann.	Partnerarbeit

4. Unterrichtseinheit: Nussknacker und Knoblauchpresse/Locher

Unterrichtsverlauf/Inhalt	Methodische Hinweise/ Unterrichtsmaterial

Einstieg

In einem ersten Schritt werden die Ergebnisse der letzten Unterrichtseinheit zusammen mit den Kindern wiederholt. Dann werden den Kindern die neuen Beispiele präsentiert. Sie werden aufgefordert, sich die Beispiele genau anzuschauen.	Sitzkreis Aufgebaute Modelle der beiden Beispiele
Im Unterrichtsgespräch werden die Kinder dazu aufgefordert, Gemeinsamkeiten zwischen den beiden Beispielen zu identifizieren und Verknüpfungen zu den vorherigen Unterrichtseinheiten herzustellen. Im Anschluss an die Schüleräußerungen wird das Stundenziel formuliert:	
„Es geht heute um den Nussknacker und die Knob-lauchpresse/den Locher und darum, wie diese beiden Gegenstände funktionieren."	

Unterrichtsverlauf/Inhalt	Methodische Hinweise/ Unterrichtsmaterial

1. Teilschritt: Anwendung der bekannten Fachbegriffe auf die beiden Beispiele

Die Fachbegriffe der dritten Unterrichtseinheit (Last, Kraft, Lastarm, Kraftarm) werden mit den Kindern wiederholt und im Anschluss daran auf Nussknacker und Knoblauchpresse/Locher angewendet.

Die Schlüsselstelle bei der erfolgreichen Anwendung stellt die strukturelle Neuigkeit der beiden Beispiele dar – statt einfachen Hebeln (mit nur einem Kraft- und Lastarm) handelt es sich bei Nussknacker und Knoblauchpresse/Locher um doppelte Hebel. Mit Hilfe eines Legebildes soll den Kindern dieser spezielle Aufbau verdeutlicht werden.

Sitzkreis

Logisches Bild (in Form eines Legebildes) vom Nussknacker

Anm.: Eine gute Hilfestellung ist die Demonstration der unmöglichen Anwendung des Nussknackers, indem nur an einem Kraftarm gedrückt wird.

2. Teilschritt: Anfertigen eines logischen Bildes von der Knoblauchpresse/dem Locher

Die Kinder sollen innerhalb einer Gruppe ein Legebild von der Knoblauchpresse/dem Locher richtig zusammenbauen und auf einem Untergrund befestigen.

Die Bilder werden im Anschluss daran im Plenum besprochen.

Gruppenarbeitsphase

Pro Gruppe ein Legebild von der Knoblauchpresse/dem Locher

Plenum

Bilder zum Besprechen an die Tafel hängen.

3. Teilschritt: Experimentierphase mit Nussknacker und Knoblauchpresse/Locher

In einer Experimentierphase sollen die Kinder mit ihrer Gruppe herausfinden, wo man bei Nussknacker und Knoblauchpresse/Locher drücken muss, um möglichst wenig Kraft aufzuwenden.

Dazu werden beim Nussknacker Walnüsse geknackt und bei der Knoblauchpresse wird Knetmasse durch die Presse gedrückt/beim Locher Papier gelocht.

Ablauf der Versuchsdurchführung:
- Notieren der Vermutung
- Versuch durchführen
- Beobachtungen/Ergebnisse notieren
- Evtl. Begründung notieren

Gruppenarbeitsphase

Nussknacker: pro Gruppe ein Nussknacker in Zangenform, Walnüsse (für jedes Kind zwei)

Knoblauchpresse: pro Gruppe eine Knoblauchpresse, Knetmasse

Locher: pro Gruppe ein Locher, Papier

Pro Kind ein Forscherbericht

Unterrichtsverlauf/Inhalt	Methodische Hinweise/ Unterrichtsmaterial

4. Teilschritt: Besprechen der Ergebnisse

Im Anschluss an die Experimentierphase werden die Ergebnisse mit den Kindern besprochen.
Ziel: Die Kinder sollen erkennen, dass das Drücken möglichst weit weg vom Drehpunkt am wenigsten Kraft erfordert. Die gefundenen Gründe für das Ergebnis werden diskutiert.
Optimalerweise wird das Ergebnis folgendermaßen begründet: Durch das Drücken möglichst weit weg vom Drehpunkt wird der Kraftarm so am längsten und das Verhältnis zwischen Last- und Kraftarm am besten.

Plenum

5. Teilschritt: Finde den Fehler im Bild

Bei diesem Arbeitsschritt werden den einzelnen Arbeitsgruppen Fotos von den Beispielen Nussknacker und Knoblauchpresse/Locher gezeigt, wobei es Fotos mit richtiger und falscher Anwendung der Beispiele gibt.
Ziel ist es herauszufinden, welche Bilder richtig bzw. falsch sind und den abgebildeten Sachverhalt mit Hilfe des erlernten Wissens zu begründen.
Die Gruppen arbeiten zunächst für sich, im Anschluss an die Gruppenphase werden die Ergebnisse im Plenum besprochen.

Gruppenarbeitsphase, dann Plenum
Fotos von den Beispielen Nussknacker und Knoblauchpresse/Locher (bei richtiger und falscher Anwendung)

Unterrichtsverlauf/Inhalt	Methodische Hinweise/ Unterrichtsmaterial

6. Teilschritt: Zusammenfassen der Ergebnisse zum Funktionsprinzip Kraftverstärkung

Zunächst werden die Ergebnisse der dritten Unterrichtseinheit, die zum Stundenanfang bereits wiederholt wurden, nochmals aufgegriffen und in Zusammenhang mit den Ergebnissen der vierten Unterrichtseinheit gebracht.

Plenum

Der in der letzten Stunde entwickelte Merksatz sowie die Ergebnisse aus den Experimentierphasen werden mit den Kindern zusammen nochmals besprochen. Ziel dabei ist es, dass die Kinder folgende Punkte erkannt haben:

Ein langer Hebel ist besser als ein kurzer Hebel.

Man benötigt am wenigsten Kraft, wenn man den Kraftarm möglichst weit hinten anfasst um Kraft aufzuwenden.

Die Last sollte möglichst nah am Drehpunkt sein (d. h. der Lastarm sollte möglichst kurz sein).

Das Verhältnis zwischen Kraft- und Lastarm bestimmt den Kraftaufwand.

Ein Hebelarm kann gleichzeitig Kraft- und Lastarm sein.

Zudem wird die Frage diskutiert, was nun eigentlich das „Hebelgesetz" ist.

7. Teilschritt: Ausfüllen des Arbeitsblattes

In einem letzten Schritt wird ein zum Funktionsprinzip Kraftverstärkung entwickeltes Arbeitsblatt von den Kindern ausgefüllt, das alle relevanten Inhalte der dritten und vierten Unterrichtseinheit zusammenfasst.

Auflösung des Plenums Auf Overheadfolie gedrucktes Arbeitsblatt, pro Kind ein Arbeitsblatt im Format A3

9   Testinstrumente

Um die Auswirkungen der Lernbedingungen auf die jeweilige Versuchsgruppe erfassen zu können, wurde ein Erhebungsinstrument entwickelt,
mit welchem es möglich sein soll das inhaltsspezifische (Vor-)Wissen
der Kinder zu erfassen (vgl. Zielsetzungen der vorliegenden Arbeit sowie
Forschungsfrage 1, Kapitel 6.2). Außerdem wurde zur Überprüfung der
Wechselwirkungseffekte zwischen den individuellen Schülervoraussetzungen und der Lernbedingung der von Weiß (2006) entwickelte CFT 20-R
eingesetzt, mit dem die kognitiven Grundfähigkeiten erfasst wurden (vgl.
Forschungsfrage 2, Kapitel 6.2).

9.1   Wissenstest

9.1.1   Entwicklung

Der Wissenstest (vgl. Anhang) stellt das zentrale Testinstrument des Pro-
jekts dar, da dieser zu jedem der drei Messzeitpunkte eingesetzt wurde.
Erfasst werden mit Hilfe dieses Testinstruments das inhaltsspezifische
Vorwissen der Kinder zum Hebelgesetz sowie die Veränderungen dieser
Wissensstrukturen durch die Lernbedingungen (ähnlich vs. unähnlich) der
jeweiligen Versuchsgruppe.

In einem ersten Schritt wurde ein Aufgabenpool erstellt, um anhand
dessen für die Pilotierung geeignete Aufgaben zu einem Testheft zusam-
menstellen zu können. Bei der Erstellung des Aufgabenpools war jedoch
zunächst unklar, welche Beispiele die zu entwickelnden Aufgaben beinhalten sollten. Die einzig sinnvolle Möglichkeit, ein für beide Versuchsgruppen
faires Testinstrument bereitzustellen, wurde darin gesehen ausschließlich
die Kernbeispiele für die Aufgabenentwicklung heranzuziehen, da diese von
beiden Versuchsgruppen während der Intervention bearbeitet werden. Das
dadurch entstehende Testinstrument ist somit inhaltlich auf drei Beispiele,
die Wippe, die Brechstange und den Nussknacker, begrenzt, was jedoch
keinesfalls als Einschränkung zu sehen ist, sondern vielmehr als eine angemessene Reaktion auf die Anforderung, die sich durch die Forschungsfrage
ergeben hat.

Die Entwicklung der Testitems orientiert sich an den von Robert Siegler
(1976) in seinen mikrogenetischen Studien dargestellten kognitiven Ent-

wicklungsstufen, für die er das Beispiel Balkenwaage heranzieht. Stufe eins beinhaltet nach Siegler Erklärungen zum Hebelgesetz, bei denen die Kinder zunächst auf das Gewicht fokussieren, d. h. eine Dimension berücksichtigen. Auf der zweiten Stufe gelingt es Kindern, bei gleich großem Gewicht an beiden Hebelarmen die Distanz zum Drehpunkt zu berücksichtigen, auf der dritten Stufe können dann zwei Dimensionen (das Gewicht und die Distanz zum Drehpunkt) miteinander in Verbindung gesetzt werden. Die vierte und nach Siegler letzte Stufe beinhaltet die Berücksichtigung der sogenannten „Multiplikationsregel", d. h. es gelingt den Kindern die formal-mathematische Formel des Hebelgesetzes anzuwenden und somit das Verhältnis von Kraft zu Kraftarm und Last zu Lastarm zu erkennen (Siegler, 1976; vgl. zusammenfassend Schwelle, Hartinger, Lohrmann & Groß Ophoff, 2013).

Um den Anforderungsgrad der Items zu variieren, wurden, basierend auf den Stufen von Siegler, Items entwickelt, für deren Bearbeitung entweder eine (vgl. dazu Item 6 im Anhang) oder zwei Dimensionen (vgl. dazu Item 3 im Anhang) berücksichtigt werden müssen.

Vor die eigentliche Pilotierung des Testhefts wurden vier Überarbeitungsschleifen (jeweils mit einer Schulklasse) geschaltet, um die Qualität der Items schon vor der Pilotierung zu verbessern. Die wesentlichen Überarbeitungspunkte, die sich vor der Pilotierung ergaben, lagen in den Bereichen (1) des Antwortformats, (2) der graphischen Darstellungen, (3) der Aufgabenformulierung sowie (4) der Aufgabenreihung.

1) Antwortformat: Bei der Itemkonstruktion wurde sowohl mit geschlossenem als auch mit offenem Antwortformat gearbeitet, wobei das geschlossene Antwortformat deutlich überwiegt und diesbezüglich mehrere Umsetzungsmöglichkeiten verwendet wurden: *multiple choice*, *forced choice* und *multiple select* (Bühner, 2011, S. 108 ff.; Seiwald, 2003). In Überarbeitungsschleifen wurden einige auf *forced choice* basierende Items – falls es inhaltlich um die Beurteilung einer Situation ging (richtig/falsch bzw. ja/nein) – umkonstruiert in das *multiple select*-Format, indem die Antwortmöglichkeit „Fällt mir gerade nicht ein" ergänzt wurde. Durch diese Ergänzung sollte es gelingen die Wahrscheinlichkeit, durch Raten die richtige Antwort auszuwählen, zu reduzieren (Schwelle et al., 2013).
Zu zwei Items mit geschlossenem Antwortformat wurde ein Begründungsteil im offenen Antwortformat kombiniert. Ziel war es, dadurch mehr über die Konzepte der Kinder zu erfahren. Bedingt durch mangeln-

de empirische Forschungsergebnisse zu Präkonzepten zum Hebelgesetz basieren Items im geschlossenen Antwortformat meist auf Schülerantworten, die bei der Entwicklung der Aufgaben als kindliche Konzepte angesehen wurden, jedoch unzureichend empirisch fundiert sind auf Grund der geringen Stichprobengröße in den Überarbeitungsschleifen (zur Problematik der Itementwicklung im geschlossenen Antwortformat vgl. Pollmeier, Hardy, Koerber & Möller, 2011).

2) Graphische Darstellungen: Einen weiteren Überarbeitungspunkt stellt die Optimierung einiger graphischer Abbildungen dar. Es zeigte sich in den Überarbeitungsschleifen, dass die Abbildungen eindeutig sein müssen und keinen Interpretationsspielraum zulassen dürfen. Durch Schülerrückmeldungen und Hinweise aus den Antworten der Kinder im offenen Antwortformat konnten unklare Abbildungen identifiziert und optimiert werden.

3) Formulierung der Aufgabenstellung: Ziel bei der Formulierung der Aufgabenstellung war es, diese möglichst einfach und klar verständlich zu gestalten, um Kinder mit weniger gut ausgeprägter Lesekompetenz nicht übermäßig zu benachteiligen. Als Schwierigkeit stellte sich die Verwendung von zum Unterrichtsinhalt gehörenden Fachbegriffen heraus: Es wurde angenommen, dass Drittklässlern Fachbegriffe zum Hebelgesetz nicht geläufig sind, weshalb bei den Aufgabenformulierungen gänzlich auf die Verwendung von Fachbegriffen zum Hebelgesetz verzichtet wurde. Dies hatte jedoch zur Konsequenz, dass Fachbegriffe, z. B. bei Item 6 und 6K (siehe Anhang), mit Alltagsbegriffen umschrieben werden mussten, diese Alltagsbegriffe jedoch bei Item 8a bis 8i (siehe Anhang) als Distraktoren eingesetzt wurden. Da die Kinder jedoch im Rahmen der Testinstruktion bei den Items 8a bis 8i deutlich darauf hingewiesen wurden, dass es bei dieser Aufgabe um Fachbegriffe und nicht um Alltagsbegriffe geht, wurde dies als unproblematisch eingestuft.

4) Reihung der Items: Durch wiederholtes Umstellen der Testitems wurde versucht eine optimale Reihung zu erzielen. Letztendlich wurden alle Items mit offenem Antwortformat im Testheft weiter vorne platziert, um so die Konzepte der Kinder zu erfassen und zu verhindern, dass bei früheren Items aus dem Inhalt der Aufgabenstellung etwas „gelernt" werden kann, was bei späteren Items hilfreich sein könnte. Analog dazu wurden auch die Items mit geschlossenem Antwortformat so gereiht, dass Informationen aus Items, die früh im Testheft platziert sind, möglichst wenig hilfreich sind bei der Lösung von später im Testheft platzierten Items.

9.1.2 Pilotierung des Wissenstests

9.1.2.1 Stichprobe

Nach den bereits erwähnten Überarbeitungsschleifen wurde das Testinstrument in neun zweiten und dritten Klassen aus dem Freiburger und Augsburger Raum pilotiert ($N=202$, $M=8.5$). Aus organisatorischen Gründen musste die Pilotierung unmittelbar vor den Sommerferien (Juli 2011) stattfinden, da die ersten Prätests der Hauptuntersuchung bereits für Oktober (2011) angesetzt waren. Aus diesem Grund wurden sowohl Kinder der zweiten als auch der dritten Jahrgangsstufe einbezogen, um so eine Stichprobe zu generieren, die die anvisierte Altersgruppe abbilden kann. Die Pilotierungsdurchläufe wurden klassenweise durchgeführt, wobei vor Bearbeitungsbeginn die Kinder in das Testheft eingeführt wurden und sichergestellt wurde, dass in der jeweiligen Klasse vor der Pilotierung kein Unterricht zum Thema Hebelgesetz durchgeführt worden war. Die angesetzte Bearbeitungszeit von 30 Minuten reichte größtenteils aus und eine Vielzahl der Kinder war bereits früher mit der Bearbeitung des Testhefts fertig (Schwelle et al., 2013).

9.1.2.2 Ergebnisse der Pilotierung

Itemgüte

Nach Erfassung und Kodierung der Aufgabenbearbeitungen wurde mit dem Programm ConQuest (Wu, Adams, Wilson & Haldane, 2007) ein einparametrisches Rasch-Modell (Rasch, 1980; Rost, 2004) angepasst. Durch die Verwendung dieses probabilistischen Testmodells war es möglich, die Güte jedes Items zu prüfen und problematische (Teil-)Aufgaben zu identifizieren. In die Skalierung wurden insgesamt 40 Items aufgenommen, für die sich eine zufriedenstellende Skalenreliabilität von .73 ergibt. Die Ergebnisse der Itemanalysen sind in folgender Tabelle zusammengefasst (Schwelle et al., 2013):

Tabelle 9:   Ergebnisse der Itemanalyse

	Minimum	Maximum
Itemschwierigkeit	-3.02	3.56
Weighted Mean Square	.83	1.20
t-Wert	-2.30	1.80
Item-Skala-Korrelation	.03	.65

Es zeigt sich, dass die pilotierten Items die Fähigkeiten der untersuchten Kinder angemessen abbilden, was die Itemschwierigkeiten von -3.02 für das leichteste Item (Lösungshäufigkeit 94%) bis 3.56 für das schwerste Item (Lösungshäufigkeit 4%) belegen. Die Werte des Weighted Mean Square, die für jedes Item angeben, wie gut es in das angenommene Modell passt, sollten in einem Wertebereich von .80 und 1.20 liegen (Adams, 2002). Der t-Wert, der einen Signifikanztest für die Abweichung von der Modellannahme darstellt, sollte in einem Wertebereich zwischen -1.96 und 1.96 liegen, da dies sonst als Hinweis auf eine zu hohe bzw. zu niedrige Trennschärfe gewertet werden muss.

In der Regel kann jedoch eine zu hohe Trennschärfe, wenn im Grenzbereich liegend, toleriert werden, weshalb das in Tabelle 9 angegebene Minimum des t-Werts (-2.30) als unproblematisch gewertet wurde (vgl. Jude, 2006). Des Weiteren muss bezogen auf dieses Item ergänzt werden, dass es sich hierbei um einen schlecht formulierten Distraktor handelt, der für die Hauptuntersuchung umformuliert und deshalb auch aus inhaltlichen Gründen im Testinstrument belassen wurde. Die Ergebnisse der Itemanalyse lassen somit darauf schließen, dass die in der Skalierung berücksichtigten Items raschhomogen sind, d.h. dass mit dem Testinstrument die angenommene Fähigkeitsdimension abgebildet werden kann (vgl. Kelava & Moosbrugger, 2007 sowie zusammenfassend. Schwelle et al., 2013). Die Entscheidung über die Beibehaltung oder den Ausschluss von Items stützte sich auf mehrere Kriterien und wurde insbesondere inhaltlich geprüft. In diesem Zuge wurden deshalb aus der Skalierung acht Items auf Grund zu geringer Trennschärfe bzw. einer niedrigen Item-Skala-Korrelation ausgeschlossen. Inhaltlich handelt es sich dabei um Distraktoren, die sich nicht auf das Hebelgesetz beziehen. Auf die Frage, warum man mit einer langen stabilen Metallstange einen großen Kleiderschrank gut anheben kann, erwies sich die Antwortmöglichkeit *„weil es so am einfachsten geht"* als problematisch (vgl. zusammenfassend Schwelle et al., 2013). Auf der anderen Seite wurden zwei Items trotz niedriger Item-Skala-Korrelation in der Skalierung belassen. Grund dafür ist, dass es sich bei den beiden Items um vergleichsweise anspruchsvolle Aufgaben handelt, die auch noch nach der Intervention der Hauptuntersuchung für Schüler eine Herausforderung darstellen können.

Die Frage nach der Validität eines Testinstruments, also die Frage, ob ein Test auch das misst, was er zu messen beansprucht, ist neben der Objektivität und der Reliabilität eines der drei Hauptgütekriterien, mittels denen die Qualität eines Tests beurteilt werden kann. Unterscheiden lassen sich hierbei die sogenannte Inhaltsvalidität, Kriteriumsvalidität sowie die Konstruktvalidität.

Für die entwickelten Testitems wurde das Kriterium der Inhaltsvalidität herangezogen, was deshalb am sinnvollsten erschien, da es sich um einen inhaltsspezifischen Wissenstest handelt, bei welchem das zu messende Merkmal (d. h. für die vorliegende Arbeit Wissen über den Unterrichtsgegenstand) wirklich hinreichend präzise erfasst wird. Hierbei kann zunächst festgehalten werden, dass die Items über die bei Bühner (2011) angeführte logische Validität verfügen, d. h. dass auf Grund logischer und fachlicher Überlegungen die Validität der Testitems gewährleistet werden kann. Da für das vorliegende Testinstrument ausschließlich Items verwendet wurden, die inhaltlich auf Beispielen zum Unterrichtsgegenstand basieren, kann dies als Hinweis auf Validität gewertet werden. Des Weiteren wurden zufällig ausgewählte Schülerinnen und Schüler in der Pilotierungsphase zu ihrer Bearbeitung befragt: Sie äußerten durchgängig, dass es bei den einzelnen Aufgaben immer darum gehe, etwas ins Gleichgewicht zu bringen oder mit Kraft anzuheben bzw. dass man entscheiden müsse, wann mehr oder weniger Kraft aufgewendet werden muss. Diese Äußerungen lassen deshalb den Schluss zu, dass die entwickelten Items inhaltsvalide sind.

9.1.3 Testitems für die Hauptuntersuchung

9.1.3.1 Kodierung

Für die in der Rasch-Skalierung geprüften 40 Items wurden für die Hauptuntersuchung, in Abhängigkeit von der Ausprägung des geschlossenen Antwortformats (*forced choice, multiple choice, multiple select*), unterschiedliche Kodierungsformen festgelegt:

Bei allen Items im *Forced-Choice*-Format wurde eine richtige Bearbeitung mit einem Punkt bewertet, eine falsche Bearbeitung mit null Punkten. Ebenso wurde bei Items im *Multiple-Choice*-Format verfahren.

Wie bereits in Kapitel 9.1.1 dargestellt, gab es neben inhaltlichen Antwortmöglichkeiten bei einer Vielzahl an Items die Möglichkeit, „Fällt mir gerade nicht ein" anzukreuzen. Das Ankreuzen dieser Möglichkeit wurde durchgängig mit null Punkten bewertet, da diese Kreuzmöglichkeit die Annahme zulässt, dass kein Wissen vorliegt bzw. vom Schüler abgerufen werden kann, welches zur richtigen Bearbeitung dieses Items führt. Es kann somit geschlussfolgert werden, dass kein inhaltlicher Bedeutungsunterschied zwischen einer Falschbearbeitung und der dargestellten Ankreuzmöglichkeit besteht.

Items, welche die Beschriftung einer Abbildung mit Fachbegriffen zum Hebelgesetz erfordern, wurden wie ein Item im *Forced-Choice-* oder *Multiple-Choice*-Format behandelt. Als richtige Bearbeitung, die mit einem Punkt bewertet wird, kann an dieser Stelle sowohl die Beschriftung mit den „allgemeineren" Fachbegriffen (Hebelarm, Gewicht) gewertet werden als auch die Beschriftung mit den „ausdifferenzierteren" Fachbegriffen (Kraft/Last, Kraftarm/Lastarm). Grund dafür ist, dass der Rasch-Skalierung entnommen werden kann (vgl. Kapitel 9.1.2), dass es sich bei den Beschriftungsitems um verhältnismäßig schwierige Items mit geringer Lösungshäufigkeit handelt. Dieses Vorgehen erschien somit als angemessen, um den Schwierigkeitsgrad der Items nicht noch zusätzlich durch eine strenge Kodierungsrichtlinie zu erhöhen.

Einige Items im geschlossenen Antwortformat, die in die Rasch-Skalierung noch für sich alleine stehend eingegangen sind, wurden für den Einsatz in der Hauptuntersuchung zu Summenwerten zusammengefasst. Dies betrifft Items folgender Testaufgaben (vgl. Anhang):

1) Item 5K: Hier werden die Einzelitems des zweiten Aufgabenteils zu einem Summenwert zusammengefasst, wobei folgende Bedingung gilt: Um den Summenwert aus V12, V13 und V14 zu berechnen, dürfen V11 und V15 von den Kindern nicht angekreuzt werden [Anm.: V10 wurde aus inhaltlichen Gründen nicht berücksichtigt.]. Als neues Item ergibt sich dadurch Item 5K. Als Grund für dieses Vorgehen ist zu nennen, dass eine Falschbearbeitung von V11 und/oder V15 es nicht zulässt, dass die richtige Bearbeitung der anderen Items gewertet wird, da durch ein Ankreuzen von V11 und/oder V15 angenommen werden kann, dass der entsprechende Schüler das mit den Items erfasste Funktionsprinzip nicht vollends verstanden hat.

2) Item 6K: Berechnet wird ein Summenwert aus V17, V18, V19 und V20.

3) Item 7K: Für die Items V23 und V25 wird ein Summenwert berechnet, V22 und V24 werden aus inhaltlichen Gründen nicht berücksichtigt.
4) Item 10: Aus allen zur Aufgabe gehörenden Items wurde ein Summenwert gebildet.
5) Item 11Glgw und Item 11Kv: Berechnet wurde hier einerseits ein Summenwert für Items, die sich dem Funktionsprinzip Gleichgewicht zuordnen lassen (Item Glgw; V42, V45, V47) und andererseits ein Summenwert, der Items zum Funktionsprinzip Kraftverstärkung zusammenfasst (Item Kv; V41, V43, V44, V46).

Da die Items im offenen Antwortformat neben der qualitativen Auswertung ebenfalls in der quantitativen Auswertung berücksichtigt werden, wurden Schülerantworten, die auf konzeptuelles Wissen zum Hebelgesetz schließen lassen, mit einem Punkt bewertet, Schülerantworten ohne erkennbares konzeptuelles Wissen mit null Punkten.

Als Konsequenz aus der Itemkodierung ergibt sich für die Hauptuntersuchung, dass sich die in der Rasch-Skalierung beinhaltete Anzahl von 40 Items (vgl. Kapitel 9.1.2) durch die Zusammenfassung einiger Items zu Summenwerten auf 25 Items reduziert (vgl. Tabelle 10).

9.1.3.2 Zuordnung der Items zu inhaltlichen Facetten des Hebelgesetzes

Die in der Hauptuntersuchung eingesetzten Items lassen sich (teilweise bereits als Summenwerte) folgenden Facetten des inhaltsspezifischen Wissens zum Hebelgesetz zuordnen:

Tabelle 10:   Zuordnung der Items zu inhaltlichen Facetten des Hebelgesetzes

Für die Bearbeitung notwendige Wissensart	
Konzeptuelles Wissen	2, 3oA, 4oA, 5K, 6K, 7K, 8, 9, 10, 11Glgw, 11Kv
Prozedurales Wissen	1, 3, 4, 5, 6, 7
Für die Bearbeitung notwendiges Wissen über ein Funktionsprinzip	
Gleichgewicht	1, 3, 3oA, 5, 5K, 9, 11Glgw
Kraftverstärkung	2, 4, 4oA, 6, 6K, 7, 7K, 10, 11Kv
Begriffswissen	8 a–i

Anmerkungen. Angegeben sind die Item-Nummern (vgl. Anhang).

9.2   Test auf kognitive Grundfähigkeiten (CFT 20-R)

Um die Hypothese zu überprüfen, inwieweit sich die kognitiven Grundfähigkeiten der Kinder auf den Aufbau von inhaltsspezifischem Wissen auswirken und ob Wechselwirkungseffekte mit der Versuchsgruppenzugehörigkeit bestehen, wurde zum Prä-Messzeitpunkt der von Rudolf Weiß (2006) entwickelte CFT 20-R eingesetzt. Es handelt sich dabei um ein psychologisches Instrument mit dem Ziel, die grundlegende geistige Leistungsfähigkeit valide zu diagnostizieren, ohne dabei den soziokulturellen, erziehungsspezifischen oder „rassischen" Hintergrund der Testperson einfließen zu lassen (vgl. ebd., S. 11). Bezug nehmend auf die Zweikomponententheorie von Cattell (1963) basiert das vorgestellte Testinstrument auf der Annahme, dass zwischen der *general fluid ability* und der *general crystallized ability* unterschieden werden kann. Die fluide (bzw. flüssige) Intelligenz stellt in dieser Theorie die genetisch bedingte Komponente dar, die nicht von der Umwelt beeinflusst werden kann. Von ihr abhängig ist die kristalline Intelligenz, die im Laufe des Lebens erworben und ständig erweitert wird. Sie besteht sowohl aus explizit (z. B. Vokabeln) als auch aus implizit Gelerntem (z. B. Radfahren). Das Testinstrument CFT 20-R misst folglich, wenn man Cattell's Zweikomponententheorie einbezieht, die fluide Intelligenz einer Testperson.

Um mit einem Testinstrument die fluide Intelligenz milieu- und kulturellunabhängig erfassen zu können, griff Cattell zunächst auf Elemente wie Teile des menschlichen Körpers, Sonne, Mond und Sterne sowie zufällige Klecksfiguren zurück. Es zeigte sich jedoch, dass ausschließlich anschaulich-figurale Formen zu exakten Ergebnissen im Hinblick auf die milieuund kulturellunabhängige Erhebung von fluider Intelligenz führen.

Diese Ergebnisse berücksichtigend besteht ein Testheft des CFT 20-R aus zwei Testteilen, die ausschließlich aus figuralen Darstellungen aufgebaute Aufgaben in vier Designs beinhalten. Die vier Designs werden in je vier Subtests innerhalb eines Testteils widergespiegelt und beinhalten Aufgaben zum Reihenfortsetzen, zu Klassifikationen, Matrizen und Topologien. Alle Aufgaben sind im *Multiple-Choice*-Format mit fünf Antwortmöglichkeiten konstruiert.

Mit Blick auf die große Testzeitbelastung der Kinder (vor allem zum Prä-Messzeitpunkt) wurde, der Empfehlung des Testmanuals folgend, im Rahmen des Projekts mit den Versuchs- und Kontrollklassen nur der erste Teil des Testinstruments durchgeführt. Ebenfalls vom Testmanual für das

Grundschulalter empfohlen wurde eine Testzeitverlängerung von je einer Minute pro Subtest, die ebenfalls berücksichtigt wurde. Um die Übungsbeispiele im Testheft sowie die Bearbeitung des separaten Antwortbogens zu demonstrieren, wurden Overheadfolien eingesetzt. Außerdem unterstützte ein Papierstreifen, der den momentan nicht zu bearbeitenden Teil des Antwortbogens verdeckte, die Kinder bei der Bearbeitung des Bogens. Die Gesamttestzeit mit der Einführung in das Testinstrument allgemein und die jeweiligen Subtests betrug, abhängig von Rückfragen der Kinder, zwischen 60 und 75 Minuten.

10 Stichprobe und Versuchsgruppenzuteilung

10.1 Stichprobe

Deskriptive Stichprobenanalyse

Die Ergebnisse der vorliegenden Studie basieren auf einer Stichprobe von insgesamt 22 dritten Klassen aus 20 Schulen des Großraums Freiburg ($N=430$).

Tabelle 11: Deskriptive Statistiken zur Stichprobe

Klasse	1	2	3	4	5	6	7	8	9
Klassengröße	15	15	13	23	19	17	17	16	19
Alter (M)	8.13	8.13	8.15	8.09	8.32	8.35	8.29	8.13	8.26
männlich	10	10	8	13	9	9	9	6	10
weiblich	5	5	5	10	10	8	8	10	9
Klasse	**10**	**11**	**12**	**13**	**14**	**15**	**16**	**17**	**18**
Klassengröße	21	23	18	27	26	19	16	22	21
Alter (M)	8.43	8.13	8.39	8.67	8.88	8.47	8.44	8.50	8.43
männlich	11	13	12	13	16	11	9	13	6
weiblich	10	10	6	14	10	8	7	9	15
Klasse	**19**	**20**	**21**	**22**	**N**	**M$_{ges}$ (SD)**			
Klassengröße	18	21	22	22	430	19.54 (3.60)			
Alter (M)	8.89	8.71	8.64	8.77		8.44 (.59)			
männlich	10	10	14	11	233	54%			
weiblich	8	11	8	11	197	46%			

Anmerkungen. M = Mittelwert; M$_{ges}$ = Gesamtmittelwert; SD = Standardabweichung; % = prozentualer Anteil an der Gesamtstichprobe.

Die Klassengröße der Stichprobe liegt in einem Bereich von zwölf bis 27 Schülern (durchschnittlich etwa 20 Schüler, vgl. Tabelle 11), was sich durch die Lage der jeweiligen Schulen erklären lässt: So wurden einerseits Klassen aus Stadtgebieten in die Stichprobe aufgenommen, die eine verhältnismäßig große Klassengröße aufweisen, andererseits wurden jedoch auch Dorfschulen mit verhältnismäßig geringer Klassengröße für die Stichprobe der Hauptuntersuchung berücksichtigt.

Die Mittelwerte bezogen auf das Geschlecht zeigen zudem, dass die Klassen relativ gleichmäßig zusammengesetzt sind, was sich zwangsläufig auch in der Zusammensetzung der Gesamtstichprobe niederschlägt: Die Stichprobe besteht insgesamt aus 233 Jungen (das entspricht einem prozentualen Anteil von 54% bezogen auf die Gesamtstichprobe) und 197 Mädchen (das entspricht einem prozentualen Anteil von 46% bezogen auf die Gesamtstichprobe).

Das Durchschnittsalter der Kinder beträgt 8.44 Jahre, wobei der Altersdurchschnitt auf Klassenebene bei höher werdender Klassennummer ansteigt. Zu sehen ist hier das Fortschreiten des Schuljahres: Niedrigere Klassennummern wurden bereits zu Beginn des dritten Schuljahres in der Hauptuntersuchung erfasst, wohingegen höhere Klassennummern erst gegen Ende des Schuljahres in die Hauptuntersuchung eingingen.

Stichprobenakquirierung

Die Akquirierung der Versuchsklassen erfolgte durch Telefonate bzw. postalische Anschreiben einer Vielzahl von Schulen im Freiburger Großraum (max. Anfahrtsweg 70 km), in dessen Rahmen der Schulleitung bzw. den entsprechenden Lehrkräften das Vorhaben des Projekts geschildert wurde. Der dadurch entstandene positive Rücklauf von 27 Klassen bildete den Pool an möglichen Versuchs- und Kontrollklassen, von denen für das Projekt 22 Klassen berücksichtigt wurden: Als Auswahlkriterien wurden neben der zeitlichen Flexibilität vor allem der Anfahrtsweg herangezogen. Aus dem geschilderten Akquirierungsverfahren ergibt sich folglich, dass es sich um eine Gelegenheitsstichprobe handelt.

10.2 Versuchsgruppenzuteilung

Vor Beginn der Interventionseinheiten wurden in jeder Klasse mehrere Prätests durchgeführt (vgl. Kapitel 9), welche die Grundlage für die Zuteilung zu den beiden Versuchsgruppen darstellen. Dadurch, dass mögliche Unterschiede im Vorwissen der Kinder zwischen den beiden Versuchsgruppen keinen Einfluss auf die Ergebnisse nehmen sollten, basiert die Versuchsgruppenzuteilung auf den Ergebnissen des inhaltsspezifischen Leistungstests. Ziel war es, zwei Versuchsgruppen zu bilden, die zum Prä-Messzeitpunkt auf einem möglichst identischen Niveau liegen.

Für die Zuteilung wurde deshalb ein Einzelwert für jedes Kind gebildet, indem die Anzahl der richtigen Antworten (bezogen auf Aufgaben mit geschlossenem Antwortformat) und die Anzahl der Schüleräußerungen mit inkludiertem konzeptuellem Wissen (bezogen auf Aufgaben mit offenem Antwortformat) addiert wurden. Aus den so generierten Einzelwerten auf Schülerebene wurde ein Summenwert für jede Klasse der Stichprobe gebildet.

Die Gesamtstichprobe wurde nach der *Matched-Samples*-Strategie (Ho, Imai, King & Stuart, 2006; Kupper, Karon, Kleinbaum, Morgenstern & Lewis, 1981; Rubin, 1973) auf die Versuchsgruppen aufgeteilt, was sich folgendermaßen begründen lässt: Um die natürliche Einheit „Klasse" beizubehalten, war – trotz der verhältnismäßig großen Stichprobe auf Schülerebene – keine Randomisierung möglich. Angesichts der verhältnismäßig kleinen Stichprobengröße auf Klassenebene (22 Klassen) erschien ein Matchen der Klassen deshalb als sinnvoll.

Tabelle 12:   Zwei Beispiele für die *Matched-Samples*-Strategie

Klasse	1	2	3	4	5	6	7	13
M	12.9	17.1	12.6	19.0	16.0	20.5	15.0	15.9

Klasse	14	15	16	17	18	19	20	21
M	15.7	19.5	21.5	19.0	17.9	18.9	22.0	19.1

Anmerkungen. M = Mittelwert des Wissenstests

Dieses Vorgehen konnte jedoch nicht für die Kontrollgruppen übernommen werden. Das Interesse seitens der Lehrkräfte an den Interventionseinheiten war so groß, dass meist die Teilnahme am Unterricht die Bedingung für die Teilnahme an der Studie darstellte. Daher wurden mehrere Klassen angefragt, zunächst ausschließlich an den Testterminen teilzunehmen, um dann nach Abschluss des Follow-up-Messzeitpunkts im Rahmen eines Projekttages zum Hebelgesetz zumindest einen Teil der Interventionseinheiten zu erhalten. Insgesamt sechs Klassen konnten auf diese Weise als Kontrollgruppe für die Studie gewonnen werden.

Da nicht alle an der Studie teilnehmenden Klassen zu einem gemeinsamen Termin getestet wurden, erfolgte die Versuchsgruppenzuteilung in drei Zeitfenstern (November/Januar/März 2011/2012) mit dem Ergebnis, dass sich zwischen den beiden Versuchsgruppen und der Kontrollgruppe keine signifikanten Unterschiede ergeben. Somit konnte sichergestellt werden, dass beide Versuchsgruppen vor den Interventionseinheiten auf dem gleichen Vorwissensniveau starteten und sich die versuchsgruppenabhängigen Unterschiede zum Post- und Follow-up-Messzeitpunkt deutlicher zeigen können.

11 Eingesetzte Analysemethoden

11.1 Quantitative Verfahren

Abhängig von der jeweiligen Fragestellung (vgl. Kapitel 6.2) wurden für die statistischen Analysen in der vorliegenden Arbeit verschiedene Softwareprogramme eingesetzt.

Da gerichtete Hypothesen bezüglich der beiden Forschungsfragen vorliegen (vgl. Kapitel 6.2), werden diese einseitig getestet (Bortz & Schuster, 2010, Kapitel 7). Das Signifikanzniveau für alle Analysen liegt bei $p \leq .05$ (Anm.: Auf Grund der einseitigen Testung dürfen in der Ausgabe alle Werte als signifikant angenommen werden, für die $p \leq .1$ gilt; vgl. dazu Leonhart, 2004, Kapitel 7.)

11.1.1 Deskriptive Analysen

Häufigkeiten, Mittelwerte sowie Standardabweichungen wurden mit der Software SPSS 21 (IBM Corporation, 2012) berechnet. Dies betrifft vor allem Ergebnisse zur Stichproben- sowie Einzelitemanalyse (vgl. Kapitel 10.1 sowie Kapitel 12).

11.1.2 Strukturgleichungsmodelle

Konfirmatorische Faktorenanalysen

Analysen zur Skalenbildung wurden mit dem Programm Mplus (Muthén & Muthén, 1998–2010) durchgeführt. Konkret handelt es sich dabei um konfirmatorische Faktorenanalysen, mittels derer zwischen beobachteten und latenten Variablen deduktiv und somit hypothesenprüfend theoretisch plausible Beziehungen ermittelt werden (Kline, 2010). Das Ausmaß eines Zusammenhangs zwischen den zu prüfenden Variablen wird dabei mittels sogenannter Faktorladungen bestimmt, die in Mplus unter Verwendung des WLSMV-Schätzers berechnet werden (ebd.).

In der vorliegenden Arbeit dienten diese Verfahren der Überprüfung theoretischer bzw. inhaltlicher Annahmen zur Dimensionalität (vgl. Kapitel 12.2).

Ausgehend von den identifizierten Messmodellen wurden Wissensveränderungen der Schüler anhand *latenter Mittelwertsvergleiche* und *latenter Wachstumskurvenmodelle* in Mplus analysiert (Christ & Schlüter, 2010; Reinecke, 2005; Reinecke, 2012). Der Vorteil dieser Verfahren gegenüber konventionellen Manifesten besteht in zwei zentralen Punkten: Zum einen kann die Klassen- sowie Versuchsgruppenzugehörigkeit, welche sich auf die Stichprobe auswirkt, in den Analysen berücksichtigt werden, was einer klassischen mehrebenenanalytischen Auswertung entspricht. Des Weiteren ist es möglich, durch die standardmäßig in Mplus implementierte Full-Information-Maximum-Likelihood-Methode (FIML, u. a. Lüdtke, Robitzsch, Trautwein & Köller, 2007; Muthen, Kaplan & Hollis, 1987) mit etwaigen fehlenden Werten umzugehen (vgl. Kapitel 11.3). Da bei dieser Methode fehlende Werte weder anhand des Mittelwerts o. Ä. geschätzt noch imputiert, sondern ignoriert werden, können dadurch erheblich bessere, weil unverfälschtere Ergebnisse erreicht werden als bei den gängigen Verfahren (Lüdtke et al., 2007; Newman, 2003; Reinecke, 2005). Die FIML-Methode nutzt stattdessen individuell vorhandene Stichprobeninformationen mit dem Ziel die Populationsparameter sowie deren Standardfehler anhand des Maximum-Likelihood-Verfahrens zu berechnen (Enders, 2001; Lüdtke et al., 2007). Voraussetzung ist, dass die fehlenden Werte *Missing at Random* (MAR) sind, d. h. sie fehlen zufällig und sind nicht systematisch zustande gekommen (Wirtz, 2004). Eine weitere Voraussetzung ist außerdem, dass die Coverage, d. h. der prozentuale Anteil der Stichprobe, für welchen Daten vorliegen, die 10%-Grenze nicht unterschreiten darf: In den Daten der vorliegenden Arbeit lag die Coverage zu keinem Messzeitpunkt unter 96,7%.

Latente Mittelwertsvergleiche (*latent means analysis* bzw. LMA) werden berichtet, wenn eine detaillierte Beschreibung dessen gegeben werden soll,

1) welcher Unterschied zu einem Messzeitpunkt zwischen zwei Gruppen besteht,
2) welcher Unterschied zwischen zwei Messzeitpunkten innerhalb einer Gruppe besteht,
3) welcher Unterschied im Zuwachs zwischen zwei Messzeitpunkten zwischen zwei Gruppen besteht (vgl. Kapitel 6.2).

Interpretiert werden hierbei sowohl die latenten Mittelwerte (*means*) als auch die modellierten Kontraste mit ihrer Signifikanz.

Latente Wachstumskurvenmodelle (*latent growth curve* bzw. LGC) werden dargestellt, wenn die zeitliche Veränderung von untersuchten Variablen und deren Beziehung zueinander erfasst werden sollen. Dadurch können Aussagen getroffen werden über den durchschnittlichen Zustand zum Prä-Messzeitpunkt (*intercept*), über das durchschnittliche Wachstum (*slope*) sowie über die Veränderung des Ausgangszustandes und den Wachstumsverlauf (*estimates*) (Muthen & Khoo, 1998). Um Verzerrungen und damit eine fälschliche Beurteilung der Veränderungen über die Zeit zu vermeiden, werden für das beschriebene Analyseverfahren ausschließlich die unstandardisierten *model results* angegeben (Empfehlung von Seltzer, Frank & Bryk, 1994). Es wird außerdem davon Abstand genommen, die sonst üblichen Effektstärkemaße nach Jacob Cohen (1992) zu berichten: An dieser Stelle wird der Empfehlung von Alan Feingold (2009) gefolgt, der das Potential von LGC-Modellen in der Erfassung des „slope factor" sieht und sich deshalb dafür ausspricht, auf die zusätzliche Berechnung von Effektstärken, da beispielsweise in Mplus nicht als Parameter ausgegeben, zu verzichten.

Gütekriterien zur Modellbeurteilung

Für die Beurteilung der Güte von Strukturgleichungsmodellen sind mehrere Kriterien heranzuziehen, die eine Aussage darüber zulassen, ob das angepasste Modell die Daten angemessen abbilden kann – sprich ob die Items in der ausgewählten Weise gruppiert werden können – oder welches Modell, bei mehreren konkurrierenden, das am besten passende ist.

Für die Beurteilung einer Modellpassung werden zunächst der Chi^2-Wert und die Anzahl der Freiheitsgrade (df) herangezogen. Der Chi^2-Wert testet die Nullhypothese, dass die Kovarianzmatrix der Stichprobe und der im Modell implizierten gleich ist. Bei einem signifikanten Chi^2-Wert wird die Nullhypothese abgelehnt, d. h. das angepasste Modell für die Stichprobe stimmt nicht mit dem Referenzmodell überein (Geiser, 2011). Ist der Quotient aus Chi^2 und df kleiner als zwei, kann von einer guten Modellpassung gesprochen werden (Moosbrugger & Schermelleh-Engel, 2007). Der CFI (Comparative-Fit-Index) sowie der TLI (Tucker-Lewis-Index), die zu den ‚Incremental Fit Indices' zählen, vergleichen das angepasste Modell mit einem maximal schlecht passenden sogenannten Unabhängigkeitsmodell, in dem alle manifesten Variablen als unkorreliert angenommen werden (vgl. ebd.). Beide Gütekriterien geben an, um wie viel die Struktur des angenommenen Modells besser zu den Daten passt als das Referenzmodell. Nach Geiser (2011) sollten beide Indices für ein gutes Modell über .95 liegen, optimalerweise jedoch über .97. Der RMSEA (Root-Mean-Square-Error-of-Approximation), der für einen guten Modellfit kleiner .05 sein sollte, liefert einen approximativen Modellfit und kann somit als Indikator für die statistische Verzerrung (Bias) durch die Parameterschätzung gesehen werden (Collins, Schafer & Kam, 2001; Schermelleh-Engel, Moosbrugger & Müller, 2003). Datensätze mit fehlenden Werten, wie in der vorliegenden Arbeit anzutreffen, können somit gut mit diesem Fitindex beurteilt werden (Collins et al., 2001).

Mehrebenenregressionsmodelle

Um die Wechselwirkungseffekte zwischen dem Lernsetting und den individuellen Schülervoraussetzungen (inhaltsspezifisches Vorwissen, kognitive Grundfähigkeiten) auf den Aufbau von inhaltsspezifischem Wissen zu überprüfen, wurden mit Mplus *hierarchische Regressionsanalysen* durchgeführt (Ditton, 1998; Geiser, 2011, Kapitel 5; Urban & Mayerl, 2008), die sich für die Analyse von geschachtelten Daten, beispielsweise bedingt durch die Klassen- und Versuchsgruppenstruktur, eignen. Sowohl für die Versuchsgruppen als auch versuchsgruppenunabhängig werden hierarchische Random-Intercept-And-Slope-Modelle angepasst, die eine Interpretation der Beta-Gewichte zulassen (Geiser, 2011).

11.2   Qualitative Verfahren

Die Schülerantworten zu den Items im offenen Antwortformat werden mit der qualitativen Inhaltsanalyse nach Mayring (2010) ausgewertet, um sukzessive die umfangreiche Menge an Textmaterial zu reduzieren und einen Einblick zu erhalten, welche Konzepte bei den Kindern zum Hebelgesetz vorliegen und worauf diese inhaltlich fokussieren. Die Schülerantworten werden bei diesem Analysevorgehen in ein Kategoriensystem geordnet, welches für die vorliegende Arbeit induktiv, also direkt aus den vorliegenden Schülerantworten, in mehreren Überarbeitungsschleifen entwickelt wurde und neben möglichen Ober- sowie Unterkategorien auch Ankerbeispiele enthält (vgl. Kapitel 15).

Die Qualität des Kategoriensystems wird durch die Bestimmung der Interraterreliabilität überprüft. Herangezogen wird hierfür Cohen's Kappa κ (Cohen, 1960), welches folgendermaßen zu interpretieren ist: Als nicht akzeptabel wird ein κ ≤ .40 angesehen, als ggf. noch akzeptabel, wenn es in einem Wertebereich von .40 < κ < .60 liegt. Eine gute Interraterreliabilität liegt bei einem Kappa zwischen .60 und .75 vor, eine sehr gute bei κ ≥ .75 (vgl. Wirtz, 2002, S. 59). Bei nicht zufriedenstellender Übereinstimmung der Rater gilt es das Kategoriensystem entsprechend zu überarbeiten und zu optimieren. Die Interraterreliabilität für das in der vorliegenden Arbeit verwendete Kategorienschema ist Kapitel 15.1 zu entnehmen.

11.3   Umgang mit fehlenden Werten

Für die vorliegende Arbeit lassen sich folgende Formen fehlender Werte unterscheiden:

1) Auslassungen bei der Bearbeitung eines Testhefts
2) Fehlen zu einem Testzeitpunkt
3) Fehlen zu mehreren Testzeitpunkten
4) Fehlen bei einer/mehreren Interventionseinheit(en)

Wurden einzelne Items bei der Bearbeitung eines Testhefts ausgelassen (1), wurde diese Auslassung als „falsch bearbeitet" gewertet. Grund für dieses Vorgehen war, dass angenommen werden kann, dass die Kinder bei Auslassungen tatsächlich zum Bearbeitungszeitpunkt kein Wissen abrufen konnten, das für die richtige Bearbeitung des Items hilfreich gewesen wäre. Es kann somit geschlussfolgert werden, dass kein inhaltlicher Bedeutungsunterschied zwischen falsch bearbeiteten und ausgelassenen Items besteht, weshalb die beschriebene Vorgehensweise angemessen scheint.

Lag ein Fehlen zu einem Testzeitpunkt vor (2), wurden diese Fälle, auf Grund der zur Verfügung stehenden FIML-Methode (vgl. Kapitel 11.1), unverändert als Missing im Datensatz belassen.

Fehlten Kinder dagegen zu mehreren Testzeitpunkten (3), wurden diese in der Stichprobe nicht berücksichtigt, da für die vorliegende Arbeit festgesetzt wurde, dass für eine längsschnittliche Modellierung von Veränderungen im inhaltsspezifischen Wissen die Daten von mindestens zwei Testzeitpunkten vorliegen sollten.

Bei Kindern, die bei einer bzw. bei mehreren Interventionseinheiten fehlten (4), wurde analog zu Punkt (3) verfahren: Auch diese Kinder wurden in der Stichprobe nicht berücksichtigt, da nicht davon ausgegangen werden konnte, dass die Kinder in angemessener Weise inhaltsspezifisches Wissen zum Hebelgesetz aufbauen konnten und folglich die Wirkung des Treatments nicht erfasst werden kann. Eine Ausnahme stellt die Interventionseinheit 2 dar, in der das in der ersten Einheit aufgebaute Wissen zum Funktionsprinzip Gleichgewicht mittels einer Wippe mit außermittigem Drehpunkt ausdifferenziert wurde. Da hier kein neues Funktionsprinzip bzw. keine neue Hebelart eingeführt wurde, wurde das Fehlen in der zweiten Interventionseinheit toleriert.

Für die Stichprobe, die für die weiteren Analysen herangezogen wurde, hat der Ausschluss einiger Kinder auf Grund fehlender Werte bzw. fehlender Interventionseinheiten folgende Konsequenzen: Die Größe der Gesamtstrichprobe (N) reduziert sich von 430 auf 397 Kinder, die durchschnittliche Klassengröße verändert sich von 20 auf 18 Schüler. Für das durchschnittliche Alter bedeutet diese Stichprobenverkleinerung einen Altersdurchschnitt von 8.42 Jahren statt 8.44 Jahren.

Im folgenden Teil der Arbeit werden nun die Ergebnisse der Hauptuntersuchung dargestellt. In einem ersten Schritt werden deskriptive Analysen zu den eingesetzten Items vorgestellt (vgl. Kapitel 12.1). Darauf aufbauend werden die Ergebnisse der Skalenbildung mittels konfirmatorischer Faktorenanalysen berichtet (vgl. Kapitel 12.2). Anschließend werden latente Wachstumskurvenmodelle sowie Mittelwertvergleiche dargestellt, welche die Auswirkungen der beiden überprüften Lernsettings auf den Auf- und Ausbau von konzeptuellem Wissen zeigen (vgl. Kapitel 13). Mittels hierarchischer Regressionsanalysen wird zudem Auskunft darüber gegeben, ob Wechselwirkungseffekte zwischen den Lernsettings und den Prädiktoren „Vorwissen" sowie „kognitive Grundfähigkeiten" bestehen (vgl. Kapitel 14).

12 Item- und Strukturanalysen

12.1 Itemanalyse

12.1.1 Deskriptive Analyse

Um die Bearbeitung der Items analysieren zu können sowie Aussagen über den Schwierigkeitsgrad bzw. die Lösungshäufigkeit tätigen zu können, werden die Aufgaben des inhaltsspezifischen Leistungstests auf Einzelitemebene analysiert. Eine Ausnahme stellen die in Kapitel 9.1.3.1 erläuterten Items dar, die aus inhaltlichen Gründen zu Summenwerten zusammengefasst wurden und im Folgenden auch entsprechend gruppiert analysiert werden.

Dargestellt werden in nachfolgender Tabelle deskriptive Statistiken der 25 Items des Testhefts über alle drei Messzeitpunkte, die Auskunft darüber geben, wie viele Kinder das jeweilige Einzelitem bzw. den jeweiligen Summenwert zu den drei Messzeitpunkten richtig gelöst haben und welchem prozentualen Anteil diese Lösungshäufigkeit entspricht.

Tabelle 13:   Übersicht über die Lösungshäufigkeiten der Items

Item	1	2	3	3oA	4	4oA	5	5K	6	6K
PRÄ										
Gelöst	178	17	231	54	202	30	192	20	272	42
%	45.2	4.3	58.6	13.7	51.3	7.6	48.7	5.1	69.0	10.7
POST										
Gelöst	134	72	286	99	237	77	202	37	295	79
%	34.9	18.8	74.5	25.8	61.7	20.1	52.6	9.6	76.8	20.6
FU										
Gelöst	136	48	290	57	223	47	245	38	279	66
%	35.2	12.4	75.1	14.8	57.8	12.2	63.5	9.8	72.3	17.1

Item	7	7K	8a	8b	8c	8d	8e	8f	8g	8h
PRÄ										
Gelöst	215	110	213	11	48	9	162	73	104	8
%	54.6	27.9	54.1	2.8	12.2	2.3	41.1	18.5	26.4	2.0
POST										
Gelöst	186	129	286	182	167	171	272	253	211	158
%	48.4	33.6	74.5	47.4	43.5	44.5	70.8	65.9	54.9	41.1
FU										
Gelöst	179	128	304	112	143	112	272	222	173	109
%	46.4	33.2	78.8	29.0	37.0	29.0	70.5	57.5	44.8	28.2

Item	8i	9	10	11Glgw	11Kv	M_{ges} (SD)
PRÄ						
Gelöst	128	138	121	167	74	112.76 (80.43)
%	32.5	35.0	30.7	42.4	18.8	28.6
POST						
Gelöst	222	125	164	204	129	173.64 (70.53)
%	57.8	32.6	42.7	53.1	33.6	47.9
FU						
Gelöst	241	143	181	219	142	164.36 (81.46)
%	62.4	36.8	46.9	56.7	36.8	42.6

Anmerkungen. M_{ges} = Gesamtmittelwert; SD = Standardabweichung; PRÄ = Prä-Messzeitpunkt; POST = Post-Messzeitpunkt; FU = Follow-up-Messzeitpunkt; angegeben werden die Anzahl richtiger Bearbeitungen sowie der daraus resultierende prozentuale Anteil; die Nummerierung der Items ist dem Anhang der Arbeit zu entnehmen.

Prä-Messzeitpunkt

Betrachtet man die Lösungshäufigkeit der Items zum Prä-Messzeitpunkt, so zeigt sich ein Wertebereich von zwei Prozent für das schwierigste Item (vgl. Tabelle 13, Item 8h) bis hin zu rund 70% für das leichteste Item (Item 6). Die durchschnittliche Lösungshäufigkeit zum Prä-Messzeitpunkt beträgt 28.6% (M = 112.76, SD = 80.43). Es kann somit festgehalten werden, dass insgesamt keine Boden- sowie Deckeneffekte festzustellen sind und es folglich in den nachfolgenden Messzeitpunkten möglich ist, Veränderungen im inhaltsspezifischen Wissen zum Hebelgesetz abzubilden.

Bei näherer Betrachtung der Ergebnisse lässt sich zudem Folgendes festhalten: Das schwierigste Item gehört zu einer Itemgruppe (Item 8a bis 8i, vgl. Anhang), die das Begriffswissen der Kinder erfassen soll. Die Kinder sind bei erwähntem Item aufgefordert, an einer Abbildung den Drehpunkt zu beschriften, was nur zwei Prozent der Kinder gelingt. Ein ähnlicher Schwierigkeitsgrad ist auch bei den anderen Items, an denen der Drehpunkt beschriftet werden muss, festzustellen. Eine Ausnahme stellt die folgende Abbildung dar:

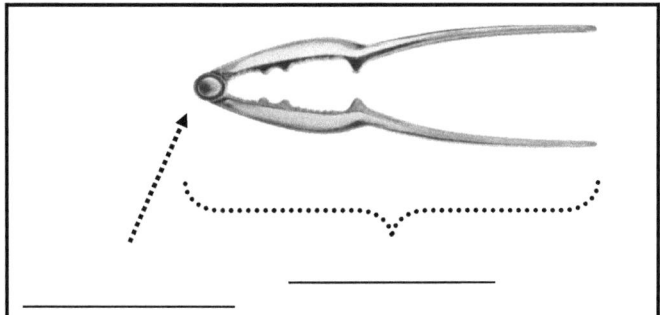

Abbildung 23: Beschriftungsitems zum Nussknacker

Hier gelingt bereits 18.5% der Kinder (vgl. Tabelle 13, Item 8 f.) schon zum Prä-Messzeitpunkt eine richtige Bearbeitung. Der Grund dafür könnte in der eingesetzten Abbildung liegen: Da beim Nussknacker die beiden Hebelarme mit einer Schraube verbunden sind, an der diese bewegt bzw. „gedreht" werden können, ist hier die richtige Beschriftung vermutlich offensichtlicher als bei den anderen Items.

Als schwierig erwiesen sich zum Prä-Messzeitpunkt außerdem Items im offenen Antwortformat. Um als richtige Bearbeitung gewertet zu werden, mussten die Kinder konzeptuell richtiges Wissen zum Hebelgesetz formulieren. Dies gelang ihnen jedoch zum Prä-Messzeitpunkt nur selten.

Das einfachste Item ist eines zur Brechstange, bei dem die Kinder auswählen müssen, mit welcher Stangenlänge es am einfachsten geht, ein Sofa anzuheben.

Post-Messzeitpunkt

Betrachtet man die Lösungshäufigkeit für den Post-Messzeitpunkt, so zeigt sich ein Wertebereich von 9.6% für das schwierigste Item (vgl. Tabelle 13,

Item 5K) bis hin zu 76.8% für das leichteste Item (Item 6) sowie eine durchschnittliche Lösungshäufigkeit von 47.9% (SD = 70.53). Im Vergleich zum Prä-Messzeitpunkt kann festgehalten werden, dass sowohl bezogen auf einzelne Items als auch die durchschnittliche Lösungshäufigkeit ein Anstieg zu verzeichnen ist. Des Weiteren kann auch für diesen Messzeitpunkt festgehalten werden, dass sich insgesamt weder Boden- noch Deckeneffekte abbilden (vgl. Tabelle 13).

Die geringste Lösungshäufigkeit besitzen mehrere Items zur Wippe, die als Summenwert (Item 5K) zusammengefasst wurden. Bezogen auf die höchste Lösungshäufigkeit zeigt sich, dass das leichteste Item dasselbe ist, welches bereits zum Prä-Messzeitpunkt am meisten gelöst werden konnte.

Auffallend bei drei Items dieses Messzeitpunkts ist, dass sich die Lösungshäufigkeit versuchsgruppenunabhängig vom Prä- auf den Post-Messzeitpunkt unerwartet verschlechtert. Betroffen hiervon sind *Multiple-Choice*-Items zur Wippe und zum Nussknacker (Item 1, Item 7 und Item 9).

Follow-up-Messzeitpunkt

Die Lösungshäufigkeit des Follow-up-Messzeitpunkts umfasst einen Wertebereich von 9.8% für das schwierigste Item (Item 5K) bis hin zu 78.8% für das leichteste Item (Item 8a) bei einer durchschnittlichen Lösungshäufigkeit von 42.6% (SD = 81.46).

Das schwierigste Item ist, wie zum Post-Messzeitpunkt auch, die Summe mehrerer Einzelitems, die zu Item 5K zusammengefasst wurden. Auch zu diesem Messzeitpunkt ist das Zusammenspiel aus notwendigem konzeptuellen Wissen und der Anforderung, alle Einzelitems richtig zu bearbeiten, vermutlich ausschlaggebend für die geringe Lösungshäufigkeit.

Das leichteste Item zum Follow-up-Messzeitpunkt ist ein Beschriftungsitem. Ähnlich wie bei Abbildung 23 müssen die Kinder aus Fachbegriffen und Distraktoren den Richtigen auswählen und entsprechend beschriften. Dabei gelingt es 78,8% den Kartoffelsack als „Last" oder als „Gewicht" zu identifizieren.

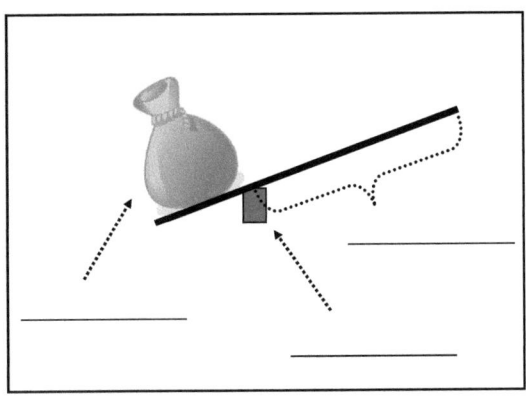

Abbildung 24: Beschriftungsitems zur Brechstange

Vergleicht man dieses Ergebnis mit den Prä- und Post-Daten, so zeigen sich auch hier vergleichsweise hohe Lösungshäufigkeiten, was darauf zurückgeführt werden kann, dass der Begriff „Gewicht" – bezogen auf das Hebelgesetz – als Fachbegriff gesehen wird, wenn Kraft und Last nicht voneinander unterschieden werden, jedoch im Wortschatz der Kinder tagtäglich Verwendung findet.

Betrachtet man die Follow-up-Daten im Vergleich zum vorausgegangenen Messzeitpunkt, kann festgehalten werden, dass bei etwa der Hälfte der Items nochmals ein Anstieg bezogen auf die richtigen Bearbeitungen erfolgt, wohingegen bei der anderen Hälfte der Items die Anzahl der richtigen Bearbeitungen abnimmt, jedoch nicht unter die Lösungshäufigkeit zum Prä-Messzeitpunkt abfällt. Dies kann zum einen als Indikator für einen längerfristigen Wissensaufbau gesehen werden, zum anderen zeigt sich hier auch die Tendenz, dass vor allem bei Items im offenen Antwortformat, die die Kinder dazu auffordern eigenständig konzeptuelles Wissen zu formulieren, sowie bei Beschriftungsitems das in der Intervention erworbene Wissen nicht dauerhaft abgerufen werden kann.

Über alle Messzeitpunkte hinweg kann festgehalten werden, dass sich das Schwierigkeitsniveau der Items – ausgenommen das der Beschriftungsitems – nicht gravierend verändert, d. h. zum Prä-Messzeitpunkt schwierige Items haben auch die niedrigste Lösungshäufigkeit zu den nachfolgenden Messzeitpunkten. Die Abweichung bezogen auf das Begriffswissen begründet sich durch Intervention und die dortige Einführung sowie Verwendung der Fachbegriffe.

12.1.2 Test auf Normalverteilung

Die insgesamt 25 Items wurden im Rahmen der Auswertung auf Normal-
verteilung geprüft. Alle Items können als normalverteilt betrachtet werden
(Rasch, Friese, Hofmann & Naumann, 2004, Kapitel 2) und erfüllen somit
die Voraussetzung für die im nachfolgenden Teil dargestellten Analysen.

12.2 Interne Strukturen des inhaltsspezifischen Wissenstests

12.2.1 Angenommene Datenstrukturen

Die Frage, welches der in Kapitel 3.3.3 dargestellten Settings (ähnlich vs.
unähnlich) erfolgreicher für das Lernen der Kinder ist, wurde in der Hauptuntersuchung mit 25 Items (vgl. Kapitel 12.1) untersucht. Um die zugrundeliegende Faktorstruktur der Items zu überprüfen, wurde der Itempool
zum Prä- sowie zum Post-Messzeitpunkt herangezogen. Auf die Prüfung
der Items zum Follow-up-Messzeitpunkt wurde dahingegen verzichtet, da
für die vorliegende Arbeit die Veränderung im Wissen direkt nach den Interventionseinheiten von zentraler Bedeutung ist und der Einfluss der Intervention hier noch am stärksten ausgeprägt. Zum Follow-up-Messzeitpunkt
könnten äußere Einflussfaktoren dagegen eine zusätzliche Rolle spielen,
welche sich auf die Bearbeitung der Items auswirken könnten.

Den Ausgangspunkt für die Analysen stellte der Post-Messzeitpunkt dar:
Für die Gruppierung von Items erschien es sinnvoller diese Messung heranzuziehen, da hier die Kinder bereits durch die Intervention die Gelegenheit
hatten, Wissen zu erwerben. In einem zweiten Schritt wurden die für den
Post-Messzeitpunkt angepassten Modelle für den Prä-Messzeitpunkt überprüft. Für die Bildung von Skalen lagen mehrere Gruppierungsannahmen
vor:

- Es erschien plausibel, dass sich über alle Items hinweg ein „Gesamtfaktor
  Hebelgesetz" bilden lässt (einfaktorielle Struktur), d.h. dass es gelingt
  mit allen Items zusammen Wissen zum Hebelgesetz abzubilden.
- Außerdem theoretisch denkbar war, dass sich die Items kognitionspsy-
  chologisch bezüglich der für die Bearbeitung notwendigen Wissensarten, prozedural oder konzeptuell (vgl. Kapitel 2), welche zentral für die
  Forschungsfrage sind, gruppieren lassen. Dies würde einer zweifaktori-
  ellen Struktur entsprechen.

- Analog zum Vorgehen in der Intervention erschien eine inhaltliche, auf den Funktionsprinzipien der Beispiele basierende Itemgruppierung als möglich, woraus sich eine dreifaktorielle Struktur (Gleichgewicht, Kraftverstärkung, Begriffswissen) bzw. eine vierfaktorielle Struktur bei differenzierter Kraftverstärkung (Gleichgewicht, Kraftverstärkung einfach, Kraftverstärkung doppelt, Begriffswissen; vgl. Abbildung 1) ergibt. Hier ist zu betonen, dass der Faktor „Begriffswissen" kein Funktionsprinzip eines Hebels im eigentlichen Sinne darstellt, jedoch wurde im Rahmen der Intervention Wert darauf gelegt, dass die Fachbegriffe von den Kindern verwendet werden, weshalb eine Überprüfung des Begriffswissens mittels des inhaltsspezifischen Leistungstests als sinnvoll erschien.

Mit dem Ziel der Dimensionalitätsreduzierung wurden die Items des inhaltsspezifischen Leistungstests mittels konfirmatorischer Faktorenanalysen zu Skalen zusammengefasst. Die einzelnen Modelle wurden miteinander verglichen um zu prüfen, ob sich die dargestellten, theoretisch plausiblen Strukturen in den Daten empirisch abbilden lassen (Schwelle et al., 2014). Dabei wurden Items mit niedriger Faktorladung sukzessive ausgeschlossen und im weiteren Analysevorgehen nicht mehr berücksichtigt, um die Struktur in den Daten besser abbilden zu können.

12.2.2 Ergebnisse der Überprüfung der Modellgüte

In nachfolgender Tabelle werden die Modellfits für die angenommenen Datenstrukturen dargestellt. Außerdem sind der Tabelle die für die Analyse verwendeten Fit-Indices mit den Cut-off-Richtwerten zu entnehmen (vgl. dazu auch Kapitel 11.1.2).

Tabelle 14: Modell-Fit-Indices der geprüften Dimensionalitätsanalysen

Fit-Indices Cut-off-Werte	Chi²	df	Chi²/df ≤ 2.00	RMSEA ≤ .05	CFI ≥ .95	TLI ≥ .95
Einfaktoriell: Gesamtfaktor Hebel						
Prä-MZP	59	27	2.19	.05	.84	.78
Post-MZP	139	27	5.15	.10	.48	.31
Zweifaktoriell: Wissensart (prozedural, konzeptuell)						
Prä-MZP	56	53	1.06	.02	.96	.96
Post-MZP	53	53	1.00	.01	1.00	1.00
Dreifaktoriell: Funktionsprinzipien (GG, KV, BW)						
Prä-MZP	358	331	1.08	.03	.96	.96
Post-MZP	431	331	1.30	.05	.90	.89
Vierfaktoriell: Funktionsprinzipien (GG, KV einfach, KV doppelt, BW)						
Prä-MZP	240	165	1.45	.03	.88	.86
Post-MZP	4751	165	28.80	.27	.00	-.24

Anmerkungen. MZP = Messzeitpunkt; GG = Gleichgewicht; KV = Kraftverstärkung; BW = Begriffswissen.

Im ersten Modell laden alle 25 Items auf einem Faktor, dem Gesamtfaktor. Die Fit-Indices liegen jedoch außerhalb des Wertebereichs der Cut-off-Richtwerte, was deutlich macht, dass diese Itemgruppierung eine schlechte Modelpassung hat. Gute Fit-Indices gemessen an den Cut-off-Richtwerten zeigen sich dagegen für das Modell, in dem die zweifaktorielle Struktur basierend auf den Wissensarten überprüft wurde. Auch das dritte Modell, in dem die Struktur bezogen auf die Funktionsprinzipien überprüft wird, weist eine gute Modellpassung auf. Geprüft wurde außerdem das vierfaktorielle Modell, in welchem bei der Kraftverstärkung unterschieden wird zwischen einfachem und doppeltem Hebel. Im Vergleich zu den empfohlenen Schwellenwerten zeigt sich für dieses Modell jedoch ein schlechter Modellfit.

Festgehalten werden kann demnach, dass die beiden theoretisch plausiblen Strukturen, der „Gesamtfaktor Hebelgesetz" sowie der Bezug auf die Funktionsprinzipien in Verbindung mit einer Ausdifferenzierung der Kraftverstärkung, die Items nicht optimal gruppieren, wohingegen sich die Strukturierung basierend auf den für die Bearbeitung der Items notwendigen Wissensarten sowie auf den Funktionsprinzipien (Kraftverstärkung nicht differenziert) als passend erwiesen hat. Die Basis für die nachfolgend beschriebenen Analysen stellen somit die zwei- sowie die dreifaktorielle

Datenstruktur dar, wobei nicht alle 25 zur Verfügung stehenden Items in die beiden Modelle eingegangen sind, um so die Modellgüte zu optimieren (vgl. Tabelle 15).

Tabelle 15:   Skalenzusammensetzung

Zweifaktorielles Modell		Dreifaktorielles Modell	
Skala	Item	Skala	Item
konzeptuell	7K; 10; 11Glgw; 11Kv	Gleichgewicht	3; 3oA; 5; 5K
prozedural	3; 4; 5	Kraftverstärkung	6; 6K; 10; 11Kv
		Begriffswissen	8a; 8e; 8g; 8i

Anmerkungen. Die Nummerierung der Items kann dem Anhang entnommen werden.

Ergänzend zur Prüfung der Modellgüte wurde die Skalenreliabilität auf manifester Ebene mittels Cronbach's α berechnet. Sie dient jedoch nur als unterstützende Orientierung zu den berichteten Modellfits, da Cronbach's α zu einer Unterschätzung der Reliabilität einer Skala führen kann (vgl. dazu Cortina, 1993; Komaroff, 1997; Raykov, 1997).

Tabelle 16:   Skalenreliabilität (Cronbach's α)

Zweifaktorielles Modell					
konzeptuell			prozedural		
Prä	Post	FU	Prä	Post	FU
.61	.67	.64	.48	.45	.41

Dreifaktorielles Modell								
Gleichgewicht			Kraftverstärkung			Begriffswissen		
Prä	Post	FU	Prä	Post	FU	Prä	Post	FU
.60	.61	.58	.71	.77	.83	.68	.83	.77

Anmerkungen. Prä = Prä-Messzeitpunkt; Post = Post-Messzeitpunkt; FU = Follow-up-Messzeitpunkt; angegeben wird Cronbach's α (akzeptable interne Konsistenz ab .7, vgl. Bühner, 2011)

Skalen, deren Werte unterhalb des bekannten Richtwerts von $\geq .70$ liegen, wurden deshalb weiterhin in den Analysen berücksichtigt, da basierend auf den Dimensionalitätsanaylsen angenommen werden kann, dass die Reliabilität größer ist als in Tabelle 16 dargestellt.

13   Veränderungen im Wissen zum Hebelgesetz

Die nachfolgenden Befunde stellen den Kern der vorliegenden Arbeit dar: Untersucht wurde, wie sich die oberflächliche (Un-)Ähnlichkeit von Beispielen auf den Auf- und Ausbau von inhaltsspezifischem Wissen zum Hebelgesetz auswirkt. Es wurde vermutet, dass Schülern der Versuchsgruppe „unähnlich" der Wissensauf- bzw. -ausbau besser gelingt als Schülern der Versuchsgruppe „ähnlich".

Analysen der Unterrichtsprotokolle (vgl. Kapitel 8.3.3) zeigen keine systematischen Unterschiede zwischen der Durchführung der Interventionseinheiten, weshalb in den nachfolgend berichteten Analysen die Manipulation der Variable „Lernsetting" als sichergestellt gilt.

Dargestellt wird in den nachfolgenden Kapiteln jeweils in einem ersten Schritt, wie bei der Modellierung der Daten vorgegangen wurde (besondere Spezifikation, Restriktionen etc.), da diesbezüglich für jedes Modell anders vorgegangen wurde. In einem zweiten Schritt folgt die Darstellung der Ergebnisse.

Auf Grundlage der zwei- sowie dreifaktoriellen Datenstruktur (vgl. Kapitel 12.2) geben die Analysen – mit Ausnahme der prozeduralen Skala (manifest analysiert) auf latenter Ebene in Form von Wachstumskurvenmodellen sowie Mittelwertvergleichen (vgl. Kapitel 11) – längsschnittlich Aufschluss über Veränderungen im Wissen der Kinder.

Vorweg genommen werden kann an dieser Stelle, dass es über alle Skalen hinweg den Kindern (unabhängig von der Gruppenzugehörigkeit) innerhalb des Untersuchungszeitraums (Prä-Follow up) gelungen ist, Wissen zum Hebelgesetz aufzubauen bzw. die anfänglich vorhandenen Wissensstrukturen auszubauen. Ersichtlich ist dies an den von null signifikanten Unterschieden im Wissenszuwachs (vgl. Tabelle 17). Einzige Ausnahme stellt in diesem Zusammenhang die Kontrollgruppe dar bezogen auf die Skala „Gleichgewicht" und die Skala „Kraftverstärkung" (vgl. Tabelle 17).

Tabelle 17: Unterschiede im Wissenszuwachs über alle Messzeitpunkte hinweg

	konzeptuell	prozedural	Gleich-gewicht	Kraft-verstärkung	Begriffs-wissen
KG	.02*	.04*	.00	.20	.35*
VG1	.04*	.11*	.28*	.55*	.94*
VG2	.06*	.16*	.55*	.75*	1.10*

Anmerkungen. * p ≤ .05 (einseitig getestet), angegeben werden die gruppenspezifischen slopes; bei allen Modellen besteht ein guter Modellfit; die Cut-off-Werte (vgl. Kapitel 11.1.2) werden eingehalten;
KG = Kontrollgruppe; VG1 = Versuchsgruppe „ähnlich"; VG2 = Versuchsgruppe „unähnlich"

Um die Unterschiede im Wissenszuwachs differenzierter zu analysieren, orientiert sich die Darstellung der Ergebnisse in den nachfolgenden Kapiteln an den geprüften Datenstrukturen, d. h. es werden Veränderungen sowohl bezogen auf die Wissensarten als auch bezogen auf die Funktionsprinzipien berichtet.

Beim Lesen und Interpretieren der Ergebnisse gilt zu berücksichtigen, dass bei den LGC-Modellen sowie den LM-Analysen ausschließlich die Rohwerte und nicht die standardisierten Werte angegeben sind, um eine Verzerrung in der Beurteilung zu vermeiden (Empfehlung von Seltzer et al., 1994).

13.1 Veränderungen im prozeduralen und konzeptuellen Wissen

13.1.1 Über alle Messzeitpunkte hinweg

Den nachfolgenden Tabellen sind die Veränderungen hinsichtlich des konzeptuellen und prozeduralen Wissens der Kinder zu entnehmen.

Für die *Skala zum konzeptuellen Wissen* wurde ein latentes Wachstumskurvenmodell (Bollen & Curran, 2006; Meredith & Tisak, 1990) in Mplus (Muthén et al., 1998–2010) angepasst. Wie bereits an anderer Stelle berichtet, wurde für alle Analysen die in den Daten beinhaltete Klassen- sowie Versuchsgruppenstruktur berücksichtigt. Des Weiteren wurden Modellanpassungen vorgenommen, um einerseits das Wachstumsmodell zu spezifizieren sowie andererseits den noch nicht ausreichenden Modellfit zu optimieren. Zu den Spezifikationsmaßnahmen zählt das Gleichsetzen der Ladungen derselben Items über die Zeitpunkte (Messinvarianz) sowie das Gleichsetzen der Intercepts derselben Items über die Zeitpunkte (Mittelwertstruktur über die Zeit). Für die Modellierung des Wachstumsmodells wurde außerdem die Ladung des dritten Messzeitpunkts frei geschätzt, um die Form des Verlaufs über die Zeit flexibel erfassen zu können. Der Verlauf zwischen dem ersten und zweiten Messzeitpunkt in Form einer Zunahme ist durch diese Spezifikation festgelegt. Analog dazu wurde auch in den gruppenspezifischen Parametern der beiden Versuchsgruppen verfahren, um voneinander abweichende Verlaufsformen über die Zeit zuzulassen. Des Weiteren wurde für das Gesamtmodell post hoc die Residualvarianz des ersten Messzeitpunkts auf null fixiert, da diese ohne die Restriktion negativ war. Zur Verbesserung der Modellpassung wurden die Residualkorrelationen zwischen denselben Items freigesetzt.

Für die *Skala zum prozeduralen Wissen* wurde ebenfalls ein Modell spezifiziert, um Veränderungen im Wissen der Kinder erfassen zu können. Auf Grund der niedrigen Skalenreliabilität konnte jedoch kein LGC-Modell angepasst werden. Als Konsequenz daraus wurde ein manifestes Wachstumsmodell spezifiziert, welches in Form von Testwerten (Summenwerte der in die Skala eingegangenen Items) zu den drei Messzeitpunkten Auskunft über den Lernzuwachs der Kinder gibt. Auch hier wurden für die Erfassung der Verlaufsform des Wissens über die Zeit die Ladung des dritten Messzeitpunkts frei geschätzt sowie post hoc die Residualvarianz des ersten Messzeitpunkts auf null fixiert.

Tabelle 18: Modell-Fit-Indices für die LGC-Modelle zum konzeptuellen und prozeduralen Wissen

Cut-off-Werte	Chi^2	df	Chi^2/df ≤ 2.00	RMSEA $\leq .05$	CFI $\geq .95$	TLI $\geq .95$
konzeptuell	218	168	1.30	.05	.96	.95
prozedural	2	3	.66	.00	1.00	1.00

Anmerkungen. Bei allen Modellen besteht ein guter Modellfit; die Cut-off-Werte (vgl. auch Kapitel 11.1.2) werden eingehalten.

Bei einem Vergleich jeweils einer Versuchsgruppe mit der Kontrollgruppe zeigen sich hypothesenkonform, ersichtlich an der Größe der Steigungsparameter (slopes), Hinweise darauf, dass es der Versuchsgruppe „unähnlich" besser gelungen ist, sowohl konzeptuelles als auch prozedurales Wissen zum Hebelgesetz aufzubauen (vgl. Tabelle 19). Die Steigungsparameter .11 und .04 der Versuchsgruppe „unähnlich" weisen zudem bezogen auf beide Wissensarten einen signifikanten Unterschied zur Kontrollgruppe nach.

Tabelle 19: Vergleich des Wissenszuwachses zwischen den Versuchsgruppen und der Kontrollgruppe (bezogen auf die für die Bearbeitung notwendige Wissensart)

	konzeptuell		prozedural	
	VG1 – KG	VG2 – KG	VG1 – KG	VG2 – KG
Prä-Post-FU	.02	.04*	.07*	.11*

Anmerkungen. * p ≤ .05 (einseitig getestet), angegeben werden die Differenzen der slopes (Versuchsgruppe – Kontrollgruppe);
bei allen Modellen besteht ein guter Modellfit; die Cut-off-Werte (vgl. auch Kapitel 11.1.2) werden eingehalten;
KG = Kontrollgruppe; VG1 = Versuchsgruppe „ähnlich"; VG2 = Versuchsgruppe „unähnlich";
Prä = Prä-Messzeitpunkt; Post = Post-Messzeitpunkt; FU = Follow-up-Messzeitpunkt.

Auch in einem direkten Vergleich der beiden Versuchsgruppen zeigt sich der größere Wissenszuwachs der Versuchsgruppe „unähnlich" hinsichtlich des konzeptuellen und prozeduralen Wissens. Ersichtlich wird dies anhand der Differenz, die aus den beiden slopes berechnet wird (slopeVG2 – slopeVG1). Ein signifikanter Unterschied liegt hinsichtlich des prozeduralen Wissens vor (vgl. Tabelle 20).

Tabelle 20: Vergleich des Wissenszuwachses zwischen den Versuchsgruppen (bezogen auf die für die Bearbeitung notwendige Wissensart)

	Prä-Post-FU
prozedural	.05*
konzeptuell	.02

Anmerkungen. * p ≤ .05 (einseitig getestet), angegeben werden die Differenzen der slopes (VG „unähnlich – VG „ähnlich");
bei allen Modellen besteht ein guter Modellfit; die Cut-off-Werte (vgl. Kapitel 11.1.2) werden eingehalten;
Prä = Prä-Messzeitpunkt; Post = Post-Messzeitpunkt; FU = Follow-up-Messzeitpunkt.

13.1.2 Veränderungen zwischen zwei ausgewählten Messzeitpunkten

13.1.2.1 Konzeptuelles Wissen

Für die Skala zum konzeptuellen Wissen wurde ein *latent means analysis-*Modell (LMA-Modell) angepasst, wobei hinsichtlich der Spezifikation dieses Modells ähnlich vorgegangen wurde wie bei den LCG-Modellen zu den Wissensarten (vgl. Kapitel 13.1.1): Sowohl die Ladungen als auch die Intercepts derselben Items wurden über die Zeitpunkte gleichgesetzt

(Messinvarianz bzw. Mittelwertstruktur über die Zeit). Zur Optimierung der Modellpassung wurden außerdem die Residualkorrelationen zwischen denselben Items freigesetzt, hinsichtlich der gruppenspezifischen Parameter die Mittelwerte für den Post- und Follow-up-Messzeitpunkt.

Das so angepasste Modell verfügt über gute Fit-Indices (vgl. Tabelle 21; für die Cut-off-Richtwerte vgl. Kapitel 11.1.2).

Tabelle 21:   Modell-Fit-Indices für latenten Mittelwertvergleich (konzeptuell)

Cut-off-Werte	Chi²	df	Chi²/df	RMSEA	CFI	TLI
			≤ 2.00	≤ .05	≥ .95	≥ .95
	215	165	1.30	.05	.96	.95

Anmerkungen. Bei allen Modellen besteht ein guter Modellfit; die Cut-off-Werte (vgl. auch Kapitel 11.1.2) werden eingehalten

Für die einzelnen Gruppen ergeben sich nachfolgend dargestellte Verlaufskurven (vgl. Abbildung 25), welche die Entwicklung hinsichtlich des konzeptuellen Wissens darstellen (vgl. hierzu auch Lohrmann, Hartinger, Schwelle & Hartig, 2014).

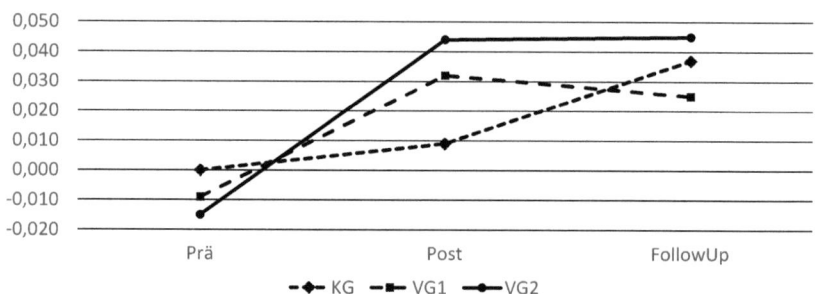

Abbildung 25: Latente Mittelwertunterschiede (konzeptuell)

Bestätigt werden können die bereits berichteten Befunde des latenten Wachstumskurvenmodells (vgl. Kapitel 13.1.1): Das unähnliche Setting wirkt sich am meisten förderlich auf den Lernzuwachs über die drei Messzeitpunkte aus. Auffallend ist zudem der signifikante Anstieg des Wissens um .03 zwischen dem Post- und Follow-up-Messzeitpunkt innerhalb der Kontrollgruppe (vgl. Abbildung 25 sowie Tabelle 23).

Ein signifikanter Unterschied zwischen den Gruppen zu einem Messzeitpunkt lässt sich nur zum Post-Messzeitpunkt zwischen der Versuchsgruppe „unähnlich" und der Kontrollgruppe feststellen (vgl. Tabelle 22), was auch graphisch aus Abbildung 25 zu entnehmen ist.

Tabelle 22:   Latente Mittelwertunterschiede zu einem Messzeitpunkt (konzeptuell)

	Prä	**Post**	**FU**
VG2-VG1	-.01	.01	.02
VG2-KG	-.02	.04*	.01
VG1-KG	-.01	.02	-.01

Anmerkungen. * p ≤ .05 (einseitig getestet), angegeben werden latente Mittelwertunterschiede; bei allen Modellen besteht ein guter Modellfit; die Cut-off-Werte (vgl. Kapitel 11.1.2) werden eingehalten;
KG = Kontrollgruppe; VG1 = Versuchsgruppe „ähnlich"; VG2 = Versuchsgruppe „unähnlich"; Prä = Prä-Messzeitpunkt; Post = Post-Messzeitpunkt; FU = Follow-up-Messzeitpunkt.

Ergiebiger sind die Befunde, die aus Analysen berichtet werden können, die den Lernzuwachs zwischen zwei ausgewählten Messzeitpunkten in den Blick nehmen (vgl. Tabelle 23).

Tabelle 23:   Latente Mittelwertunterschiede zwischen zwei ausgewählten Messzeitpunkten (konzeptuell)

	Prä-Post	**Post-FU**	**Prä-FU**
Lernzuwachs innerhalb einer Gruppe			
KG	.01	.03*	.04*
VG1	.04*	-.01	.03*
VG2	.06*	.00	.06*
Gruppenunterschiede im Lernzuwachs (zwischen zwei MZPs)			
VG2-VG1	.02	.01	.03
VG2-KG	.05*	-.03*	.02
VG1-KG	.03	-.04*	.00

Anmerkungen. * p ≤ .05 (einseitig getestet), angegeben werden latente Mittelwertunterschiede (gruppenspezifisch: MZP2 – MZP1; Gruppenunterschiede: Lernzuwachs zwischen den beiden MZPs der ersten Gruppe – Lernzuwachs zwischen den beiden MZPs der zweiten Gruppe); bei allen Modellen besteht ein guter Modellfit; die Cut-off-Werte (vgl. Kapitel 11.1.2) werden eingehalten;
KG = Kontrollgruppe; VG1 = Versuchsgruppe „ähnlich"; VG2 = Versuchsgruppe „unähnlich"; Prä = Prä-Messzeitpunkt; Post = Post-Messzeitpunkt; FU = Follow-up-Messzeitpunkt.

Innerhalb der Versuchsgruppen kann die Phase zwischen dem Prä- und Post-Messzeitpunkt als diejenige ausgemacht werden, in welcher der deutlichste

Lernzuwachs bezogen auf das konzeptuelle Wissen stattfindet (vgl. Tabelle 23: .04 und .06). Den Kindern der Versuchsgruppe „unähnlich" gelingt es darüber hinaus das erworbene Wissen auf dem Post-Messzeitpunktlevel zu halten, wohingegen das Niveau des konzeptuellen Wissens in der Versuchsgruppe „ähnlich" zum Follow-up-Messzeitpunkt zurückgeht.

Zieht man *Gruppenunterschiede im Wissenszuwachs* heran, welche aus der Differenz des Lernzuwachses zweier Gruppen zwischen zwei Messzeitpunkten berechnet werden, zeigt sich kein signifikanter Unterschied zwischen den Versuchsgruppen. Das unähnliche Setting trägt somit zu einem größeren Lernzuwachs hinsichtlich des konzeptuellen Wissens bei, was aus den positiven Werten der slope-Differenzen hervorgeht, die Versuchsgruppe „ähnlich" lernt jedoch nicht signifikant weniger dazu (vgl. Tabelle 23: .02, .01, .03).

Hervorzuheben sind an dieser Stelle die Unterschiede im Wissenszuwachs zwischen den Versuchsgruppen und der Kontrollgruppe: Der bereits erwähnte Anstieg des konzeptuellen Wissens in der Kontrollgruppe zwischen dem Post- und Follow-up-Messzeitpunkt führt dazu, dass ein signifikanter Unterschied im Vergleich zu den Versuchsgruppen entsteht (vgl. Tabelle 23: .03 und .04).

13.1.2.2 Prozedurales Wissen

Für die Skala zum prozeduralen Wissen wurde ein Modell angepasst, in welchem die Ladungen derselben Items über die MZPs gleichgesetzt wurden sowie die Residualkorrelationen der Items 3 und 4 auf Grund einer anfänglich schlechten Modellpassung freigesetzt wurden. Des Weiteren wurden die Intercepts derselben Variablen über die Messzeitpunkte gleich- sowie die Mittelwerte des Post- und Follow-up-Messzeitpunkts freigesetzt. Bedingt durch die bereits berichtete Problematik der niedrigen internen Konsistenz wurde in der Versuchsgruppe „ähnlich" mittels Restriktionen die zulässige Größe der auftretenden Korrelationen auf < 1 festgesetzt. Dadurch ergibt sich, gemessen an den Cut-off-Richtwerten, eine gute Modellpassung (vgl. Tabelle 24).

Tabelle 24: Modell-Fit-Indices für latenten Mittelwertvergleich (prozedural)

Cut-off-Werte	Chi²	df	Chi²/df ≤ 2.00	RMSEA ≤ .05	CFI ≥ .95	TLI ≥ .95
	89	68	1.31	.05	.97	.96

Anmerkungen. Bei allen Modellen besteht ein guter Modellfit; die Cut-off-Werte (vgl. auch Kapitel 11.1.2) werden eingehalten.

Dargestellt sind nachfolgend sowohl die gruppenspezifischen Verlaufskurven hinsichtlich des prozeduralen Wissens (vgl. Abbildung 26) sowie die latenten Mittelwertunterschiede zu einem Messzeitpunkt bzw. zwischen zwei ausgewählten Messzeitpunkten.

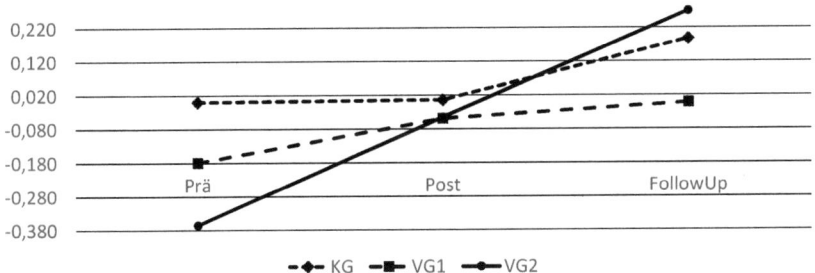

Abbildung 26: Latente Mittelwertunterschiede (prozedural)

Hinsichtlich der Befunde zu einem Messzeitpunkt zeigen sich keine signifikanten Unterschiede zwischen den Versuchsgruppen und der Kontrollgruppe (vgl. Tabelle 25).

Tabelle 25: Latente Mittelwertunterschiede zu einem Messzeitpunkt (prozedural)

	Prä	Post	FU
VG2-VG1	-.19	.00	.27
VG2-KG	-.37	-.05	.08
VG1-KG	-.18	-.06	-.19

Anmerkungen. * p ≤ .05 (einseitig getestet), angegeben werden latente Mittelwertunterschiede; bei allen Modellen besteht ein guter Modellfit; die Cut-off-Werte (vgl. Kapitel 11.1.2) werden eingehalten;
KG = Kontrollgruppe; VG1 = Versuchsgruppe „ähnlich"; VG2 = Versuchsgruppe „unähnlich";
Prä = Prä-Messzeitpunkt; Post = Post-Messzeitpunkt; FU = Follow-up-Messzeitpunkt.

Auch in den Analysen, die Unterschiede im Lernzuwachs erfassen sollen, zeigen sich mit Ausnahme der Kontrollgruppe zwischen dem Prä- bzw. Post-Messzeitpunkt und dem Follow-up-Messzeitpunkt keine signifikanten Veränderungen (vgl. Tabelle 26).

Tabelle 26: Latente Mittelwertunterschiede zwischen zwei Messzeitpunkten (prozedural)

	Prä-Post	Post-FU	Prä-FU
Lernzuwachs innerhalb einer Gruppe			
KG	.01	.18*	.19*
VG1	.13	.05	.18
VG2	.32	.32	.64
Gruppenunterschiede im Lernzuwachs (zwischen zwei MZPs)			
VG2-VG1	.19	.27	.46
VG2-KG	.31	.13	.45
VG1-KG	.12	-.13	-.01

Anmerkungen. * $p \leq .05$ (einseitig getestet), angegeben werden latente Mittelwertunterschiede (gruppenspezifisch: MZP2 – MZP1; Gruppenunterschiede: Lernzuwachs zwischen den beiden MZPs der ersten Gruppe – Lernzuwachs zwischen den beiden MZPs der zweiten Gruppe); bei allen Modellen besteht ein guter Modellfit; die Cut-off-Werte (vgl. Kapitel 11.1.2) werden eingehalten;
KG = Kontrollgruppe; VG1 = Versuchsgruppe „ähnlich"; VG2 = Versuchsgruppe „unähnlich"; Prä = Prä-Messzeitpunkt; Post = Post-Messzeitpunkt; FU = Follow-up-Messzeitpunkt.

Diese Befunde stehen jedoch im Widerspruch zu den Befunden des Wachstumskurvenmodells auf manifester Ebene: Die bei manifesten Analysen vorliegenden signifikanten Unterschiede gehen nicht aus den latenten Mittelwertvergleichen hervor.

Als Ursache wurde die bereits berichtete schlechte interne Konsistenz der prozeduralen Skala identifiziert. Während diese Schwäche bei manifesten Analysen nicht ins Gewicht fällt, da hier mit Testwerten (Summenwerten) gerechnet wird, schlägt bei Analysen auf latenter Ebene die Schwäche des prozeduralen Faktors durch, sodass manifest vorhandene signifikante Unterschiede latent nicht als solche erscheinen. Aus diesem Grund werden die Analysen der latenten Mittelwerte für die vorliegende Arbeit nicht weiter berücksichtigt und die der manifesten Analysen für die weitere Ergebnisdarstellung nur bedingt berücksichtigt.

13.2 Veränderungen im Wissen zu den Funktionsprinzipien

13.2.1 Über alle Messzeitpunkte hinweg

Nachfolgend werden die Veränderungen hinsichtlich des Wissens zu den Funktionsprinzipien berichtet.

Für die Skala „Gleichgewicht" wurde ein Modell angepasst, welches große Parallelen zu dem bereits in Kapitel 13.1.2 dargestellten (Skala „konzeptuell") vorweist: Fixiert wurden die Ladungen derselben Items über die Zeit sowie die Residualkorrelationen auf Grund eines schlechten Modellfits. Im Wachstumsmodell wurde, analog zum Vorgehen hinsichtlich anderer Skalen, der dritte Messzeitpunkt freigesetzt. Post hoc wurde zudem die Residualvarianz für den Prä-Messzeitpunkt auf null fixiert. Für die Gruppen wurde die Ladung des Follow-up-Messzeitpunkts freigesetzt, um auch hier eine gruppenspezifische Form des Verlaufs über die Zeit zuzulassen.

Das Modell für die Skala „Kraftverstärkung" beinhaltet die Gleichsetzung der Ladungen derselben Items über die Messzeitpunkte sowie die Standardspezifikation im Wachstumsmodell, die Freisetzung der Ladung des Follow-up-Messzeitpunkts. Dies wurde auch für die Gruppen zugelassen, um auch hier die Verlaufsform über die Zeit offen zu halten. Analog zu bereits dargestellten Modellanpassungen wurde zudem für die Skala „Kraftverstärkung" die Residualvarianz des Prä-Messzeitpunkts auf null fixiert.

Für die Skala „Begriffswissen" wurde ein Modell spezifiziert, welches identisch zu dem Modell ist, welches für die Skala „Kraftverstärkung" angepasst wurde.

Tabelle 27: Modell-Fit-Indices für die LGC-Modelle (Wissen zu Funktionsprinzipien)

Cut-off-Werte	Chi²	df	Chi²/df ≤ 2.00	RMSEA ≤ .05	CFI ≥ .95	TLI ≥ .95
Gleichgewicht	208	146	1.42	.06	.92	.86
Kraftverstärkung	209	190	1.10	.03	.97	.97
Begriffswissen	177	154	1.15	.03	.99	.98

Anmerkungen. Bei allen Modellen besteht ein guter Modellfit; die Cut-off-Werte (vgl. Kapitel 11.1.2) werden eingehalten.

Analog zu den Befunden hinsichtlich der Wissensarten kann berichtet werden, dass auch bezogen auf die Funktionsprinzipien die Versuchsgruppe „unähnlich" hypothesenkonform mehr Wissen aufbauen konnte als die Versuchsgruppe „ähnlich". Dies geht aus der Größe der Steigungsparameter hervor, die bei einem Vergleich jeweils einer Versuchsgruppe mit der Kontrollgruppe zustande kommen und durchgängig signifikant sind (vgl. Tabelle 28).

Tabelle 28:   Vergleich des Wissenszuwachses zwischen den Versuchsgruppen und der Kontrollgruppe (Wissen zu den Funktionsprinzipien)

	Gleichgewicht		Kraftverstärkung		Begriffswissen	
	VG1 – KG	VG2 – KG	VG1 – KG	VG2 – KG	VG1 – KG	VG2 – KG
Prä-Post-FU	.28*	.55*	.35*	.54*	.58	.75*

Anmerkungen. * $p \leq .05$ (einseitig getestet), angegeben werden die Differenzen der slopes (Versuchsgruppe – Kontrollgruppe);
bei allen Modellen besteht ein guter Modellfit; die Cut-off-Werte (vgl. auch Kapitel 11.1.2) werden eingehalten;
KG = Kontrollgruppe; VG1 = Versuchsgruppe „ähnlich"; VG2 = Versuchsgruppe „unähnlich";
Prä = Prä-Messzeitpunkt; Post = Post-Messzeitpunkt; FU = Follow-up-Messzeitpunkt.

Identisch mit den Befunden zu den Wissensarten sind außerdem die Ergebnisse, die bezogen auf die dreifaktorielle Struktur durch den direkten Vergleich der beiden Versuchsgruppen zustande kommen: Auch hier zeigt sich der größere Wissenszuwachs der Versuchsgruppe „unähnlich". Ein signifikanter Unterschied zugunsten der Versuchsgruppe „unähnlich" liegt hinsichtlich des Wissens zum Funktionsprinzip „Gleichgewicht" vor (vgl. Tabelle 29).

Tabelle 29:   Vergleich des Wissenszuwachses zwischen den Versuchsgruppen (Funktionsprinzipien)

	Gleichgewicht	Kraftverstärkung	Begriffswissen
Prä-Post-FU	.27*	.19	.16

Anmerkungen. * $p \leq .05$ (einseitig getestet), angegeben werden die Differenzen der slopes (VG „unähnlich – VG „ähnlich");
bei allen Modellen besteht ein guter Modellfit; die Cut-off-Werte (vgl. auch Kapitel 11.1.2) werden eingehalten;
Prä = Prä-Messzeitpunkt; Post = Post-Messzeitpunkt; FU = Follow-up-Messzeitpunkt.

13.2.2 Veränderungen zwischen zwei ausgewählten Messzeitpunkten

13.2.2.1 Funktionsprinzip „Gleichgewicht"

Zusätzlich zu den bereits an anderer Stelle erläuterten Modellspezifikationen (Gleichsetzung der Ladungen derselben Items über die Messzeitpunkte, Freisetzen der Residualkorrelationen zwischen denselben Items, Gleichsetzen der Intercepts derselben Items über die Zeitpunkte, bezogen auf gruppenspezifische Parameter Freisetzen der Mittelwerte Post- und Follow-up-Messzeitpunkt) wurden keine zusätzlichen Anpassungen am Modell vorgenommen. Das so angepasste Modell weist, gemessen an den Cut-off-Richtwerten (vgl. Kapitel 11.1.2), einen guten Modellfit auf.

Tabelle 30:   Modell-Fit-Indices für latenten Mittelwertvergleich (Gleichgewicht)

Cut-off-Werte	Chi²	df	Chi²/df ≤ 2.00	RMSEA ≤ .05	CFI ≥ .95	TLI ≥ .95
	186	147	1.27	.05	.95	.94

Anmerkungen. Bei allen Modellen besteht ein guter Modellfit; die Cut-off-Werte (vgl. auch Kapite 11.1.2) werden eingehalten.

Für die einzelnen Gruppen ergeben sich nachfolgend dargestellte Verlaufskurven (vgl. Abbildung 27), welche die Veränderungen im Wissen zum Funktionsprinzip „Gleichgewicht" darstellen.

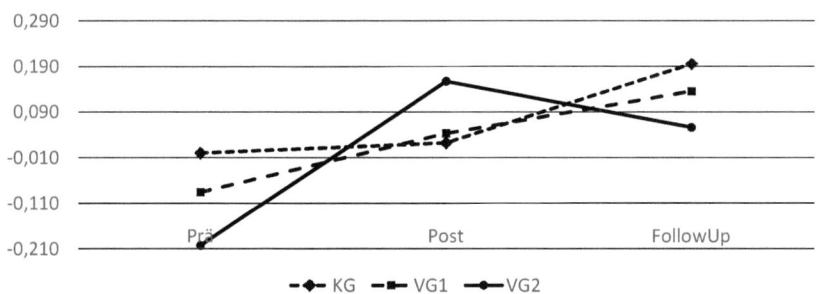

Abbildung 27: Latente Mittelwertunterschiede (Gleichgewicht)

Aus Abbildung 27 zu entnehmen sind die bereits berichteten Befunde des latenten Wachstumskurvenmodells (vgl. Kapitel 13.2.1): Das unähnliche Setting wirkt sich auch in Bezug auf Wissen zum Funktionsprinzip „Gleich-

gewicht" am meisten förderlich auf den Lernzuwachs über die drei Messzeitpunkte aus.

Deutlich wird an dieser Stelle jedoch, dass der Aspekt des Wachstums
und der des tatsächlich vorliegenden Wissens unterschieden werden muss:
Wie an den Verlaufskurven deutlich wird, gelingt es den Kindern, die mit
dem unähnlichen Setting gearbeitet haben, besser Wissen aufzubauen – also
ein größerer Lernzuwachs – als Kindern, die mit dem ähnlichen Setting
gearbeitet haben. Der kontinuierliche Anstieg im Wissen verbunden mit
einem höheren Startlevel führt in der Versuchsgruppe „ähnlich" dazu, dass
diese im Vergleich zur Versuchsgruppe „unähnlich" auf einem höheren Niveau zum Follow-up-Messzeitpunkt liegt.

Zu erwähnen ist außerdem, dass – ähnlich wie in der Skala zum konzeptuellen Wissen – ein deutlicher Anstieg zwischen dem Post- und Follow-up-
Messzeitpunkt in der Kontrollgruppe zu verzeichnen ist (vgl. Abbildung 27
und Tabelle 32).

Tabelle 31:   Latente Mittelwertunterschiede zu einem Messzeitpunkt
(Gleichgewicht)

	Prä	Post	FU
VG2-VG1	-.12	.11	-.08
VG2-KG	-.20*	.14*	-.14
VG1-KG	-.09	.02	-.06

Anmerkungen. * p $\leq$ .05 (einseitig getestet), angegeben werden latente Mittelwertunterschiede;
bei allen Modellen besteht ein guter Modellfit; die Cut-off-Werte (vgl. Kapitel 11.1.2) werden
eingehalten;
KG = Kontrollgruppe; VG1 = Versuchsgruppe „ähnlich"; VG2 = Versuchsgruppe „unähnlich";
Prä = Prä-Messzeitpunkt; Post = Post-Messzeitpunkt; FU = Follow-up-Messzeitpunkt.

Die in den Verlaufskurven deutlich zu erkennenden Mittelwertunterschiede
zum Prä- und Post-Messzeitpunkt zwischen der Versuchsgruppe „unähnlich" und der Kontrollgruppe sind auch Tabelle 31 zu entnehmen und mit
p $\leq$ .05 signifikant.

Die Differenz zum Prä-Messzeitpunkt kam durch die in Kapitel 10.2
beschriebene Versuchsgruppenzuteilung zustande, in welcher die einzelnen Klassen anhand der Mittelwerte bezogen auf die Anzahl an richtigen
Itembearbeitungen des gesamten Testhefts zugeteilt wurden. Der berichtete
signifikante Unterschied ergibt sich durch die Teilmenge an Items, die für
die Skala „Gleichgewicht" herangezogen wird und kann als unproblema-

tisch eingeschätzt werden, da der Wissensvorsprung zugunsten der Kontrollgruppe ausfällt.

Tabelle 32: Latente Mittelwertunterschiede zwischen zwei ausgewählten Messzeitpunkten (Gleichgewicht)

	Prä-Post	Post-FU	Prä-FU
Gruppenspezifisch			
KG	.02	.17*	.20*
VG1	.13*	.09	.22*
VG2	.36*	-.10*	.26*
Gruppenunterschiede im Lernzuwachs (zwischen zwei MZPs)			
VG2-VG1	.23*	-.19*	.04
VG2-KG	.34*	-.27*	.06
VG1-KG	.11	-.08	.03

Anmerkungen. * $p \leq .05$ (einseitig getestet), angegeben werden latente Mittelwertunterschiede (gruppenspezifisch: MZP2 – MZP1; Gruppenunterschiede: Lernzuwachs zwischen den beiden MZPs der ersten Gruppe – Lernzuwachs zwischen den beiden MZPs der zweiten Gruppe); bei allen Modellen besteht ein guter Modellfit; die Cut-off-Werte (vgl. Kapitel 11.1.2) werden eingehalten;
KG = Kontrollgruppe; VG1 = Versuchsgruppe „ähnlich"; VG2 = Versuchsgruppe „unähnlich"; Prä = Prä-Messzeitpunkt; Post = Post-Messzeitpunkt; FU = Follow-up-Messzeitpunkt.

Die differenziertere *gruppenspezifische Analyse* des Lernzuwachses liefert die Kennwerte zu den in Abbildung 27 dargestellten Verlaufskurven. Nennenswert sind hierbei der signifikante Anstieg zwischen Post- und Follow-up-Messzeitpunkt in der Kontrollgruppe sowie die signifikante Zunahme (.36) sowie Abnahme (-.10) in der Versuchsgruppe „unähnlich" (vgl. Tabelle 32).

Die für die vorliegende Arbeit besonders relevanten *Gruppenunterschiede* im Lernzuwachs zeigen einen hypothesenkonformen signifikanten Unterschied des unähnlichen Lernsettings gegenüber des ähnlichen Settings und der Kontrollgruppe (.23 bzw. .34). Die bereits erwähnte deutliche Steigerung der Kontrollgruppe vom Post- zum Follow-up-Messzeitpunkt, die auch in der Versuchsgruppe „ähnlich" erkennbar ist, führt zu einem für die Versuchsgruppe „unähnlich" signifikant negativen Unterschied im beschriebenen Zeitfenster. Trotz dieses Einzelbefundes kann das unähnliche Lernsetting auch bezüglich des Wissenszuwachses im Bereich Funktionsprinzip „Gleichgewicht" als das förderlichste ausgemacht werden.

13.2.2.2 Funktionsprinzip „Kraftverstärkung"

Für die Skala „Kraftverstärkung" wurde ein Modell angepasst, in das zusätzlich zu den Spezifikationen, die beispielsweise von der Skala „Gleichgewicht" bekannt sind (Ladungen, Residualkorrelationen, Intercepts, gruppenspezifische Mittelwerte zum Post- und Follow-up-Messzeitpunkt), die Restriktion eingebaut wurde, dass für die Versuchsgruppe „ähnlich" keine Korrelationen > 1 zugelassen werden (vgl. dazu auch Kapitel 13.1.2.2). Das so angepasste Modell verfügt über sehr gute Fit-Indices (vgl. Tabelle 33).

Tabelle 33:   Modell-Fit-Indices für latenten Mittelwertvergleich (Kraftverstärkung)

Cut-off-Werte	Chi²	df	Chi²/df ≤ 2.00	RMSEA ≤ .05	CFI ≥ .95	TLI ≥ .95
	165	159	1.04	.02	.99	.99

Anmerkungen. Bei allen Modellen besteht ein guter Modellfit; die Cut-off-Werte (vgl. auch Kapite 11.1.2) werden eingehalten.

Aus den in Abbildung 28 dargestellten Verlaufskurven ist ersichtlich, dass es der Kontrollgruppe kaum gelingt, Wissen bezogen auf das Funktionsprinzip Kraftverstärkung aufzubauen. Der Anstieg zwischen dem Post- und Follow-up-Messzeitpunkt ist jedoch mit .15 signifikant (vgl. Tabelle 35). Des Weiteren kann wie für die bereits berichteten Skalen festgehalten werden, dass auch hier in den Versuchsgruppen ein deutlicher Wissenszuwachs zwischen dem Prä- und Post-Messzeitpunkt stattfindet, der für die Versuchsgruppe „unähnlich" mit .34 und für die Versuchsgruppe „ähnlich" mit .24 im Vergleich zur Kontrollgruppe signifikant ist (vgl. Tabelle 34).

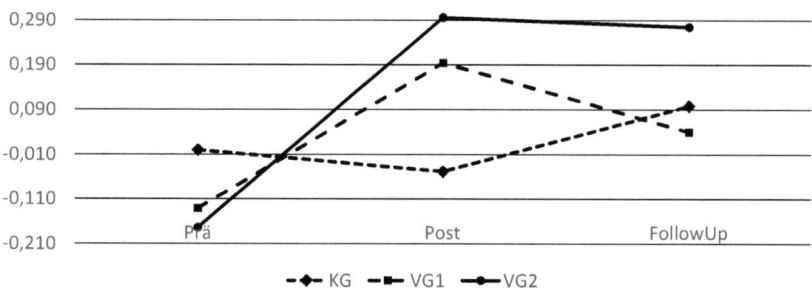

Abbildung 28: Latente Mittelwertunterschiede (Kraftverstärkung)

Belegt werden kann hypothesenkonform die Effektivität des unähnlichen Lernsettings, da zum Follow-up-Messzeitpunkt ein signifikanter Unterschied zwischen der Versuchsgruppe „unähnlich" und der Versuchsgruppe „ähnlich" (.23) bzw. der Kontrollgruppe (.18) besteht. Zurückgeführt werden kann dieser Befund auf das annähernd konstante Wissensniveau zwischen Post- und Follow-up-Messzeitpunkt in der Versuchsgruppe „unähnlich" sowie die Wissensabnahme der Versuchsgruppe „ähnlich" und das über alle Messzeitpunkte hinweg niedrige Niveau der Kontrollgruppe. Es gelingt somit durch das Arbeiten mit unähnlichen Beispielen besser, längerfristig auf das aufgebaute Wissen zum Funktionsprinzip „Kraftverstärkung" zuzugreifen (vgl. Tabelle 34 sowie Abbildung 28).

Tabelle 34:   Latente Mittelwertunterschiede zu einem Messzeitpunkt (Kraftverstärkung)

	Prä	Post	FU
VG2-VG1	-.04	.10	.23*
VG2-KG	-.17	.34*	.18*
VG1-KG	-.13	.24*	.06

Anmerkungen. * p ≤ .05 (einseitig getestet), angegeben werden latente Mittelwertunterschiede; bei allen Modellen besteht ein guter Modellfit; die Cut-off-Werte (vgl. Kapitel 11.1.2) werden eingehalten;
KG = Kontrollgruppe; VG1 = Versuchsgruppe „ähnlich"; VG2 = Versuchsgruppe „unähnlich"; Prä = Prä-Messzeitpunkt; Post = Post-Messzeitpunkt; FU = Follow-up-Messzeitpunkt.

Gruppenspezifische Analysen zeigen signifikante Veränderungen in beiden Versuchsgruppen. Die Größe der Mittelwertunterschiede lassen jedoch den Schluss zu, dass es sich bei dem unähnlichen Setting um das effektivere handelt (vgl. Tabelle 35).

Tabelle 35: Latente Mittelwertunterschiede zwischen zwei ausgewählten Messzeitpunkten (Kraftverstärkung)

	Prä-Post	Post-FU	Prä-FU
Gruppenspezifisch			
KG	-.05	.15*	.10
VG1	.33*	-.15*	.17*
VG2	.47*	-.02	.45*
Gruppenunterschiede im Lernzuwachs (zwischen zwei MZPs)			
VG2-VG1	.15	.13	.28*
VG2-KG	.51*	-.17*	.35*
VG1-KG	.37*	-.30*	.07

Anmerkungen. * $p \le .05$ (einseitig getestet), angegeben werden latente Mittelwertunterschiede (gruppenspezifisch: MZP2 – MZP1; Gruppenunterschiede: Lernzuwachs zwischen den beiden MZPs der ersten Gruppe – Lernzuwachs zwischen den beiden MZPs der zweiten Gruppe); bei allen Modellen besteht ein guter Modellfit; die Cut-off-Werte (vgl. Kapitel 11.1.2) werden eingehalten; KG = Kontrollgruppe; VG1 = Versuchsgruppe „ähnlich"; VG2 = Versuchsgruppe „unähnlich"; Prä = Prä-Messzeitpunkt; Post = Post-Messzeitpunkt; FU = Follow-up-Messzeitpunkt.

Die für die vorliegende Arbeit besonders relevanten Unterschiede zwischen den beiden Versuchsgruppen erweisen sich als hypothesenkonform: Der Lernzuwachs zwischen dem Prä- und Follow-up-Messzeitpunkt ist signifikant zugunsten des unähnlichen Settings (.28) (vgl. Tabelle 35).

13.2.2.3 Funktionsprinzip „Begriffswissen"

Für die Skala „Begriffswissen" wurde ein Modell angepasst, in welchem neben den Spezifikationen, die beispielsweise von den Skalen „Gleichgewicht" und „Kraftverstärkung" bekannt sind (Ladungen, Residualkorrelationen, Intercepts, gruppenspezifische Mittelwerte zum Post- und Follow-up-Messzeitpunkt), eine weitere vorgenommen wurde: Für jede Gruppe wurden für je eine beobachtete Variable die Residualvarianzen und -kovarianzen auf null fixiert, da u. a. auch hier – ähnlich wie bei der Skala „prozedural" – Korrelationen > 1 auftreten. Die Modellgüte kann durch diese Spezifikationen optimiert werden, sodass ein guter Modellfit vorliegt (vgl. Tabelle 36).

Tabelle 36:   Modell-Fit-Indices für latenten Mittelwertvergleich (Begriffswissen)

Cut-off-Werte	Chi²	df	Chi²/df ≤ 2.00	RMSEA ≤ .05	CFI ≥ .95	TLI ≥ .95
	176	153	1.15	.03	.99	.98

Anmerkungen. Bei allen Modellen besteht ein guter Modellfit; die Cut-off-Werte (vgl. auch Kapite 11.1.2) werden eingehalten.

Dargestellt sind nachfolgend sowohl die gruppenspezifischen Verlaufskurven hinsichtlich des Begriffswissens (vgl. Abbildung 29) sowie die latenten Mittelwertunterschiede zu einem Messzeitpunkt bzw. zwischen zwei ausgewählten Messzeitpunkten (vgl. Tabelle 37 und Tabelle 38).

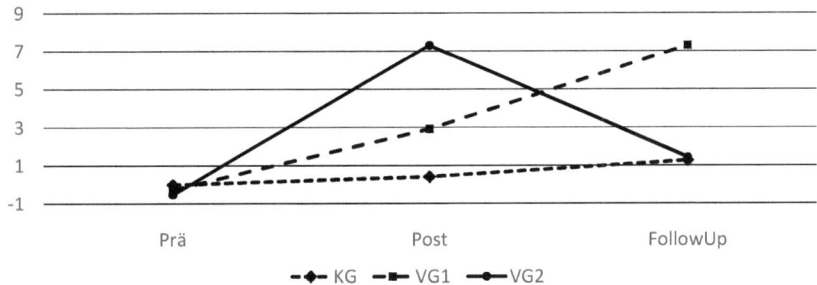

Abbildung 29: Latente Mittelwertunterschiede (Begriffswissen)

Bei einem Vergleich der abgebildeten Verlaufskurven und den in Tabelle 37 dargestellten Mittelwertunterschieden zu einem Messzeitpunkt wird deutlich, dass mit Ausnahme des Unterschieds zwischen der Versuchsgruppe „ähnlich" und der Kontrollgruppe zum Post-Messzeitpunkt kein signifikanter Unterschied zwischen den Gruppen besteht. Angesichts der aus Abbildung 29 hervorgehenden Verlaufskurven zeigt sich an dieser Stelle ein widersprüchliches Ergebnis, weshalb die Analysen an dieser Stelle nicht weiter interpretiert werden.

Tabelle 37: Latente Mittelwertunterschiede zu einem Messzeitpunkt (Begriffswissen)

	Prä	Post	FU
VG2-VG1	-.26	4.38	-.22
VG2-KG	-.52	6.87	.16
VG1-KG	-.26	2.49*	.37

Anmerkungen. * p ≤ .05 (einseitig getestet), angegeben werden latente Mittelwertunterschiede; bei allen Modellen besteht ein guter Modellfit; die Cut-off-Werte (vgl. Kapitel 11.1.2) werden eingehalten;
KG = Kontrollgruppe; VG1 = Versuchsgruppe „ähnlich"; VG2 = Versuchsgruppe „unähnlich";
Prä = Prä-Messzeitpunkt; Post = Post-Messzeitpunkt; FU = Follow-up-Messzeitpunkt.

Die gruppenspezifischen Analysen der Mittelwertunterschiede zwischen dem Prä- und Follow-up-Messzeitpunkt können die in Kapitel 13.2.1 berichteten Befunde eines signifikanten Wissenszuwachses über die Messzeitpunkte stützen, d. h. im Vergleich zum Prä-Messzeitpunkt können alle Gruppen zum Follow-up-Messzeitpunkt einen von null signifikanten Unterschied im Begriffswissen verzeichnen. Auf Grund der berichteten Unvereinbarkeit der Analyseergebnisse und der Verlaufskurven werden jedoch auch diese Ergebnisse für die Interpretation nicht herangezogen. Aussagen über Veränderungen im Begriffswissen basieren folglich auf den Ergebnissen der LGC-Modelle.

Tabelle 38: Latente Mittelwertunterschiede zu zwei ausgewählten Messzeitpunkten (Begriffswissen)

	Prä-Post	Post-FU	Prä-FU
Gruppenspezifisch			
KG	.42*	.85*	1.27*
VG1	3.17*	-1.27	1.90*
VG2	7.81	-5.89	1.95*
Gruppenunterschiede im Lernzuwachs (zwischen zwei MZPs)			
VG2-VG1	4.64	-4.60	.04
VG2-KG	7.39	-6.72	.67
VG1-KG	2.75*	-2.12*	.64

Anmerkungen. * p ≤ .05 (einseitig getestet), angegeben werden latente Mittelwertunterschiede (gruppenspezifisch: MZP2 – MZP1; Gruppenunterschiede: Lernzuwachs zwischen den beiden MZPs der ersten Gruppe – Lernzuwachs zwischen den beiden MZPs der zweiten Gruppe); bei allen Modellen besteht ein guter Modellfit; die Cut-off-Werte (vgl. Kapitel 11.1.2) werden eingehalten;
KG = Kontrollgruppe; VG1 = Versuchsgruppe „ähnlich"; VG2 = Versuchsgruppe „unähnlich";
Prä = Prä-Messzeitpunkt; Post = Post-Messzeitpunkt; FU = Follow-up-Messzeitpunkt.

13.3   Zusammenfassung

Bezogen auf die Fragestellung, wie sich das Arbeiten mit oberflächlich ähnlichen bzw. unähnlichen Beispielen auf den Aufbau von Wissen auswirkt, wurde angenommen, dass Kinder, die mit oberflächlich unähnlichen Beispielen arbeiten, einen höheren Lerngewinn verzeichnen können als Kinder, die mit ähnlichen Beispielen arbeiten.

Über die Messzeitpunkte hinweg lässt sich diese Hypothese bestätigen: Kinder der Versuchsgruppe „unähnlich" können über alle Messzeitpunkte hinweg einen größeren Wissenszuwachs verzeichnen als Kinder der Versuchsgruppe „ähnlich". Dies wird an mehreren Stellen ersichtlich:

Zum einen zeigen die Befunde der LGC-Modelle, welche einen Vergleich der Versuchsgruppen mit der Kontrollgruppe ermöglichen, dass für die gebildeten Skalen über alle Messzeitpunkte hinweg (Prä-Post-Follow up) ein signifikanter Unterschied zwischen den Versuchsgruppen und der Kontrollgruppe besteht. Bei dem für die vorliegende Arbeit zentralen Vergleich der Größe der Steigungsparameter der Versuchsgruppen wird zudem der größere Lernzuwachs der Versuchsgruppe „unähnlich" deutlich (vgl. Kapitel 13.1.1 und 13.2.1).

Zum anderen liefern die Befunde der LMA-Modelle die Bestätigung der Hypothese, dass das unähnliche Setting mehr zum Auf- und Ausbau von Wissen beiträgt (vgl. Kapitel 13.1.2 und Kapitel 13.2.2). Heranzuziehen sind dafür beispielsweise die gruppenspezifischen Entwicklungen zwischen zwei ausgewählten Messzeitpunkten (Prä-Post oder Post-Follow up). Der Versuchsgruppe „unähnlich" gelingt es zwischen dem Prä- und Post-Messzeitpunkt besser als der Versuchsgruppe „ähnlich" Wissen aufzubauen. Zwischen dem Post- und Follow-up-Messzeitpunkt können Kinder, die mit dem unähnlichen Setting gearbeitet haben, vor allem in Bezug auf das für die vorliegende Arbeit besonders wichtige konzeptuelle Wissen das nach der Intervention erreichte Niveau halten, wohingegen in der Versuchsgruppe „ähnlich" ein Rückgang zu verzeichnen ist.

Unabhängig von den für die Forschungsfrage relevanten Gruppenunterschieden zeigen sich auffallende Veränderungen in der Kontrollgruppe: Sowohl in den LGC-Modellen als auch in den LMA-Modellen zeigt sich ein signifikanter Zuwachs im Wissen der Kinder. Detailliertere Analysen der LMA-Modelle zeigen, dass die signifikanten Veränderungen innerhalb der Skalen von einem Zuwachs zwischen dem Post- und Follow-up-Messzeitpunkt herrühren.

14 Wechselwirkungseffekte: Einfluss von Vorwissen und Intelligenz

Bezogen auf die Fragestellung, inwieweit sich durch Prädiktoren das Wachstum der Versuchsgruppen innerhalb der einzelnen Skalen voraussagen lässt, wurde angenommen, dass sich die individuellen Schülervoraussetzungen (inhaltsspezifisches Vorwissen, kognitive Grundfähigkeiten) bei Kindern der Versuchsgruppe „unähnlich" mehr auf den Aufbau von Wissen und Verständnis auswirken als bei Kindern, die mit ähnlichen Beispielen arbeiten.

Gruppenübergreifend

Überprüft wurde zunächst mittels eines hierarchischen Random-Intercept-And-Slope-Modells, ob sich die beiden Variablen „Vorwissen" und „kognitive Grundfähigkeiten" jeweils auf das Wissen zum Post- und Follow-up-Messzeitpunkt auswirken (vgl. Tabelle 39).

Die Daten zeigen einen signifikanten Einfluss der beiden Variablen auf die Ergebnisse im Post- und Follow-up-Messzeitpunkt, wobei das Vorwissen größere Effekte hervorbringt als die kognitiven Grundfähigkeiten.

Tabelle 39:   Einfluss des Vorwissens und der kognitiven Grundfähigkeiten (Intelligenz) auf das Wissen zum Post- und Follow-up-Messzeitpunkt

	KONZ Post	KONZ Follow up	PROZ Post	PROZ Follow up	GLGW Post	GLGW Follow up	KV Post	KV Follow up	BEGR Post	BEGR Follow up
Vorwissen	.38*	.34*	.47*	.34*	.54*	.32*	.33*	.32*	.35*	.36*
Intelligenz	.01*	.02*	.01*	.01*	.01*	.02*	.02*	.02*	.02*	.02*

Anmerkungen. * p ≤ .05 (einseitig getestet); angegeben werden die Beta-Gewichte;
KONZ = Skala „konzeptuell"; PROZ = Skala „prozedural"; GLGW = Skala „Gleichgewicht";
KV = Skala „Kraftverstärkung"; BEGR = Skala „Begriffswissen".

Differenziertere Analysen, die einen Vergleich zwischen den einzelnen Gruppen zulassen, zeigen, dass es in der Tendenz Gruppenunterschiede hinsichtlich der Größe des Einflusses von Vorwissen und Intelligenz gibt. Diese werden jedoch bei der Analyse in einem hierarchischen Random-Intercept-and-Slope-Modell nur im Vergleich zur Kontrollgruppe signifikant ($p \leq .05$, einseitig getestet).

Den nachfolgenden Tabellen (vgl. Tabelle 40 und Tabelle 41) kann entnommen werden, zu welchen Messzeitpunkten die Prädiktoren „Vorwissen" bzw. „kognitive Grundfähigkeiten" sich auf den Wissensstand der Kinder in den jeweiligen Gruppen auswirken.

Tabelle 40:   Einfluss des Vorwissens (gruppenspezifisch)

	KONZ Post	KONZ Follow up	PROZ Post	PROZ Follow up	GLGW Post	GLGW Follow up	KV Post	KV Follow up	BEGR Post	BEGR Follow up
KG	.39*	.26	.50	.32*	.62*	.32*	.44	.21	.56*	.60*
VG1	.48*	.44*	.51*	.34*	.57*	.34*	.47*	.54*	.30*	.42*
VG2	.27*	.27*	.42*	.31*	.48*	.29	.14	.20*	.20*	.10

Anmerkungen. * $p \leq .05$ (einseitig getestet); angegeben werden die Beta-Gewichte;
KONZ = Skala „konzeptuell"; PROZ = Skala „prozedural"; GLGW = Skala „Gleichgewicht";
KV = Skala „Kraftverstärkung"; BEGR = Skala „Begriffswissen";
KG = Kontrollgruppe; VG1 = Versuchsgruppe „ähnlich"; VG2 = Versuchsgruppe „unähnlich".

Hinsichtlich des Vorwissens können erwartungswidrige Befunde berichtet werden: Im Vergleich der beiden Treatments ist der Einfluss des Vorwissens in allen Subskalen über alle Messzeitpunkte hinweg in der Versuchsgruppe „ähnlich" größer als in der Versuchsgruppe „unähnlich" (vgl. Tabelle 40). Zwischen den Versuchsgruppen besteht bezogen auf diese Befunde jedoch kein signifikanter Unterschied. Kinder, die mit ähnlichen Beispielen arbeiten, profitieren somit tendenziell mehr von inhaltsspezifischem Vorwissen, als Kinder, die mit unähnlichen Beispielen arbeiten.

Tabelle 41:   Einfluss der kognitiven Grundfähigkeiten (Intelligenz) (gruppenspezifisch)

	KONZ Post	KONZ Follow up	PROZ Post	PROZ Follow up	GLGW Post	GLGW Follow up	KV Post	KV Follow up	BEGR Post	BEGR Follow up
KG	.00	.01	-.01	.01*	.01	.01*	-.01	.00	.00	-.01
VG1	.02*	.01	.00	.01*	.01*	.02*	.02*	.01	.01*	.01
VG2	.03*	.03*	.01	.00	.00	.00	.01	.04*	.02*	.01

Anmerkungen. * p ≤ .05 (einseitig getestet); angegeben werden die Beta-Gewichte;
KONZ = Skala „konzeptuell"; PROZ = Skala „prozedural"; GLGW = Skala „Gleichgewicht";
KV = Skala „Kraftver-stärkung"; BEGR = Skala „Begriffswissen";
KG = Kontrollgruppe; VG1 = Versuchsgruppe „ähnlich"; VG2 = Versuchsgruppe „unähnlich".

Bezogen auf den Einfluss der kognitiven Grundfähigkeiten lässt sich keine so eindeutige Tendenz nachweisen (vgl. Tabelle 41). Bei dem für die vorliegende Arbeit besonders relevanten konzeptuellen Wissen zeigt sich jedoch hypothesenkonform ein etwas höherer Einfluss in der Versuchsgruppe „unähnlich", der sich jedoch nicht signifikant von der Versuchsgruppe „ähnlich" unterscheidet. Bei Kindern, die mit unähnlichen Beispielen arbeiten, spielen die kognitiven Grundfähigkeiten somit eine geringfügig größere Rolle als bei Kindern, die mit ähnlichen Beispielen arbeiten.

15 Veränderungen im inhaltlichen Fokus von Schülerantworten

15.1 Analysevorgehen

Vorangestellt werden muss an dieser Stelle, dass der Auswertungsschwerpunkt der vorliegenden Arbeit im quantitativen Bereich liegt, da durchaus kritisch eingeschätzt werden muss, inwieweit es Drittklässlern möglich ist – unabhängig vom individuellen Wissensstand – komplexe Sachverhalte (zum Hebelgesetz) schriftlich zu formulieren. Die nachfolgenden Ergebnisse sollen deshalb dazu dienen, einen Einblick in die Veränderungen bzgl. des inhaltlichen Fokus der Schülerinnen und Schüler zu geben und die im Rahmen der quantitativen Analysen gewonnenen Ergebnisse zu stützen.

Das im Zuge der qualitativen Auswertung entwickelte Kategorienschema kommt bei der Auswertung der Items 2, 3aA und 40A (vgl. Anhang) zum Einsatz, wobei Item 2 und Item 40A ausschließlich qualitativ ausgewertet werden während Item 30A im Rahmen der quantitativen Auswertung der Daten schon in die Skala „Gleichgewicht" eingegangen ist. Bei der Auswertung der Schülerantworten wurde in einem ersten Analyseschritt geprüft, ob konzeptuelles Wissen, entweder in Ansätzen erkennbar (Level 1) oder dem Alter entsprechend wissenschaftlich korrekt (Level 2), vorliegt:

Schülerantworten mit konzeptuellem Wissen auf Level 1 beinhalten die Berücksichtigung *eines* relevanten Aspekts, wie beispielsweise folgende Schülerantwort zeigt: Auf die Frage, mit welcher Brechstange es einfacher geht einen Kartoffelsack anzuheben (vgl. Anhang, Item 40A), schreibt ein Schüler *„Weil der obere Sack näher am Drehpunkt ist"* (POST_GS_T_Simone_14). Hier wird deutlich, dass in Ansätzen das Hebelgesetz verstanden wurde, der Schüler die richtige Entscheidung hinsichtlich der Stangenauswahl treffen würde und diese mit der Entfernung der Last zum Drehpunkt begründet. Für eine Einstufung auf Level 2 fehlt jedoch eine Verknüpfung mit den Längenverhältnissen des Kraft- bzw. Lastarms und die Konsequenzen daraus für den zu leistenden Kraftaufwand.

Schülerantworten mit konzeptuellem Wissen auf Level 2 beinhalten eine dem Alter angemessene, wissenschaftlich korrekte und vollständige Erklärung des Sachverhalts. Ein Beispiel für eine Level-2-Antwort zum Beispiel „Wippe" ist: *„Da wo mehr Gewicht aber weniger Stange ist und weniger Gewicht aber mehr Stange ist bringt es ins Gleichgewicht"* (POST_GS_GOT_ Ingrid_9a_m). Dem Schüler gelingt es bezogen auf die „besondere Wippe"

(Item 30A, außermittiger Drehpunkt) sowohl die unterschiedlichen Hebelarmlängen und damit auch implizit die Rolle des Drehpunkts als auch den
daraus resultierenden Gewichtsunterschied zu berücksichtigen. Für einen
Drittklässler wird dies somit als eine dem Alter angemessene, wissenschaftlich korrekte Erklärung angesehen.

Erfasst wurde außerdem, ob von den Kindern für ihre Erklärungen
Fachbegriffe zum Hebelgesetz herangezogen werden.

War kein konzeptuelles Wissen in der jeweiligen Schülerantwort erkennbar, wurde neben der Erfassung von Fehlkonzepten bzw. Zirkelschlüssen geprüft, ob prozedurales Wissen erkennbar ist. War die Schülerantwort
nicht verständlich, wurde dies ebenfalls vermerkt.

Schülerantworten, die prozedurales Wissen erkennen lassen, wurden
in einem zweiten Analyseschritt einer inhaltlich differenzierteren Analyse
mittels des entwickelten Kategorienschemas (vgl. Tabelle 42) unterzogen.
Für Antworten, die bereits als konzeptuelles Wissen eingestuft wurden, ent-
fällt diese inhaltliche Differenzierung, da durch die Definition der Kategorie
„konzeptuelles Wissen" bereits ersichtlich ist, welcher inhaltliche Fokus vorliegt. Des Weiteren befinden sich im entwickelten Kategorienschema Unterkategorien, wie beispielsweise „Material des Beispiels", die für Erklärungen
basierend auf dem Hebelgesetz nicht relevant sind.

Um die Beurteilerübereinstimmung zu prüfen, wurden für jedes Item
im offenen Antwortformat 100 Schülerantworten zufällig ausgewählt, d.h.
es wurden insgesamt 300 Schülerantworten in die Berechnung einbezogen.
Cohen's Kappa beträgt $\kappa = .91$, weshalb daraus geschlossen werden kann,
dass für das entwickelte Kategorienschema eine sehr gute Interraterreliabilität vorliegt (vgl. Kapitel 11.2). Es kann somit davon ausgegangen werden,
dass das entwickelte Kategorienschema geeignet ist die Schülerantworten
eindeutig einer Unterkategorie zuzuordnen und so Veränderungen hinsichtlich des inhaltlichen Fokus abzubilden.

Tabelle 42: Kategorienschema für die Auswertung von Items im offenen Antwortformat

Item	Oberkategorie	Unterkategorie	Ankerbeispiel
Item 2	Nussknacker	Funktion der Kraftverstärkung	„Weil der Nussknacker stärker drücken kann."
		Eigenschaften der Last	„Weil die Nuss hart ist."
		Aufbau des Nussknackers	„Weil ein Nussknacker Zacken hat."
		Anwendung/Funktion des Nussknackers	„Weil er in die Nuss reindrückt."
	Material	Material des Nussknackers	„Weil der Nussknacker aus Metall ist."
		Material + Kraftverstärkung	„Der Nussknacker ist aus Metall und hat deswegen mehr Kraft."
		Material + Eigenschaften/Anwendung des Nussknackers	„Weil er aus Metall ist und die Form einer Nuss hat."
		Material + Eigenschaften der Last	„Er ist aus Metall und Metall ist stärker als die Nuss."
		Material + Vergleich/Bezug zur Hand	„Weil der Nussknacker aus Stahl besteht und somit härter ist als die Hand."
Item 30A	Gewicht/Kraft/ Last	Gewichtsverhältnis	„Weil Papa schwerer ist als Lukas."
		Gewicht + Beschaffenheit der Wippe	„Lukas ist nicht so schwer wie Papa und kleiner und muss auf A und Papa auf B."
	Wippe	Unterschiedliche Hebellängen (nicht konzeptuell)	„Weil auf dem Buchstaben A die Stange länger ist."
		Sonstige Beschreibungen	„Der Klotz von der Wippe ist nicht in der Mitte."
Item 40A	Brechstange	Stangenlänge	„Weil die Stange länger ist."
		Konsequenzen der Stangenlänge	„Weil die Stange länger ist, dann kann man mehr drücken."
		Kraftverstärkung	„Man braucht weniger Kraft bei langen Stangen."
	Versuchsaufbau	Aufliegen der Stange auf dem Drehpunkt	„Weil der Klotz in der Mitte ist geht es einfacher."
		Stangeneigenschaften	„Weil die Stange sonst bricht."
		Position oder Eigenschaften der Last	„Der Kartoffelsack muss dahin, weil er schwer ist."

15.2   Ergebnisse

Konzeptuelles Wissen

Die meisten Schüleräußerungen, die dem konzeptuellen Wissen auf Level 1 zugeordnet werden können, finden sich über die drei Gruppen hinweg zum Post-Messzeitpunkt (vgl. Tabelle 43). Einzige Ausnahme hierbei stellt die Kategorisierung für Item 40A der Kontrollgruppe zum Follow-up-Messzeitpunkt dar. Festzuhalten ist außerdem, dass die Anzahl der als Level 1 kategorisierten Schülerantworten zum Post- und Follow-up-Messzeitpunkt in den Versuchsgruppen erkennbar größer ist als in der Kontrollgruppe. Daraus kann gefolgert werden, dass die Intervention dazu geführt hat, konzeptuelles Wissen zum Hebelgesetz aufzubauen, wobei in der Tendenz die Häufigkeit von Level-1-Antworten in der Versuchsgruppe „unähnlich" größer ist als in der Versuchsgruppe „ähnlich" (vgl. Tabelle 43). Die hypothesenkonformen Befunde der quantitativen Analysen, die zeigen, dass das unähnliche Setting zu einem größeren Auf- und Ausbau von Wissen zum Hebelgesetz führt, finden sich somit auch in den qualitativen Analysen wieder.

Tabelle 43:   Ergebnisse der Analysen zum Vorkommen von konzeptuellem Wissen (Level 1)

I	Prä			Post			FU		
	KG	VG1	VG2	KG	VG1	VG2	KG	VG1	VG2
Item 2	9	8	5	10	28	42	11	16	22
Item 30A	21	19	23	26	35	35	24	22	19
Item 40A	11	11	13	11	28	35	15	19	15

Anmerkungen. PRÄ = Prä-Messzeitpunkt; POST = Post-Messzeitpunkt; FU = Follow-up-Messzeitpunkt;
KG = Kontrollgruppe; VG1 = Versuchsgruppe „ähnlich"; VG2 = Versuchsgruppe „unähnlich".

Schülerantworten, die dem konzeptuellen Wissen auf Level 2 zugeordnet werden können, finden sich dagegen deutlich seltener in den Daten. Von den insgesamt 27 Level-2-Schülerantworten entfallen elf auf die Versuchsgruppe „ähnlich" und 16 auf die Versuchsgruppe „unähnlich" (vgl. Tabelle 44). Es zeigt sich folglich tendenziell ein Vorteil des unähnlichen Settings, wodurch die Ergebnisse der Analysen der Level-1-Antworten gestützt werden können.

Tabelle 44: Ergebnisse der Analysen zum Vorkommen von konzeptuellem Wissen (Level 2)

| | Prä | | | Post | | | FU | | |
	KG	VG1	VG2	KG	VG1	VG2	KG	VG1	VG2
Item 2	-	-	-	-	2	2	-	-	-
Item 3oA	-	1	-	-	4	4	-	-	-
Item 4oA	-	1	-	-	3	9	-	-	1

Anmerkungen. PRÄ = Prä-Messzeitpunkt; POST = Post-Messzeitpunkt; FU = Follow-up-Messzeitpunkt;
KG = Kontrollgruppe; VG1 = Versuchsgruppe „ähnlich"; VG2 = Versuchsgruppe „unähnlich".

Fachbegriffe

Bezogen auf die Verwendung von Fachbegriffen ist zu berichten, dass diese häufiger in den Versuchsgruppen bei der Formulierung der Antworten zum Einsatz kommen als in der Kontrollgruppe (vgl. Tabelle 45). Gruppenspezifische Analysen zeigen, dass es den Kindern der Versuchsgruppe „unähnlich" tendenziell besser gelingt als Kindern der Versuchsgruppe „ähnlich" Fachbegriffe in ihren Antworten zu verwenden. Die Verwendung von Fachbegriffen ist jedoch in beiden Gruppen nicht besonders stark ausgeprägt.

Tabelle 45: Ergebnisse der Analysen zum Vorkommen von Fachbegriffen bei Items im offenen Antwortformat

| | Prä | | | Post | | | FU | | |
	KG	VG1	VG2	KG	VG1	VG2	KG	VG1	VG2
Item 2	3	2	3	3	18	39	2	11	15
Item 3oA	-	-	2	5	6	7	1	2	3
Item 4oA	2	-	1	3	15	25	2	7	5

Anmerkungen. PRÄ = Prä-Messzeitpunkt; POST = Post-Messzeitpunkt; FU = Follow-up-Messzeitpunkt;
KG = Kontrollgruppe; VG1 = Versuchsgruppe „ähnlich"; VG2 = Versuchsgruppe „unähnlich".

Fehlkonzepte

Über alle drei Messzeitpunkte hinweg kann festgehalten werden, dass es Kindern aus allen Gruppen gelingt Fehlkonzepte zum Hebelgesetz abzubauen (vgl. Tabelle 46). Einzige Ausnahmen mit einer minimalen Zunahme sind die Versuchsgruppe „ähnlich" zwischen dem Prä- und Post-Messzeitpunkt (Item 2) und zwischen dem Post- und Follow-up-Messzeitpunkt (Item 40A) sowie die Versuchsgruppe „unähnlich" zwischen dem Prä- und Post-Messzeitpunkt (Item 2).

Tendenzen, die den Vorteil eines Settings belegen würden, können an dieser Stelle jedoch nicht aufgezeigt werden.

Tabelle 46:   Ergebnisse der Analyse zum Vorkommen von Fehlkonzepten bei Items im offenen Antwortformat

	Prä			Post			FU		
	KG	VG1	VG2	KG	VG1	VG2	KG	VG1	VG2
Item 2	3	1	1	2	2	3	1	-	2
Item 3oA	6	13	5	4	6	4	3	4	-
Item 4oA	8	6	10	3	2	5	-	4	4

Anmerkungen. PRÄ = Prä-Messzeitpunkt; POST = Post-Messzeitpunkt; FU = Follow-up-Messzeitpunkt;
KG = Kontrollgruppe; VG1 = Versuchsgruppe „ähnlich"; VG2 = Versuchsgruppe „unähnlich".

Zirkelschlüsse

Die Analysen der Schülerantworten zeigen hinsichtlich des Vorkommens von Zirkelschlüssen in der Tendenz über die Gruppen hinweg eine Zunahme zum Post-Messzeitpunkt und einen Rückgang zum Follow-up-Messzeitpunkt auf (vgl. Tabelle 47). Es kann daraus gefolgert werden, dass beide Settings die Kinder nicht darin unterstützen konnten, Zirkelschlüsse zu vermeiden. Da jedoch der Zuwachs zum Post-Messzeitpunkt in den Versuchsgruppen und der Kontrollgruppe gleichermaßen zu verzeichnen ist, kann ausgeschlossen werden, dass die Zunahme der Zirkelschlüsse in den Versuchsgruppen interventionsbedingt erfolgte.

Tabelle 47: Ergebnis der Analysen zum Vorkommen von Zirkelschlüssen bei Items im offenen Antwortformat

	Prä			Post			FU		
	KG	VG1	VG2	KG	VG1	VG2	KG	VG1	VG2
Item 2	17	28	24	24	34	27	7	7	14
Item 30A	4	7	6	4	10	7	12	8	4
Item 40A	11	7	15	9	17	13	7	6	8

Anmerkungen. PRÄ = Prä-Messzeitpunkt; POST = Post-Messzeitpunkt; FU = Follow-up-Messzeitpunkt;
KG = Kontrollgruppe; VG1 = Versuchsgruppe „ähnlich"; VG2 = Versuchsgruppe „unähnlich".

Prozedurales Wissen: Inhaltlicher Fokus der Schülerantworten

Mit Blick auf die in Tabelle 48 dargestellten Ergebnisse kann festgehalten werden, dass es im entwickelten Auswertungsschema mehrere Unterkategorien gibt, die zeigen, worauf die Schüler bei der Erklärung der Beispiele/Items hauptsächlich fokussieren.

Bei Erklärungen zum Item 2, welches auf dem Beispiel Nussknacker basiert, argumentieren Kinder häufig mit dem Aufbau, der Anwendung und der Funktion eines Nussknackers. Des Weiteren wird zum Follow-up-Messzeitpunkt häufiger als bei den beiden vorausgegangenen Messzeitpunkten mit der Eigenschaft der Kraftverstärkung argumentiert. Hinsichtlich der Oberkategorie „Material" lässt sich festhalten, dass einerseits Begründungen, die auf dem Material des Nussknackers basieren sowie andererseits Begründungen, die zusätzlich zum Material noch einen Vergleich zur Kraftquelle Hand herstellen, häufig auftreten.

In Erklärungen zum Item 30A, das auf dem Beispiel Wippe basiert, tritt häufig eine Fokussierung auf das vorliegende Gewichtsverhältnis (Oberkategorie Gewicht/Kraft/Last) oder die unterschiedlichen Hebelarmlängen (Oberkategorie Wippe) auf.

Die Schülerantworten zum Item 40A weisen vorrangig eine inhaltliche Fokussierung auf die Oberkategorie „Brechstange" mit den Unterkategorien Brechstangenlänge sowie den Konsequenzen aus dieser Stangenlänge auf.

Zusammenfassend wird deutlich, dass nur tendenziell Veränderungen vorliegen und die Bedeutung der einzelnen Über- sowie Unterkategorien in den Gruppen über die Messzeitpunkte annähernd gleich bleibt. Zur Verdeutlichung wird exemplarisch die Veränderung hinsichtlich der Unterkategorie „Gewichtsverhältnis" (Item 30A) in der Versuchsgruppe „ähnlich" herausgegriffen: Hier zeigt sich eine geringfügige Veränderung vom Prä- auf den Post-Messzeitpunkt von 42 Nennungen auf 56 Nennungen. Eine Analyse auf Schülerebene gibt detaillierter Auskunft darüber, wie diese Veränderung zustande kommt:

Etwa 60% der Kinder, deren Antwort bereits zum Prä-Messzeitpunkt der Unterkategorie „Gewichtsverhältnis" zugeordnet wurde, fokussieren auch zum Post-Messzeitpunkt wieder auf diesen Sachverhalt. Die übrigen 40%, die zum Prä-Messzeitpunkt noch den Fokus auf das Gewichtsverhältnis legten, verteilen sich zum Post-Messzeitpunkt auf die Kategorie „konzeptuelles Wissen" (ca. 14%) sowie andere inhaltliche Unterkategorien wie beispielsweise die unterschiedlichen Hebelarmlängen (ca. 7%). Festgehalten werden kann, dass keine Verschiebung hin zu Fehlkonzepten oder Zirkelschlüssen zu verzeichnen ist.

Des Weiteren wird deutlich, dass etwa 40% der Kinder, die zum Post-Messzeitpunkt auf das Gewichtsverhältnis fokussieren, zum Prä-Messzeitpunkt einen anderen inhaltlichen Aspekt für ihre Erklärung heranzogen (ca. 17%) oder das Item nicht bearbeitet hatten (ca. 20%).

Die Analyse solcher gruppenspezifischer Veränderungen bezogen auf andere Unterkategorien zeigt ein ähnliches Bild: Der Großteil an Verschiebungen findet zwischen verschiedenen Unterkategorien statt, einen geringen Anteil machen „Abwanderungen" hin zu Zirkelschlüssen oder Fehlkonzepten aus. Die Zuwanderungen bestehen meist aus Nichtbearbeitungen oder Zirkelschlüssen bzw. Fehlkonzepten.

Tabelle 48: Ergebnisse der Analysen zum inhaltlichen Fokus der Items im offenen Antwortformat

	Oberkategorie	Unterkategorie	Prä			Post			FU		
Item 2	Nussknacker	Eigenschaft Kraftverstärkung	2	1	4	1	4	3	13	32	14
		Eigenschaften der Last	2	6	3	-	2	1	-	-	4
		Aufbau des Nussknackers	12	12	13	10	9	14	11	16	15
		Anwendung/Funktion des Nussknackers	10	10	10	5	10	3	7	12	8
	Material	Material des Nussknackers	8	14	28	19	16	17	13	15	18
		Material + Kraftverstärkung	2	5	5	3	3	3	6	4	1
		Material + Eigenschaften/Anwendung des Nussknackers	6	6	3	6	2	4	8	8	9
		Material + Eigenschaften der Last	-	2	1	2	2	1	-	2	1
		Material + Vergleich/Bezug zur Hand	10	15	16	5	8	8	13	12	8
Item 3oA	Gewicht/Kraft/Last	Gewichtsverhältnis	49	42	53	37	56	44	39	52	53
	Wippe	Gewicht + Beschaffenheit der Wippe	5	15	8	6	7	5	9	21	26
		Unterschiedliche Hebellängen (nicht konzeptuell)	10	10	12	14	8	15	7	18	14
		Sonstige Beschreibungen	3	7	5	5	5	8	6	8	6
Item 4oA	Brechstange	Brechstangenlänge	26	39	26	28	32	17	30	41	36
		Konsequenzen der Brechstangenlänge	12	17	8	11	8	12	15	15	18
		Kraftverstärkung	3	7	8	5	2	8	13	13	14
	Versuchsaufbau	Aufliegen der Stange auf dem Drehpunkt	6	7	2	6	4	3	5	6	4
		Stangeneigenschaften	3	6	7	2	3	1	2	5	2
		Position oder Eigenschaften der Last	6	8	4	2	10	7	3	7	11

Anmerkungen. PRÄ = Prä-Messzeitpunkt; POST = Post-Messzeitpunkt; FU = Follow-up-Messzeitpunkt; KG = Kontrollgruppe; VG1 = Versuchsgruppe „ähnlich"; VG2 = Versuchsgruppe „unähnlich".

161

16 Diskussion und Ausblick

16.1 Zusammenfassung

Zu Beginn der vorliegenden Arbeit (vgl. Kapitel 6.2) wurden drei zentrale Ziele formuliert. Nach der Analyse der Daten gilt es nun zu beurteilen, inwieweit diese Zielsetzungen erreicht werden konnten.

Als erstes Teilziel der Arbeit wurde die Entwicklung eines inhaltsspezifischen Testinstruments formuliert, welches es ermöglicht Wissen zum gewählten Unterrichtsgegenstand, dem Hebelgesetz, zu erfassen und zusätzlich die Auswirkungen der Variation von oberflächlicher (Un-)Ähnlichkeit zu messen. Basierend auf den in Kapitel 9.1.2 dargestellten Pilotierungsergebnissen kann festgehalten werden, dass es gelungen ist ein reliables Testinstrument zu entwickeln, mit dem es möglich ist, die Forschungsfragen dieser Arbeit zu beantworten. Die Ergebnisse der Skalenanalysen weisen zudem nach, dass sowohl die für die Bearbeitung von Items heranzuziehenden Wissensarten (konzeptuelles und prozedurales Wissen) erfasst werden können als auch Wissen zu den Funktionsprinzipien der Phänomene. Dieser Befund spricht einerseits dafür, dass es, Bezug nehmend auf die in Kapitel 2 dargestellten leistungsbezogenen Ziele naturwissenschaftlichen Lernens, durch die Intervention gelungen ist, konzeptuelles Wissen auf- bzw. auszubauen. Andererseits kann durch diesen Befund nachgewiesen werden, dass sich die Situierung von Lernumgebungen auf den Aufbau von Wissen auswirkt: Die dreifaktorielle Datenstruktur zu den Funktionsprinzipien stellt die inhaltliche Struktur der Intervention dar.

Einschränkend ist an dieser Stelle zu erwähnen, dass das Testinstrument zwar für die Pilotierungsstichprobe eine gute interne Konsistenz aufweist, die Qualität in der Hauptuntersuchung jedoch teilweise hinter den Erwartungen zurückbleibt. Der Grund ist u. a. in der Durchführung der Pilotierung zu sehen: Diese wurde nur zum Prä-Messzeitpunkt mit einer ausreichend großen Stichprobe durchgeführt, eine Überprüfung des Instruments zum Post- und Follow-up-Messzeitpunkt war zeit- sowie ressourcenbedingt nicht möglich. Sichtbar wird dies vor allem in Bezug auf die schlechte interne Konsistenz der prozeduralen Skala, auf welche jedoch in der vorliegenden Arbeit trotz niedriger Reliabilitätswerte nicht verzichtet wurde: Die Items wurden konfirmatorisch zu dieser Skala gruppiert um, ergänzend zur Skala „konzeptuell", die für diese Arbeit relevanten Wissensarten abbilden zu können. Die guten Modell-Fit-Indices, die sich für die geprüfte zweifaktorielle Datenstruktur ergeben, stützen die Entscheidung eine solche Gruppierung vorzunehmen.

Als zweites Ziel wurde die Erfassung und Analyse der Auswirkungen, die sich durch die Variation der Ähnlichkeit bzw. der Unähnlichkeit der verwendeten Beispiele ergeben, definiert. Betrachtet man die in Kapitel 13 berichteten Befunde, kann diese Zielsetzung als erfüllt angesehen werden. Es gelingt sowohl die Auswirkungen der Ähnlichkeit bzw. Unähnlichkeit von Beispielen zum Hebelgesetz zu erfassen als auch hypothesenkonform die größere Effektivität des unähnlichen Lernsettings nachzuweisen.

Das dritte Ziel wurde in der Überprüfung der Bedeutung von individuellen Schülervoraussetzungen (inhaltsspezifisches Vorwissen, kognitive Grundfähigkeiten) für den Wissenszuwachs gesehen. Auch diesbezüglich ist es gelungen, teils hypothesenkonform, jedoch mit geringeren Effekten als erwartet, die Bedeutung dieser Einflussfaktoren nachzuweisen.

Im letzten Teil dieser Arbeit werden nun die Befunde dieser Arbeit in den Forschungsstand eingeordnet und diskutiert. Des Weiteren werden Forschungsdesiderate formuliert und die Relevanz der Befunde für die Schulpraxis aufgezeigt.

16.2   Einordnung der Ergebnisse in den Forschungsstand

Die vorliegende Arbeit bedient sich für ihre theoretische Verortung mehrerer theoretischer sowie empirischer Zugänge, die alle vereint, dass sie das Arbeiten mit Beispielen im Unterricht thematisieren.

Wie in Kapitel 3.1 dargestellt wurde, plädiert Klafki für das Prinzip der Exemplarität. Dieses Anliegen aufgreifend wurden die in der Intervention eingesetzten Beispiele vor dem Hintergrund des von Klafki formulierten Prinzips ausgewählt. Durch die Befunde der Arbeit konnte nachgewiesen werden, dass sich dieses Auswahlprinzip, welches von Klafki vorrangig theoriebasiert vorgeschlagen wurde, positiv auf die Gestaltung von Lernsituationen, die das Potential haben bei Kindern inhaltsspezifisches Wissen und Verständnis aufzubauen, auswirkt.

In den Kapiteln 3.2 und 3.3.1 wurde aufgezeigt, dass nicht nur das Arbeiten mit einem Beispiel, sondern vor allem das Arbeiten mit mehreren Beispielen positive Effekte auf das Lernen der Schüler haben kann. Während Renkl und Kollegen die Effektivität von *worked-out examples* nachweisen können, argumentiert Spreckelsen für das Arbeiten mit Phänomenkreisen.

Die Befunde der vorliegenden Arbeit stützen dies durch weitere empirische Evidenz.

Hinsichtlich des Analogen Enkodierens (vgl. Kapitel 3.3.2), das den Kern dieser Arbeit darstellt, gelingt es für eine Stichprobe im Grundschulalter die Effektivität dieses didaktischen Settings nachzuweisen. Dies ist insofern von Bedeutung, als einschlägige Forschungsbefunde (vgl. Tabelle 2) die Effektivität vorrangig für Studierende belegen konnten. Die didaktische Idee, die Schüler im Unterricht mit mehreren Beispielen gleichzeitig arbeiten zu lassen und so kognitive Prozesse anzuregen, die sich in einem Wechselspiel zwischen Konkretion und Abstraktion befinden, ist folglich auch für Schüler im Grundschulalter geeignet.

Zusammenfassend ist festzuhalten, dass der für die Arbeit relevante Forschungsstand nicht nur bestätigt werden konnte, sondern neue, weiterführende Erkenntnisse im Hinblick auf die Realisation des Analogen Enkodierens zum einen im Feld Unterricht und zum anderen innerhalb der Grundschule geliefert werden können: So wird einerseits deutlich, über welche Bedeutung die Auswahl von Beispielen verfügt, mit denen in Unterrichtssettings gearbeitet wird. Des Weiteren kann in der vorliegenden Arbeit gezeigt werden, dass explizit angeregte Vergleichsprozesse bereits bei Grundschülern das Lernen unterstützen und diese dadurch zu analogem Denken befähigt werden.

Der Neuigkeitswert ist in der Bearbeitung der Forschungslücke zu sehen: Es wurden zwei konträre Positionen, die eine Konkretisierungsmöglichkeit für das Analoge Enkodieren darstellen, einander gegenübergestellt: Das Arbeiten mit oberflächlich ähnlichen Beispielen sowie das Arbeiten mit oberflächlich unähnlichen Beispielen. Durch die gezielte Variation dieser Variable, was bisher noch nicht in dieser Form überprüft wurde, können die berichteten Befunde die größere Effektivität eines Lernsettings aufzeigen: Hypothesenkonform können Kinder, die mit unähnlichen Beispielen gearbeitet haben, einen größeren Zuwachs bezogen auf inhaltsspezifisches Wissen und Verständnis verzeichnen als Kinder, die mit ähnlichen Beispielen arbeiten. Die individuellen Einflussfaktoren seitens der Schüler (inhaltsspezifisches Vorwissen, kognitive Grundfähigkeiten) spielen dabei folgende Rolle: Während die Bedeutung des Vorwissens beim Arbeiten mit ähnlichen Beispielen hypothesenwidrig größer ist als beim Arbeiten mit unähnlichen Beispielen, können für die Bedeutung der kognitiven Grundfähigkeiten hypothesenkonforme Tendenzen berichtet werden. Die Bedeutung des Vorwissens beim Lernen mit ähnlichen Beispielen deutet darauf hin, dass es durch dieses Setting weniger gelungen ist, die Schüler zu Konzeptwechseln (*conceptual change*, vgl. u. a. Möller, 2007) anzuregen. Die Befunde bezüglich der Bedeutung der kognitiven Grundfähigkeiten liefern dagegen ein pädagogisch schönes Ergebnis: Der Einfluss der Intelligenz wirkt sich zwar hypothesenkonform etwas mehr in der Versuchsgruppe „unähnlich" aus. In Kombination mit den kleinen Effekten und vor dem Hintergrund der Haupteffekte der Arbeit lässt sich jedoch folgende, zentrale Schlussfolgerung tätigen:

Beim Arbeiten mit mehreren Beispielen gleichzeitig wirkt sich der Einsatz von unähnlichen Beispielen – unabhängig von den kognitiven Grundfähigkeiten der Schüler – positiver auf den Wissenszuwachs aus als der Einsatz von ähnlichen Beispielen. Die in der Hypothese 2 inkludierte Befürchtung, dass die Effektivität des unähnlichen Settings nur für bestimmte Schülergruppen gegeben ist, kann somit widerlegt werden.

16.3   Analyse der Ergebnisse

Über die beiden Forschungsfragen und Hypothesen hinweg ist zunächst festzuhalten, dass die erfassten Effekte der beiden Lernsettings zwar hypothesenkonform, jedoch geringer als erwartet ausfallen. Plausibel erscheint diesbezüglich, dass durch die Unterrichtsqualität, auf die in beiden Versuchsgruppen gleichermaßen geachtet wurde, möglicherweise größere Effekte nivelliert wurden:

Als ein Aspekt ist zu sehen, dass beide Versuchsgruppen auf didaktisch konzipierte dreidimensionale Modelle zurückgreifen konnten, um an ihnen die Funktionsprinzipien des Hebelgesetztes zu erarbeiten. Somit wurden beide Versuchsgruppen gleichermaßen in ihrem Lern- und Verstehensprozess unterstützt, weshalb ausgeschlossen werden kann, dass die Qualität des Unterrichtsmaterials einen Unterschied zwischen den Versuchsgruppen herbeiführt.

Als zweiter Aspekt ist zu sehen, dass beide Versuchsgruppen während der Interventionseinheiten mit Impulsen sowie kognitiven Strukturierungsmaßnahmen unterstützt wurden (vgl. dazu Kapitel 8.3.4.2). Sowohl die gleichermaßen in beiden Gruppen vorhandene inhaltliche Strukturierung, die bereits vor den Interventionseinheiten durch die Unterrichtsplanung geleistet wurde, als auch die Maßnahmen während der Interventionseinheiten können als so lernförderlich eingeschätzt werden, dass es beiden Versuchsgruppen – trotz abweichender Kombination der zu bearbeitenden Beispiele – gelungen ist, die Funktionsweise des Hebelgesetzes zu durchdringen.

Des Weiteren ist es möglich, dass sich die kleinen Effekte auf die Dauer der Intervention zurückführen lassen. Argumentiert werden kann hier in zweierlei Richtungen:

Einerseits ist es denkbar, dass die geplanten Interventionseinheiten zu kurz angesetzt und damit nicht intensiv genug waren. Es könnte den Kindern über die Interventionseinheiten hinweg nicht gelungen sein, sich intensiv genug mit der Vielzahl an Beispielen (drei Kernbeispiele und drei Kombinationsbeispiele) auseinanderzusetzen, was zur Konsequenz hätte, dass die Variation des (Un-)Ähnlichkeitsverhältnisses nicht zum Tragen kommen konnte.

Andererseits ist denkbar, dass die vier geplanten Interventionstermine (insgesamt sieben Unterrichtseinheiten à 45 Minuten) pro Klasse zu umfangreich waren: Der zeitliche Rahmen könnte es ermöglicht haben, dass es den Kindern aus beiden Versuchsgruppen gelungen ist, sich im Rahmen der Interventionstermine intensiv mit dem Unterrichtsgegenstand Hebelgesetz zu beschäftigen und so unabhängig von der Versuchsgruppenzugehörigkeit einen annähernd identischen Zuwachs an Wissen verzeichnen zu können.

Dies kann in der vorliegenden Arbeit jedoch nicht geklärt werden; in künftigen Studien könnten Prozessanalysen darüber Auskunft geben.

Bezogen auf die Wechselwirkungseffekte zwischen den individuellen Schülervoraussetzungen und dem Lernsetting kann festgehalten werden, dass die Befunde hypothesenwidrig zu bewerten sind. So wirken sich sowohl das inhaltsspezifische Vorwissen als auch die kognitiven Grundfähigkeiten weniger auf den Lernzuwachs aus als erwartet. Dies könnte damit zusammenhängen, dass Schülerinnen und Schüler mit stark ausgeprägten individuellen Voraussetzungen durch die geleisteten didaktischen Unterstützungsmaßnahmen redundante Informationen erhalten haben, welche die kognitive Belastung erhöht haben und so kein Lernvorteil mehr gegeben war.

Zu diskutieren ist an dieser Stelle auch die Größe der Steigungsparameter, die innerhalb der Kontrollgruppe über die Skalen hinweg berichtet werden kann. Auch an dieser Stelle kann nur gemutmaßt werden. Plausibel erscheint hier, dass schon allein die mehrmalige Beschäftigung mit dem Testinstrument sowie möglicherweise Gespräche über die Testitems mit Mitschülern oder den Eltern die Kinder der Kontrollgruppe dazu angeregt hat, Wissen aufzubauen. Dies würde jedoch auch auf die beiden Versuchsgruppen zutreffen. Der Effekt, der durch die wiederholte Bearbeitung entstanden sein könnte, müsste deshalb auch für die beiden Versuchsgruppen berücksichtigt werden, was wiederum die versuchsgruppen-spezifischen Effekte noch mehr verringern würde.

Aus forschungsmethodischer Sicht muss der Blick auf Probleme, die sich in der Datenauswertung ergeben haben, gerichtet werden. Die bereits erwähnte Skala zum prozeduralen Wissen mit schlechter interner Konsistenz ist dabei ebenso anzuführen wie Schwierigkeiten bei der Modellanpassung für die Skala „Begriffswissen". Dabei ist die durch Mplus mögliche Berücksichtigung der Klassen- sowie Versuchsgruppenstruktur Vor- und Nachteil zugleich. Durch die, mit der mehrebenenanalytischen Auswertung einhergehenden, qualitativen Verbesserung der Analysen werden die Modelle auf Grund der geringen Stichprobengröße auf Klassenebene oftmals instabil, benötigen zusätzliche Restriktionen oder können teilweise nicht interpretiert werden. Trotz dieser Schwierigkeiten stehen in der vorliegenden Arbeit die Qualität der Analysen und vor allem die Berücksichtigung der Mehrebenenstruktur im Fokus. Ein alternatives methodisches Vorgehen wurde deshalb ausgeschlossen.

Zuletzt soll der Blick auf das eigens für die Unterrichtsstudie entwickelte Testinstrument gelenkt werden. Wie bereits an anderer Stelle thematisiert, besteht bei nochmaliger Überarbeitung, vor allem basierend auf Daten zum Post- und Follow-up-Messzeitpunkt, das Potential, die skalenspezifische Reliabilität des Testinstruments zu optimieren. Des Weiteren könnte in nachfolgenden Studien das Testinstrument um die Erfassung von nichtleistungsbezogenen Zielsetzungen ergänzt werden.

Auf Itemebene interessant ist, dass Item 4 (vgl. Anhang) zur Brechstange, bei der es sich um kein Beispiel handelt, das vielen Kindern aus ihrer Lebenswelt bekannt ist, unerwartet oft von den Kindern richtig bearbeitet wurde. Einen möglichen Erklärungsansatz dazu können Ergebnisse der Testpilotierung liefern: Die Entscheidung der Kinder wird bei einem Pilotierungsitem zur Brechstange oftmals von der Einschätzung beeinflusst, welche Stange am besten angefasst werden kann (*„Die kurze Stange kann man nicht so gut anfassen wie die lange"*), d. h. der Erklärungsansatz der Kinder gründet nicht im Hebelgesetz sondern im Alltagswissen, führt jedoch zur richtigen Bearbeitung des Items.

Zu erwähnen ist außerdem die Kodierung von Item 5K (vgl. Anhang): Zum konzeptuellen Wissen, welches für die Bearbeitung benötigt wird, kommt die Bedingung hinzu, dass für die Kodierung „richtig bearbeitet" alle Einzelitems, die in diesem Summenwert eingehen, richtig bearbeitet werden müssen und zusätzlich keine Distraktoren angekreuzt werden dürfen. Der Schwierigkeitsgrad des Items, der sich durch die Aufgabenstellung ergibt, wurde so zusätzlich durch die vorgenommene Kodierung beeinflusst. Begründet werden kann dies damit, dass ein Ankreuzen eines Distraktors oder eine Falschbearbeitung eines Items es verhindern, dem betreffenden Schüler inhaltsspezifisch korrektes Wissen zu attestieren.

Nennenswert ist an dieser Stelle auch die Verringerung der Lösungshäufigkeit zwischen dem Prä- und Post-Messzeitpunkt bei drei Items: Sowohl Item 1 als auch Item 7 erfordern prozedurales Wissen für die richtige Bearbeitung, wohingegen bei Item 9 konzeptuelles Wissen herangezogen werden muss. Dies lässt den Schluss zu, dass der Grund für die vorliegenden Ergebnisse tendenziell nicht in der für die Bearbeitung notwendigen Wissensart zu suchen ist bzw. in einer Veränderung dieser Wissensstrukturen zwischen dem Prä- und Post-Messzeitpunkt. Vielmehr deuten die Ergebnisse darauf hin, dass entweder eine wiederholte Bearbeitung der Items bzw. Nachdenkprozesse, die nach der Erstbearbeitung angestoßen wurden, die Intervention an sich oder auch eine Kombination aus den aufgeführten Faktoren die Bearbeitungsweise der Items beeinflusst haben. Zudem spielt vermutlich die Aufgabenstellung als solche eine entscheidende Rolle: Bei Item 1 und 7, bei denen der Abfall in der Lösungshäufigkeit größer ist als bei Item 9, handelt es sich um Items mit einer guten Lösungshäufigkeit bereits zum Prä-Messzeitpunkt. Denkbar wäre, dass von den Kindern bei einer zweiten Bearbeitung die Einfachheit der Aufgabenstellung hinterfragt wurde und die Kinder zum Post-Messzeitpunkt „zu kompliziert" gedacht haben.

Analysen des offenen Antwortformats kann entnommen werden, dass die Schüler in ihren Antworten selten die in der Intervention eingeführten Fachbegriffe verwenden. Ähnliches konnte auch im Rahmen der Interventionsdurchführung festgestellt werden: Auch im Unterricht binden Schüler äußerst selten Fachbegriffe in ihre Erklärungen ein. Dieser Sachverhalt spricht dafür, dass Fachbegriffe bei eigenständigen Formulierungen von Konzepten nur selten zur Verfügung stehen, da der zu erklärende Sachverhalt vermutlich zu komplex ist, als dass Fachbegriffe für die Antwort zur Verfügung stehen.

16.4   Forschungsdesiderate

Neben der bereits erwähnten Optimierung des Testinstruments kann als erstes Forschungsdesiderat formuliert werden, auch in nachfolgenden Studien das Potential aufzugreifen, welches eine Berücksichtigung von allgemeindidaktischen, fachdidaktischen sowie lehr-lernpsychologischen Zugängen bietet. Die vorliegende Arbeit ist Beispiel dafür, dass es vor allem um die gegenseitige Ergänzung, über die einzelnen Disziplinen hinaus, geht.

Forschungsbedarf wird vor allem hinsichtlich des didaktischen Settings des Analogen Enkodierens gesehen: Da der Großteil an Forschungsarbeiten aus Laborstudien mit Studierenden besteht, sollte das Potential des Ansatzes, das sich in der vorliegenden Arbeit nachweisen lässt, intensiver für die Grundschule beforscht werden. Denkbar wäre beispielsweise eine Übertragung des Studiendesigns dieser Arbeit auf andere Jahrgangstufen: Gelingt es bereits Grundschulkindern in der ersten oder zweiten Jahrgangsstufe, inhaltsspezifisches Wissen und Verständnis zum Hebelgesetz aufzubauen? Bleibt man im naturwissenschaftlichen Bereich des Sachunterrichts, kann zudem als Forschungsdesiderat die Übertragung der Ergebnisse auf weitere Inhalte angeführt werden. So kann die Frage gestellt werden, ob sich ähnliche Ergebnisse wie in der vorliegenden Arbeit auch bei Inhalten, wie beispielsweise dem Magnetismus oder anderen naturwissenschaftlichen Gesetzmäßigkeiten, zeigen. Eine empirische Überprüfung ließe sich durchaus realisieren, da sich auch bei den genannten Inhaltsbereichen Beispielkombinationen finden lassen, welche miteinander abgeglichen werden können und anhand derer die jeweilige Gesetzmäßigkeit erarbeitet werden kann.

Löst man den Blick von der naturwissenschaftlichen Perspektive, treten die anderen Perspektiven des Sachunterrichts in den Blick. Interessant wäre es deshalb zu prüfen, ob beispielsweise auch im sozialwissenschaftlichen Kontext das Arbeiten mit mehreren Beispielen eine Möglichkeit darstellt sich Inhaltsbereiche durch Vergleichsprozesse zu erschließen. Denkbar wäre beispielsweise anhand von mehreren Beispielen die Entstehung von Streit- und Konfliktsituationen zu thematisieren. Greift man die geographische Perspektive heraus, so bieten natürliche Kreisläufe wie der Wasserkreislauf (Verdunstung/ Kondensation/ Niederschlag) die Möglichkeit, mit multiplen Beispielen zu arbeiten. Zudem wäre es auch im historischen Bereich denkbar mehrere Quellen (also Beispiele) heranzuziehen um historisch relevante Sachverhalte durch Vergleichsprozesse zu entnehmen. Im technischen Bereich ließe sich beispielsweise die Statik von technischen Gebilden durch das Abgleichen von Beispielen erarbeiten: Geeignete Beispiele könnten hierfür die verschiedenen Bauweisen von Brücken oder Gebäuden sein, anhand derer statische Gesetzmäßigkeiten erarbeitet werden können.

Als weiteres Forschungsdesiderat kann die Möglichkeit gesehen werden, das Design auf andere Schulfächer zu übertragen: Es könnte folglich der Frage nachgegangen werden, ob das Analoge Enkodieren bereits in der Grundschule auch im Deutschunterricht, wenn es beispielsweise um die Identifizierung von Versmaßen geht, genutzt werden kann. Die Ergebnisse der Forschungsarbeiten um Renkl und Kollegen (vgl. Kapitel 3.3.1) lassen für den mathematischen Bereich die Schlussfolgerungen zu, dass Analoges Enkodieren auch für die Erarbeitung einer neuen Lösungsstrategie förderlich sein kann.

Die Sichtung des Forschungsstandes ergab des Weiteren, dass Studien zum Analogen Enkodieren oftmals an trivialen Inhaltsbereichen durchgeführt werden (meist visuelle Abgleichprozesse von Abbildungen; vgl. Tabelle 2). Berücksichtigt man Klafkis Plädoyer für das Prinzip der Exemplarität und damit einhergehend die Aufforderung, Beispiele mit Bildungsgehalt für die Gestaltung von Lernumgebungen auszuwählen, so zeichnet sich diesbezüglich umfangreicher Forschungsbedarf ab, da die vorliegende Arbeit nur für das Hebelgesetz mögliche Beispiele benennen kann. Die in der Arbeit vorgestellten Kriterien für qualitativ gute Beispiele verfügen jedoch über das Potenzial auf andere Unterrichtsgegenstände übertragen zu werden.

Als letztes Forschungsdesiderat kann gesehen werden, dass unabhängig von Unterrichtsgegenstand und Fach der Frage nachgegangen werden kann, ob die Unähnlichkeit von Beispielen eine Bedingung bzw. ein förderlicher Faktor für den Aufbau von konzeptuellem Wissen sein kann. Die vorliegende Arbeit zeigt, dass die Kinder durch unähnliche Konkretisierungsbeispiele mehr darin unterstützt werden, konzeptuelles Wissen zum Hebelgesetz aufzubauen, als Kinder, die mit ähnlichen Beispielen gearbeitet haben. Es sollte deshalb in künftigen Studien untersucht werden, ob diese oberflächliche Unähnlichkeit eine Bedingung für erfolgreiche Lernprozesse ist bzw. als ein förderlicher Faktor wirkt.

16.5   Relevanz für die Schulpraxis

Als relevant für die Schulpraxis sind folgende Aspekte dieser Arbeit zu sehen: Zunächst ist die evidenzbasierte Effektivität des Analogen Enkodierens zu nennen. Bei der Gestaltung von Lernumgebungen im naturwissenschaftlichen Sachunterricht sollte künftig berücksichtigt werden, mehrere oberflächlich unähnliche Beispiele gleichzeitig für die Erarbeitung eines Sachverhalts heranzuziehen anstelle eines Beispiels. Dadurch kann es gelingen, die Schüler zu tiefer gehenden Denkprozessen anzuregen, die unabhängig sind von irrelevanten Oberflächenmerkmalen. Doch auch über den naturwissenschaftlichen Sachunterricht hinaus lassen es die Ergebnisse der vorliegenden Arbeit zu, Konsequenzen für die Schulpraxis abzuleiten, indem andere Perspektiven des Sachunterrichts herangezogen werden (vgl. dazu Kapitel 16.4 sowie GDSU, 2013).

Die Befunde der vorliegenden Arbeit können außerdem dafür genutzt werden, in anderen Fächern und Jahrgangsstufen (vgl. Kapitel 16.4) Lernumgebungen zu gestalten, in denen die Kinder zu analogen Vergleichsprozessen angeregt werden. Auch hier bedarf es jedoch, wie bereits dargestellt, noch umfassender Forschung, um die Übertragung der vorliegenden Befunde evidenzbasiert vorzunehmen.

Als weiterer Aspekt ist zu nennen, dass in der Arbeit deutlich wird, welche Bedeutung die bewusste und vor allem didaktisch reflektierte Auswahl von Beispielen für den Erfolg von Lernprozessen hat. Kompetenzorientierte Curricula definieren oftmals zu erwerbende Kompetenzen, äußern sich jedoch nicht im Hinblick auf mögliche Inhalte oder Beispiele. Die Auswahl von Beispielen ist deshalb in der Praxis oftmals nicht einfach zu lösen, da sie eine hohe inhaltliche Expertise bezogen auf den Unterrichtsgegenstand erfordert: Nur wenn die Lehrkraft mögliche Problemstellen des Unterrichtsinhalts sowie mögliche Schwachstellen von Unterrichtsmaterial identifizieren kann, gelingt eine sinnvolle kognitive Strukturierung des Unterrichtsinhalts durch die gezielte Auswahl von Beispielen. Hinweise für die Auswahl von Beispielen sind, bezogen auf das Hebelgesetz, der vorliegenden Arbeit zu entnehmen, in der einerseits deutlich wird, wie es anhand eines Kriterienrasters gelingen kann, das (Un-)Ähnlichkeitsverhältnis von Beispielen systematisch zu variieren (vgl. Tabelle 4). Andererseits bietet die Arbeit Vorschläge für dreidimensionale Modelle und zeigt an ihnen auf, wie diese gestaltet sein müssen, um den Blick der Kinder auf die relevanten Merkmale der Beispiele zu lenken.

In diesem Zusammenhang ist auch der reflektierte Umgang mit publiziertem Unterrichtsmaterial zu nennen: Bergen die Beispiele bzw. Materialien tatsächlich einen Bildungsgehalt? Kann es durch das Material gelingen, die Schüler zu kognitiv anspruchsvollen Vergleichsprozessen aufzufordern?

Handelt es sich um didaktisch qualitative Modelle? (vgl. hierzu Schwelle et al. 2015). Diese Fragen müssen sich Lehrkräfte stellen. Hilfestellung hierfür können sowohl theoretische Zugänge (wie beispielsweise der von Klafki) oder auch Ergebnisse aus der Forschung sein. Im Optimalfall entstehen aus der Verknüpfung von Theorie und Forschung evidenzbasierte Vorschläge für die Unterrichtspraxis.

16.6   Ausblick

Weil desto länger der Hebelarm und desto weiter weg vom Drehpunkt, desto weniger Kraft braucht man. (POST_GS_SCH_Manuela_10)

Diese Schüleräußerung zeigt, dass Kinder komplexe naturwissenschaftliche Gesetzmäßigkeiten nicht nur wahrnehmen, beobachten und beschreiben, sondern verstehen und in eigenen Worten verbalisieren können. Vor allem auf Grund der Notwendigkeit einer naturwissenschaftlichen Bildung (vgl. Kapitel 1) gewinnt deshalb der naturwissenschaftliche Bereich des Sachunterrichts in der Grundschule zunehmend an Bedeutung. Aus einem Dokument des Deutschen Bildungsrats aus den frühen 1970er Jahren wurde in dieser Arbeit die Frage abgeleitet, wie die Anfänge von Naturwissenschaften in elementarisierter Form Eingang in den Primarbereich finden können, da es sich bei naturwissenschaftlichen Gesetzmäßigkeiten um kognitiv anspruchsvolle und inhaltlich komplexe Unterrichtsinhalte handelt. Die Notwendigkeit einer didaktischen Reduzierung ist deshalb unumgänglich.

Die Antwort auf die Frage liefern die Befunde der vorliegenden Arbeit. Deutlich wird, dass die didaktische Reduzierung gelingen kann und Kinder es – trotz des kognitiven Anspruchs und der inhaltlichen Komplexität des Hebelgesetzes – schaffen, die Gesetzmäßigkeit zu durchdringen. Die Rahmung durch das didaktische Setting des Analogen Enkodierens sowie die Auswahl von didaktisch qualitativen Beispielen sind hierfür die ausschlaggebenden Faktoren.

Als Konsequenz daraus ist zu sehen, dass sich Lehrkräfte nicht scheuen sollten, zunächst komplex erscheinende naturwissenschaftliche Gesetzmäßigkeiten als Unterrichtsgegenstand auszuwählen, da bei einer angemessenen didaktischen Rahmung der Wissensauf- und -ausbau durchaus gelingen kann.

Wie eine solche didaktische Rahmung realisiert werden kann, wurde in der vorliegenden Arbeit untersucht: Es wurde der Frage nachgegangen, inwiefern sich die oberflächliche (Un-)Ähnlichkeit von Beispielen zum Hebelgesetz auf den Auf- und Ausbau von inhaltsspezifischem Wissen auswirkt. Gezeigt wird, dass es durch geeignetes Material und eine inhaltsbezogene instruktionale Unterstützung auch in anfangs komplex erscheinenden Lernsettings gelingen kann, alle Kinder, unabhängig von ihren individuellen Voraussetzungen und ihren kognitiven Grundfähigkeiten, zu fördern. Die Tatsache, dass es beim Lernen mit unähnlichen Beispielen allen Schülern gelungen ist, inhaltsspezifisches Wissen und Verständnis aufzubauen, kann dies zeigen.

17   Literatur

Adams, R. J. (2002). Scaling PISA cognitive data. In: R. J. Adams & M. L. Wu (Hrsg.), PISA 2000 technical report (S. 99–108). Paris: OECD.

Anderson, J. R. (2007). Kognitive Psychologie. 6. Aufl. Heidelberg: Spektrum.

Atkinson, R. K., Derry, S. J., Renkl, A. & Wortham, D. (2000). Learning from examples: Instructional principles from the worked examples research. Review of Educational Research, 70 (2), 181–214.

Bach, T. (2011). Structure-mapping: Directions from simulation to theory. Philosophical Psychology, 24 (1), 23–51.

Blanchette, I. & Dunbar, K. (2001). Analogy use in naturalistic settings: The influence of audience, emotion and goals. Memory & Cognition, 29 (5), 730–735.

BLK (Bund-Länder-Kommission) & Prenzel, M. (Hrsg.) (2004). SINUS-Transfer Grundschule. Weiterentwicklung des mathematischen und naturwissenschaftlichen Unterrichts an Grundschulen (112). Kiel: IPN.

Bollen, K. A. & Curran, P. J. (2006). Latent curve models: A structural equation perspective. New York: Wiley.

Boroditsky, L. (2007). Comparison and the development of knowledge. Cognition, 102 (1), 118–128.

Bortz, J. & Schuster, C. (2010). Statistik für Human- und Sozialwissenschaftler. 7. Aufl. Berlin [u. a.]: Springer.

Bransford, J., Zech, L., Schwartz, D., Barron, B., Vye, N. & CTGV (2000). Designs for environments that invite and substain mathemetical thinking. In: P. Cobb, E. Yackel & K. McClain (Hrsg.), Symbolizing and communicating in mathematics classrooms. Perspectives on discourse, tools, and instructional design (S. 275–324). Mahwah (N.J.) [etc.]: LEA, Lawrence Erlbaum Associates.

Bühner, M. (2011). Einführung in die Test- und Fragebogenkonstruktion. 3. Aufl. München, Boston [u. a.]: Pearson Studium.

Bybee, R. W. (2002). Scientific Literacy - Mythos oder Realität? In: R. Evans, W. Gräber, T. Koballa & P. Nentwig (Hrsg.), Scientific Literacy. Der Beitrag der Naturwissenschaften zur Allgemeinen Bildung (S. 21–44). Opladen: Leske + Budrich.

Calderhead, J. (1981). Stimulated recall: A method for research on teaching. British Journal of Educational Psychology, 51, 211–217.

Catrambone, R. (1994). Improving examples into improve transfer to novel problems. Memory & Cognition, 22, 606–615.

Catrambone, R. & Holyoak, K. J. (1989). Overcoming contextual limitations on problem-solving transfer. Journal of Experimental Psychology: General, 15 (6), 1147–1156.

Cattell, R. B. (1963). Theory of fluid and crystallized intelligence: A critical experiment. Journal of Educational Psychology, 54 (1), 1–22.

Chi, M., Feltovich, P. J. & Glaser, R. (1981). Categorization and representation of physics problems by experts and novices. Cognitive Science, 5 (2), 121–152.

Christ, O. & Schlüter, E. (2010). Strukturgleichungsmodelle mit Mplus. Eine praktische Einführung. Oldenbourg Verlag.

Cohen, J. (1960). A coefficient of agreement for nominal scales. Educational and psychological measurement, 20, 37–46.

Cohen, J. (1992). A power primer. Psychological Bulletin, 112 (1), 155–159.

Collins, L. M., Schafer, J. L. & Kam, C.-M. (2001). A comparison of inclusive and restrictive strategies in modern missing data procedures. Psychological Methods, 6 (4), 330–351.

Cortina, J. M. (1993). What is coefficient alpha? An examination of theory and applications. Journal of Applied Psychology, 78 (1), 98–104.

Cronbach, L. & Snow, R. (1977).Aptitudes and instructional methods: A handbook for research on interactions. New York, Irvington Publishers.

Ditton, H. (1998). Mehrebenenanalyse. Grundlagen und Anwendungen des Hierarchisch Linearen Modells. Weinheim, Juventa.

Duit, R. (1997). Alltagsvorstellungen und Konzeptwechsel im naturwissenschaftlichen Unterricht - Forschungsstand und Perspektiven für den Sachunterricht in der Primarstufe. In: W. Köhnlein, B. Marquardt-Mau & H. Schreier (Hrsg.), Kinder auf dem Wege zum Verstehen der Welt. Forschungen zur Didaktik des Sachunterrichts Band 1 (S. 233–246). Bad Heilbrunn: Klinkhardt.

Duit, R. (1999). Conceptual change approaches in science education. Conceptual change - A term with various meanings in science education. In: W. Schnotz, S. Vosniadou & M. Carretero (Hrsg.), New perspectives on conceptual change. 1. Aufl. Oxford, New York: Pergamon.

Duit, R. (2009). Alltagsvorstellungen und Physik lernen. In: E. Kircher, R. Girwidz & P. Häußler (Hrsg.), Physikdidaktik. Theorie und Praxis (S. 581–606). 2. Aufl. Berlin, Heidelberg: Springer.

Dunbar, K. (2001). The analogical paradox: Why analogy is so easy in naturalistic settings, yet so difficult in the psychological laboratory. In: D. Gentner, K. J. Holyoak & B. N. Kokinov (Hrsg.), The analogical mind: Perspectives from cognitive science (S. 313–334). Cambridge: The MIT Press.

Einsiedler, W. (1996). Wissensstrukturierung im Unterricht. Neuere Forschung zur Wissensrepräsentation und ihre Anwendung in der Didaktik. Zeitschrift für Pädagogik, 42 (2), 167–192.

Einsiedler, W. (2003). Unterricht in der Grundschule. In: K. S. Cortina, J. Baumert, A. Leschinsky, K. U. Mayer & L. Trommer (Hrsg.), Das Bildungswesen in der Bundesrepublik Deutschland (S. 285–341). Reinbek bei Hamburg: Rowohlt Taschenbuch Verlag.

Einsiedler, W. (2007). Methoden und Prinzipien des Sachunterrichts. In: J. Kahlert, M. Fölling-Albers, M. Götz, A. Hartinger, D. von Reeken & S. Wittkowske (Hrsg.), Handbuch Didaktik des Sachunterrichts (S. 389–400). Bad Heilbrunn: Klinkhardt.

Einsiedler, W. (2011). Lehr-Lern-Konzepte für die Grundschule. In: W. Einsiedler, M. Götz, A. Hartinger, F. Heinzel, J. Kahlert und U. Sandfuchs (Hrsg.), Handbuch Grundschulpädagogik und Grundschuldidaktik (S. 341–350). 3. Aufl. Bad Heilbrunn: Klinkhardt.

Einsiedler, W. & Hardy, I. (2010). Kognitive Strukturierung im Unterricht: Einführung und Begriffsklärung. Unterrichtswissenschaft, 38 (3), 194–209.

Enders, C. K. (2001). The performance of the full information maximum likelihood estimator in multiple regression models with missing data. Educational and Psychological Measurement, 61 (5), 713–740.

Feingold, A. (2009). Effect sizes for growth-modeling analysis for controlled clinical trials in the same metric as for classical analysis. Psychological Methods, 14 (1), 43–53.

Ferguson, R. W. (1994). MAGI: Analogy-based encoding using regularity and symmetry. In: K. Eiselt (Hrsg.), Proceedings of the sixteenth annual conference of the cognitive science society. Hillsdale, N.J: Erlbaum.

Fyfe,E., Rittle-Johnson,B. & DeCaro, M. (2012). The effects of feedback during exploratory mathematics problem solving: prior knowledge matters. Journal of Educational Psychology, 104 (4), 1094–1108.

Gascha, H. & Pflanz, S. (2004). Grosses Handbuch Physik. Grundwissen, Formeln und Gesetze. München: Compact-Verlag.

GDSU (Gesellschaft für Didaktik des Sachunterrichts) (2013). Perspektivrahmen Sachunterricht. Vollständig überarb. und erw. Aufl. Bad Heilbrunn: Klinkhardt.

Geiser, C. (2011). Datenanalyse mit Mplus. Eine anwendungsorientierte Einführung. 2. Aufl. Wiesbaden: VS Verlag für Sozialwissenschaften.

Gentner, D. (1983). Structure-mapping: A theoretical framework for analogy. Cognitive Science, 7 (2), 155–170.

Gentner, D. (1989). The mechanisms of analogical learning. In: S. Vosniadou & A. Ortony (Hrsg.), Similarity and analogical reasoning (S. 199–241). New York: Cambridge University Press.

Gentner, D. (2005). The development of relational category knowledge. In: L. Gershkoff-Stowe & D. H. Rakison (Hrsg.), Building object categories in developmental time (S. 245–275). Mahwah: Erlbaum.

Gentner, D. & Kurtz, K. J. (2006). Relations, objects, and the composition of analogies. Cognitive Science: A Multidisciplinary Journal, 30 (4), 609–642.

Gentner, D., Levine, S., Dhillon, S. & Poltermann, A. (2009). Using structural alignment to facilitate learning of spatial concepts in an informal setting. In: B. Kokinov, D. Gentner & K. Holyoak (Hrsg.), Proceedings of the second international conference on analogy. Sofia: NBU Press.

Gentner, D., Loewenstein, J. & Thompson, L. (2003). Learning and transfer: A general role for analogical encoding. Journal of Educational Psychology, 95 (2), 393–405.

Gentner, D., Loewenstein, J. & Thompson, L. (2004). Analogical encoding: Facilitating knowledge transfer and integration. In: Proceedings of the twenty-sixth annual meeting of the cognitive science society, 452–457.

Gentner, D. & Markman, A. B. (1994). Structural alignment in comparison: No difference without similarity. Psychological Science, 5 (3), 152–158.

Gick, M. L. & Holyoak, K. J. (1983). Schema induction and analogical transfer. Cognitive Psychology, 15, 1–38.

Goswami, U. (2001). Analogical reasoning in children. In: D. Gentner, K. J. Holyoak & B. N. Kokinov (Hrsg.), The analogical mind: Perspectives from cognitive science (S. 437–470). Cambridge: The MIT Press.

Gräber, W. & Nentwig, P. (2002). Scientific Literacy – Naturwissenschaftliche Grundbildung in der Diskussion. In: R. Evans, W. Gräber, T. Koballa & P. Nentwig (Hrsg.), Scientific Literacy. Der Beitrag der Naturwissenschaften zur Allgemeinen Bildung (S. 7–20). Opladen: Leske + Budrich.

Gräber, W., Nentwig, P. & Nicolson, P. (2002). Scientific Literacy - von der Theorie zur Praxis. In: R. Evans, W. Gräber, T. Koballa & P. Nentwig (Hrsg.), Scientific Literacy. Der Beitrag der Naturwissenschaften zur Allgemeinen Bildung (S. 135–145). Opladen: Leske + Budrich.

Graham, S. A., Namy, L. L., Gentner, D. & Meagher, K. (2010). The role of comparison in preschoolers' novel object categorization. Journal of Experimental Child Psychology, 107 (3), 280–290.

Guo, J.-P., Pang, M., Yang, L.-Y. & Ding, Y. (2012). Learning from comparing multiple examples: On the dilemma of 'similar' or 'different'. Educational Psychology Review, 24 (2), 251–269.

Hammer, R., Bar-Hillel, A., Hertz, T., Weinshall, D. & Hochstein, S. (2008). Comparison processes in category learning: From theory to behavior. Brain Research, 1225, 102–118.

Hardy, I. (2012). Kognitive Strukturierung – Empirische Zugänge zu einem heterogenen Konstrukt der Unterrichtsforschung. In: F. Hellmich, S. Förster & F. Hoya (Hrsg.), Bedingungen des Lehrens und Lernens in der Grundschule (S. 51–62). Wiesbaden: VS Verlag für Sozialwissenschaften.

Hardy, I., Jonen, A., Möller, K. & Stern, E. (2006). Effects of instructional support within constructivist learning environments for elementary school students' understanding of 'floating and sinking'. Journal of Educational Psychology, 98 (2), 307–326.

Haryu, E., Imai, M. & Okada, H. (2011). Object similarity bootstraps young children to action-based verb extension. Child Development, 82 (2), 674–686.

Hidi, S. & Harackiewicz, J. M. (2000). Motivating the academically unmotivated: A critical issue for the 21st century. Review of Educational Research, 70 (2), 151–179.

Ho, D. E., Imai, K., King, G. & Stuart, E. A. (2006). Matching as nonparametric preprocessing for reducing model dependence in parametric causal inference. Political Analysis, 15 (3), 199–236.

IBM Corporation. (2012). SPSS Version 21. Armonk.

Jee, B., Uttal, D., Gentner, D., Manduca, C., Shipley, T. & Sageman, B. (2013). Finding faults: Analogical comparison supports spatial concept learning in geoscience. Cognitive Processing, 14 (2), 175–187.

Jude, N. (23.02.2006). IRT-Skalierung mit ConQuest. Workshop für das Nachwuchsnetzwerk Deutschdidaktik (Hamburg). Pdf-Datei, abrufbar von http://media.metrik.de/uploads/incoming/pub/Literatur/Folien_Jude+anleitung%20zu%20ConQuest.pdf.

Kalyuga, S., Ayres, P., Chandler, P. & Sweller, J. (2003). The expertise reversal effect. Educational Psychologist, 38 (1), 23–31.

Kalyuga, S., Chandler, P., Tuovinen, J. & Sweller, J. (2001). When problem solving is superior to studying worked examples. Journal of Educational Psychology, 93 (3), 579–588.

Kelava, A. & Moosbrugger, H. (2007). Deskriptivstatistische Evaluation von Items (Itemanalyse) und Testwerteverteilung. In: H. Moosbrugger & A. Kelava (Hrsg.), Testtheorie und Fragebogenkonstruktion (S. 73–98). Heidelberg: Springer.

Kirschner, P. A. (2002). Cognitive load theory: Implications of cognitive load theory on the design of learning. Learning and Instruction, 12 (1), 1–10.

Klafki, W. (1958). Didaktische Analyse als Kern der Unterrichtsvorbereitung. Die Deutsche Schule, 10, 450–471.

Klafki, W. (2007). Neue Studien zur Bildungstheorie und Didaktik. Zeitgemäße Allgemeinbildung und kritisch-konstruktive Didaktik. 6. Aufl. Weinheim: Beltz.

Kline, R. B. (2010). Principles and practice of structural equation modeling. 3. Aufl. New York: The Guilford Press.

Komaroff, E. (1997). Effect of simultaneous violations of essential tau-equivalence and uncorrelated error on coefficient alpha. Applied Psychological Measurement, 21 (4), 337–348.

Kotovsky, L. & Gentner, D. (1996). Comparison and categorization in the development of relational similarity. Child Development, 67, 2797–2822.

Krapp, A. (2002). Structural and dynamic aspects of interest development: Theoretical considerations from an ontogenetic perspective. Learning and Instruction, 12, 383–409.

Kupper, L. L., Karon, J. M., Kleinbaum, D. G., Morgenstern, H. & Lewis, D. K. (1981). Matching in epidemiologic studies: Validity and efficiency considerations. Biometrics, 37 (2), 271.

Kurtz, K. J., Boukrina, O. & Gentner, D. (2013). Comparison promotes learning and transfer of relational categories. Journal of Experimental Psychology: Learning, Memory, and Cognition, 39 (4), 1303–1310.

Kurtz, K. J. & Gentner, D. (2013). Detecting anomalous features in complex stimuli: The role of structured comparison. Journal of Experimental Psychology: Applied, 19 (3), 219–232.

Kurtz, K. J. & Loewenstein, J. (2007). Converging on a new role for analogy in problem solving and retrieval: When two problems are better than one. Memory & Cognition, 35 (2), 334–341.

Kurtz, K. J., Miao, C.-H. & Gentner, D. (2001). Learning by analogical bootstrapping. Journal of the Learning Sciences, 10 (4), 417–446.

Kvale, S. (1996). InterViews. An introduktion to qualitative research interviewing. Thousand Oaks: SAGE.

Labudde, P. & Möller, K. (2012). Stichwort: Naturwissenschaftlicher Unterricht. Zeitschrift für Erziehungswissenschaft, 15 (1), 11–36.

Lange, K., Kleickmann, T., Tröbst, S. & Möller, K. (2012). Fachdidaktisches Wissen von Lehrkräften und multiple Ziele im naturwissenschaftlichen Sachunterricht. Zeitschrift für Erziehungswissenschaften, 15 (1), 55–75.

Leonhart, R. (2004). Lehrbuch Statistik. Einstieg und Vertiefung. 1. Aufl. Bern: Huber.

Lohrmann, K., Hartinger, A. & Schwelle, V. (2013). Exemplarisches Lehren und Lernen durch das Arbeiten mit Beispielen - theoretische Bezüge zwischen Allgemeiner Didaktik, Fachdidaktik und Lehr-Lernpsychologie. Zeitschrift für Grundschulforschung, 6 (1), 158–171.

Lohrmann, K., Hartinger, A., Schwelle, V. & Hartig, J. (2014). Die Bedeutung der (Un-)Ähnlichkeit von Beispielen für den Aufbau von konzeptuellem Wissen. Zeitschrift für Grundschulforschung, 7 (2), 60–73.

Lüdtke, O., Robitzsch, A., Trautwein, U. & Köller, O. (2007). Umgang mit fehlenden Werten in der psychologischen Forschung. Probleme und Lösungen. Psychologische Rundschau, 58 (2), 103–117.

Mähler, C. & Stern, E. (2010). Transfer. In: D. H. Rost (Hrsg.), Handwörterbuch Pädagogische Psychologie (S. 782–793). Weinheim: Beltz.

Malone, T. & Lepper, M. (1987). Making learning fun. A taxonomy of intrinsic motivations for learning. In: R. E. Snow & M. J. Farr (Hrsg.), Conative and affective process analysis (S. 223–253). Hillsdale: L. Erlbaum.

Mandl, H. (2010). Lernumgebungen problemorientiert gestalten - Zur Entwicklung einer neuen Lernkultur. In: E. Jürgens & J. Standop (Hrsg.), Was ist „guter" Unterricht? Namenhafte Expertinnen und Experten geben Antwort (S. 19–25). Bad Heilbrunn: Klinkhardt.

Mandrin, P.-A. & Preckel, D. (2009). Effect of similarity-based guided discovery learning on conceptual performance. School Science & Mathematics, 109 (3), 133–145.

Martschinke, S. (2007). Bilder. In: J. Kahlert, M. Fölling-Albers, M. Götz, A. Hartinger, S. Wittkowske & D. von Reeken (Hrsg.), Handbuch Didaktik des Sachunterrichts (S. 501–506). Bad Heilbrunn: Klinkhardt.

Massa, L. & Mayer, R. E. (2006). Testing the ATI hypothesis: Should multimedia instruction accommodate verbalizer-visualizer cognitive style? Learning and Individual Differences, 16, 321–335.

Max, C. (1997). Verstehen heißt Verändern. „Conceptual Change" als didaktisches Prinzip des Sachunterrichts. In: R. Meier, H. Unglaube & G. Faust-Siehl (Hrsg.), Sachunterricht in der Grundschule (S. 1–21). Frankfurt am Main: Arbeitskreis Grundschule.

Mayer, R. E. (1997). Multimedia learning. Are we asking the right questions. Educational Psychologist, 32, 1–19.

Mayer, R. E. (2001). Multimedia learning. New York: Cambridge University Press.

Mayer, R. E. (2004). Should there be a three-strikes rule against pure discovery learning? The case for guided methods of instuction. American Psychologist, 59 (1), 14–19.

Mayring, P. (2010). Qualitative Inhaltsanalyse. Grundlagen und Techniken. Weinheim: Beltz.

Meredith, W. & Tisak, J (1990). Latent curve analysis. Psychometrika, 55, 107–122.

Merrill, M. D. & Tennyson, R. D. (1978). Concept classification and classification errors as a function of relationships between examples and nonexamples. Improving Human Performance Quarterly.

Meyer, M. A. & Meyer, H. (2007). Wolfgang Klafki. Eine Didaktik für das 21. Jahrhundert? Weinheim: Beltz.

Möller, K. (2001). Wissenserwerb und Wissensqualität im naturwissenschafts-bezogenen Sachunterricht. In: J. Kahlert & E. Inckemann (Hrsg.), Wissen, Können und Verstehen. Über die Herstellung ihrer Zusammenhänge im Sachunterricht (S. 115–126). Bad Heilbrunn: Klinkhardt.

Möller, K. (2006). Naturwissenschaftliches Lernen – eine (neue) Herausforderung für den Sachunterricht. In: P. Hanke (Hrsg.), Grundschule in Entwicklung. Herausforderungen und Perspektiven für die Grundschule heute (S. 107–127). Münster [u. a.]: Waxmann.

Möller, K. (2007). Genetisches Lernen und Conceptual Change. In: J. Kahlert, M. Fölling-Albers, M. Götz, A. Hartinger und D. von Reeken &. S. Wittkowske (Hrsg.), Handbuch Didaktik des Sachunterrichts (S. 258–266). Bad Heilbrunn: Klinkhardt.

Moosbrugger, H. & Schermelleh-Engel, K. (2007). Exploratorische (EFA) und Konfirmatorische Faktorenanalyse (CFA). In: H. Moosbrugger & A. Kelava (Hrsg.), Testtheorie und Fragebogenkonstruktion (S. 307–324). Heidelberg: Springer.

Mussweiler, T. & Gentner, D. (2007). On apples and oranges: Structural alignment in the selection of social comparison standards. Journal of cognitive science, 8 (1), 1–38.

Mutafchieva, M. & Kokinov, B. N. (2007). Does the family analogy help young children to do relational mapping? In: Proceedings of the european conference on cognitive science, 407–412.

Muthen, B. O., Kaplan, D. & Hollis, M. (1987). On structural equation modeling with data that are not missing completely at random. Psychometrika, 52 (3), 431–462.

Muthen, B. O. & Khoo, S.-T. (1998). Longitudinal studies of achievement growth using latent variable modeling. Learning and Individual Differences, 10 (2), 73–101.

Muthén, L. K. & Muthén Bengt O. (1998–2010). Mplus User's Guide. Sixth Edition. Los Angeles: Muthén & Muthén.

Mwangi, W. & Sweller, J. (1998). Learning to solve compare word problems: The effect of example format and generating self-explanation. Cognition and Instruction, 16, 173–199.

Namy, L. L. & Gentner, D. (2002). Making a silk purse out of two sow's ears: Young children's use of comparison in category learning. Journal of Experimental Psychology: General, 131 (1), 5–15.

Newman, D. A. (2003). Longitudinal modeling with randomly and systematically missing data: A simulation of ad hoc, maximum likelihood, and multiple imputation techniques. Organizational Research Methods, 6 (3), 328–362.

Novick, L. R. (1988). Analogical transfer, problem similarity, and expertise. Journal of Experimental Psychology. Learning, Memory & Cognition, 14, 510–520.

Paas, F. & van Merrienboer, J. J. G. (1994). Instructional control of cognitive load in the training of complex cognitive tasks. Educational Psychology Review, 6 (4), 351–371.

Paas, F. & van Merrienboer, J. J. G. (1994). Variability of worked examples and transfer of geometrical problem-solving skills: A cognitive-load approach. Journal of Educational Psychology, 86 (1), 122–133.

Paas, F., Renkl, A. & Sweller, J. (2004). Cognitive load theory: Instructional implications of the interaction between information structures and cognitive architecture. Instructional Science, 32, 1–8.

Perdue, B. & Summers, O. (1986). Checking the success of manipulations in marketing experiments. Journal of Marketing Research, 23, 317–326.

Piaget, J. (1972). Urteil und Denkprozeß des Kindes. Düsseldorf: Päd. Verl. Schwann.

Pollmeier, J., Hardy, I., Koerber, S. & Möller, K. (2011). Lassen sich naturwissenschaftliche Lernstände im Grundschulalter mit schriftlichen Aufgaben valide erfassen? Zeitschrift für Pädagogik, 57 (6), 834–853.

Quilici, J. L. & Mayer, R. E. (1996). Role of examples in how students learn to categorize statistics word problems. Journal of Educational Psychology, 88 (1), 144–161.

Rachel, A., Heran-Dörr, E., Wiesner, H. & Waltner, C. (2009). Verstehen bereits Grundschulkinder eine Modellvorstellung zum Ferromagnetismus? In: D. Höttecke (Hrsg.), Chemie- und Physikdidaktik für die Lehramtsausbildung (S. 107–109). Münster: LIT-Verlag.

Rachel, A., Wecker, C., Heran-Dörr, E., Wiesner, H. & Fischer, F. (2012). Wie wenig Instruktion ist zu wenig? Ergebnisse einer Unterrichtsstudie zur Einführung einer Modellvorstellung im Sachunterricht. In: H. Giest, E. Heran-Dörr, C. Archie (Hrsg.), Lernen und Lehren im Sachunterricht (S. 95–101). Bad Heilbrunn: Klinkhardt.

Rasch, B., Friese, M., Hofmann, W. J. & Naumann, E. (2004). Quantitative Methoden 1. Berlin: Springer.

Rasch, G. (1980). Probabilistic models for some intelligence and attainment tests. Chicago: University of Chicago Press.

Rattermann, M. J. & Gentner, D. (1998). More evidence for a relational shift in the development of analogy: Children's performance on a causal-mapping task. Cognitive Development, 13, 453–478.

Raykov, T. (1997). Scale reliability, Cronbach's coefficient alpha, and violations of essential tau-equivalence with fixed congeneric components. Multivariate Behavioral Research, 32 (4), 329–353.

Reinecke, J. (2005). Strukturgleichungsmodelle in den Sozialwissenschaften. München: Oldenbourg.

Reinecke, J. (2012). Wachstumsmodelle. 1. Aufl. München, Mering: Hampp.

Renkl, A. (1997). Learning from worked-out examples: A study on individual differences. Cognitive Science, 21 (1), 1–29.

Renkl, A. (2002). Worked-out examples: Instructional explanations support learning by self-explanations. Learning and Instruction, 12 (5), 529–556.

Renkl, A., Atkinson, R. K., Maier, U. H. & Staley, R. (2002). From example study to problem solving: Smooth transitions help learning. Journal of Experimental Education, 70 (4), 293–315.

Renkl, A., Gruber, H., Weber, S., Lerche, T. & Schweizer, K. (2003). Cognitive Load beim Lernen aus Lösungsbeispielen. Zeitschrift für Pädagogische Psychologie, 17 (2), 93–101.

Renkl, A., Hilbert, T. & Schworm, S. (2009). Example-based learning in heuristic domains: A cognitive load theory account. Educational Psychology Review, 21 (1), 67–78.

Renkl, A. & Schworm, S. (2002). Lernen, mit Lösungsbeispielen zu lehren. Zeitschrift für Pädagogik – Beiheft, 45, 259–270.

Renkl, A., Stark, R., Gruber, H. & Mandl, H. (1998). Learning from worked-out examples: The effects of example variability and elicited self-explanations. Contemporary Educational Psychology, 23, 90–108.

Richland, L. E., Morrison, R. G. & Holyoak, K. J. (2006). Children's development of analogical reasoning: Insights from scene analogy problems. Journal of Experimental Child Psychology, 94 (3), 249–273.

Rittle-Johnson, B. & Star, J. R. (2009). Compared with what? The effects of different comparisons on conceptual knowledge and procedural flexibility for equation solving. Journal of Educational Psychology, 101 (3), 529–544.

Rost, J. (2004). Lehrbuch Testtheorie – Testkonstruktion. 2. Aufl. Bern [u. a.]: Huber.

Rubin, D. B. (1973). Matching to remove bias in observational studies. Biometrics, 29 (1), 159–183.

Sagi, E., Gentner, D. & Lovett, A. (2012). What difference reveals about similarity. Cognitive Science, 36 (6), 1019–1050.

Schermelleh-Engel, K., Moosbrugger, H. & Müller, H. (2003). Evaluating the fit of structural equation models: Test of significance and descriptive goodness-of-fit measures. Methods of Psychological Research - Online (Band 8, S. 23–74).

Schnotz, W. (2001). Lernen aus Beispielen: Ein handlungstheoretischer Rahmen. Unterrichtswissenschaft, 29 (1), 88–95.

Schnotz, W. (2010). Conceptual Change. In: D. H. Rost (Hrsg.), Handwörterbuch Pädagogische Psychologie (S. 777–820). Weinheim: Beltz.

Schwelle, V., Hartinger, A., Lohrmann, K. & Groß Ophoff, J. (2013). „Ein Nussknacker ist aus Metall und deshalb stärker als die Hand." Präkonzepte von Drittklässlern zum Hebelgesetz. In: H.-J. Fischer, H. Giest & D. Pech (Hrsg.), Der Sachunterricht und seine Didaktik. Bestände prüfen und Perspektiven entwickeln (S. 129–136). Bad Heilbrunn: Klinkhardt.

Schwelle, V., Lohrmann, K. & Hartinger, A. (2012). Woran machen Kinder Gemeinsamkeiten zwischen Phänomenen fest? Prozedurales und konzeptuelles Wissen von Drittklässlern zu Hebeln. In: H. Giest, E. Heran-Dörr & C. Archie (Hrsg.), Lernen und Lehren im Sachunterricht. Zum Verhältnis von Konstruktion und Instruktion (S. 119–126). Bad Heilbrunn: Klinkhardt.

Schwelle, V., Lohrmann, K. & Hartinger, A. (2014). Interne Strukturen in einem Wissenstest zum Hebelgesetz. In: H.-J. Fischer, H. Giest & M. Peschel (Hrsg.), Lernsituationen und Aufgabenkultur im Sachunterricht (S. 181–188). Bad Heilbrunn: Klinkhardt.

Schwelle, V., Lohrmann, K. & Hartinger, A. (2015). Anders und doch gleich: Arbeiten mit unähnlichen Beispielen. Grundschule Sachunterricht, 65, 26–33.

Seiwald, B. B. (2003). Antwortformat. In: K. D. Kubinger & R. S. Jäger (Hrsg.), Schlüsselbegriffe der Psychologischen Diagnostik (S. 23–28). Weinheim: Beltz.

Seltzer, M. H., Frank, K. A. & Bryk, A. S. (1994). The metric matters: The sensitivity of conclusions about growth in student achievement to choice of metric. Educational Evaluation and Policy Analysis, 16 (1), 41–49.

Seufert, T., Schütze, M. & Brünken, R. (2009). Memory characteristics and modality in multimedia learning: An aptitude–treatment–interaction study. Learning and Instruction, 19 (1), 28–42.

Siegler, R. S. (1976). Three aspects of cognitive development. Cognitive Psychology, 8 (4), 481–520.

Spiro, R. J., Feltovich, P. J., Jacobson, M. J. & Coulson, R. L. (1991). Cognitive flexibility, constructivism, and hypertext: Random access instruction for advanced knowledge acquisition in ill-structured domains. Educational Technology, 31 (5), 24–33.

Spreckelsen, K. (1969). Zum Erkenntnisprozeß in der Physik - Modellvorstellungen im Bereich der exakten Naturwissenschaften. Die Realschule, 77, 202–205.

Spreckelsen, K. (1992). Weltverstehen im Sachunterricht und Selbstständigkeitsentwicklung. Grundschule, 24 (9), 30–32.

Spreckelsen, K. (1995). Analogiebildungen als erste Schritte von Schülern auf dem Weg in die Physik. Naturwissenschaften im Unterricht. Physik (NiU-Physik), 6 (27), 30–32.

Spreckelsen, K. (1997a). Phänomenkreise als Verstehenshilfen. In: W. Köhnlein, B. Marquardt-Mau und H. Schreier (Hrsg.), Kinder auf dem Wege zum Verstehen der Welt. Forschungen zur Didaktik des Sachunterrichts Band 1 (S. 111–127). Bad Heilbrunn: Klinkhardt.

Spreckelsen, K. (1997b). Wie Grundschulkinder physikalische Phänomene verstehen. Grundschule, 10, 18–19.

Spreckelsen, K. (1998). Kindliches Umweltverstehen und seine Bedeutung für den Sachunterricht. In: L. Duncker & W. Popp (Hrsg.), Kind und Sache. Zur pädagogischen Grundlegung des Sachunterrichts (S. 213–224). 3. Auflage. Weinheim; München: Juventa Verlag.

Star, J. R., Kenyon, M., Joiner, R. M. & Rittle-Johnson, B. (2010). Comparing Pays Off! Mathematics Teacher, 103 (8), 608–612.

Star, J. R. & Rittle-Johnson, B. (2009). It pays to compare: An experimental study on computational estimation. Journal of Experimental Child Psychology, 102 (4), 408–426.

Stark, R., Gruber, H., Renkl, A. & Mandl, H. (2000). Instruktionale Effekte einer kombinierten Lernmethode. Zahlt sich die Kombination von Lösungsbeispielen und Problemlöseaufgaben aus? Zeitschrift für Pädagogische Psychologie, 14 (4), 206–218.

Steiner, G. (2001). Lernen und Wissenserwerb. In: A. Krapp & B. Weidenmann (Hrsg.), Pädagogische Psychologie. Ein Lehrbuch (S. 137–205). Weinheim: Beltz Psychologie Verlags Union.

Stern, W. (1914). Psychologie der frühen Kindheit bis zum sechsten Lebensjahr. Leipzig: Quelle & Meyer.

Stern, W. (1967). Psychologie der frühen Kindheit bis zum sechsten Lebensjahr. Mit Benutzung ungedruckter Tagebücher von Clara Stern und mit einem Geleitwort von Günther Stern-Anders. Heidelberg: Quelle & Meyer.

Stöcker, H. (2010). Taschenbuch der Physik. Formeln, Tabellen, Übersichten. 6. Aufl. Frankfurt am Main: Deutsch.

Straka, G. A. & Macke, G. (1979). Lehren und Lernen in der Schule. Eine Einführung in Lehr-Lern-Theorien. Stuttgart: Kohlhammer.

Strübing, J. (2008). Grounded theory. Zur sozialtheoretischen und epistemologischen Fundierung des Verfahrens der empirisch begründeten Theoriebildung. Wiesbaden: VS Verlag.

Sweller, J. (1983). Control mechanisms in problem solving. Memory & Cognition, 11, 32–40.

Sweller, J. (1988). Cognitive load during problem solving: Effects on learning. Cognitive Science, 12 (2), 257–285.

Sweller, J. (1994). Cognitive load theory, learning difficulty, and instructional design. Learning and Instruction, 4 (4), 295–312.

Sweller, J. & Cooper, G. A. (1985). The use of worked examples as a substitute for problem solving in learning algebra. Cognition and Instruction, 2 (1), 59–89.

Sweller, J., van Merrienboer, J. J. G. & Paas, F. (1998). Cognitive architecture and instructional design. Educational Psychology Review, 10 (3), 251–296.

Urban, D. & Mayerl, J. (2008). Regressionsanalyse: Theorie, Technik und Anwendung. 3. Aufl. Wiesbaden: VS Verlag.

van Gog, T., Paas, F. & Sweller, J. (2010). Cognitive load theory: Advances in research on worked examples, animations, and cognitive load measurement. Educational Psychology Review, 22 (4), 375–378.

Vosniadou, S. (1989). Analogical reasoning as a mechanism in knowledge acquisition: A developmental perspective. In: S. Vosniadou & A. Ortony (Hrsg.), Similarity and analogical reasoning (S. 413–437). New York: Cambridge University Press.

Wagenschein, M. (1965). Die pädagogische Dimension der Physik. 2. erg. Aufl. Braunschweig: Westermann.

Ward, M. & Sweller, J. (1990). Structuring effective worked examples. Cognition and Instruction, 7, 1–39.

Weisberg, R., Dicamillo, M. & Phillips, D. (1978). Transferring old associations to new situations: A nonautomatic process. Journal of Verbal Learning and Verbal Behavior, 17 (2), 219–228.

Weiß, R. H. (2006). CFT 20-R. Grundintelligenztest. Skala 2. Revision. Göttingen: Hogrefe.

Weniger, E. (1956). Didaktik als Bildungslehre. Teil 1: Theorie der Bildungsinhalte und des Lehrplans. Weinheim: Beltz.

Wetzel, F. G. (1980). Kognitive Psychologie. Eine Einführung in die Psychologie der kognitiven Strukturen von Jean Piaget. Weinheim, Basel: Beltz.

Wiater, W. (2011). Unterrichtsplanung. Prüfungswissen – Basiswissen Schulpädagogik. 1. Aufl. Donauwörth: Auer.

Wilkening, F. & Anderson, N. H. (1990). Representation and diagnosis of knowledge structures develpomental psychology. In: N. H. Anderson (Hrsg.), Contributions to information integration theory (S. 45–80). Hillsdale: L. Erlbaum Associates.

Wilkening, F. & Cacchione, T. (2011). Children's intuitive physics. In: U. Goswami (Hrsg.), The Wiley-Blackwell handbook of childhood cognitive development (2nd ed.) (S. 473–496). Wiley-Blackwell.

Wilkening, F., Huber, S. & Cacchione, T. (2006). Intuitive Physik im Kindesalter. In: W. Schneider & B. Sodian (Hrsg.), Kognitive Entwicklung (S. 823–859). Göttingen: Hogrefe.

Wirtz, M. (2002). Beurteilerübereinstimmung und Beurteilerreliabilität. Methoden zur Bestimmung und Verbesserung der Zuverlässigkeit von Einschätzungen mittels Kategoriensystemen und Ratingskalen. Göttingen: Hogrefe.

Wirtz, M. (2004). Über das Problem fehlender Werte: Wie der Einfluss fehlender Informationen auf Analyseergebnisse entdeckt und reduziert werden kann. Die Rehabilitation, 43 (2), 109–115.

Wittwer, J. & Renkl, A. (2010). How effective are instructional explanations in example-based learning? A meta-analytic review. Educational Psychology Review, 22 (4), 393–409.

Wu, M. L., Adams, R. J., Wilson, M. R. & Haldane, S. A. (2007). ACER Conquest. Mulgrave.

18 Abbildungsverzeichnis

19   Tabellenverzeichnis

Inhaltsspezifischer Wissenstest

Item 1

Kann die Wippe so stehen?
Kreuze für jedes Bild an.

Item 2

Es ist sehr schwierig, eine Walnuss mit der Hand zu öffnen.
Warum geht es mit einem Nussknacker einfacher?

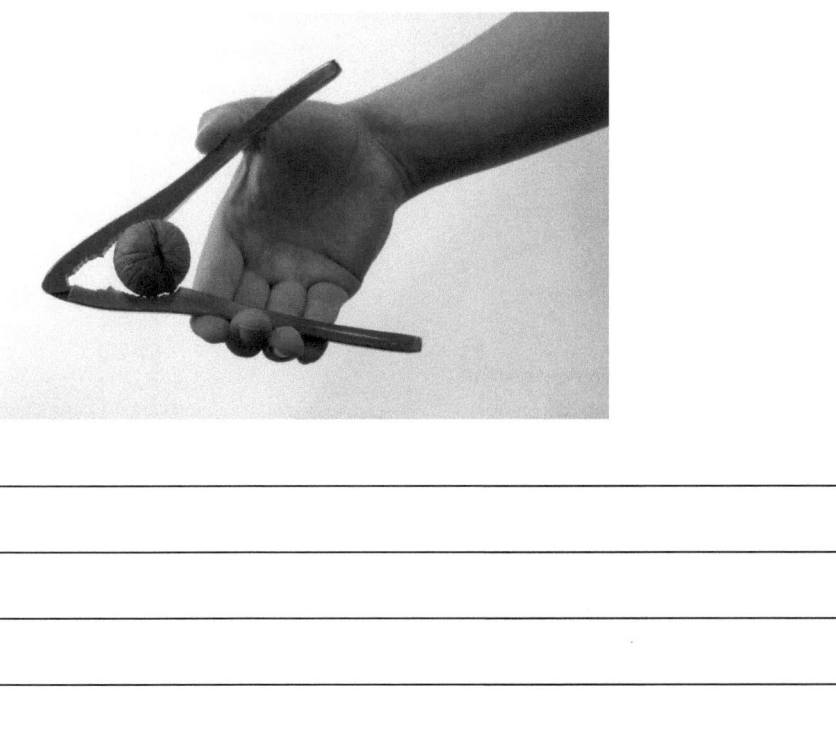

_____

_____

_____

_____

_____

Item 3

Auf einem Spielplatz gibt es eine besondere Wippe. Papa und Lukas überlegen sich, wie sie sich hinsetzen müssen, damit sie einfach miteinander wippen können.

Kreuze an.

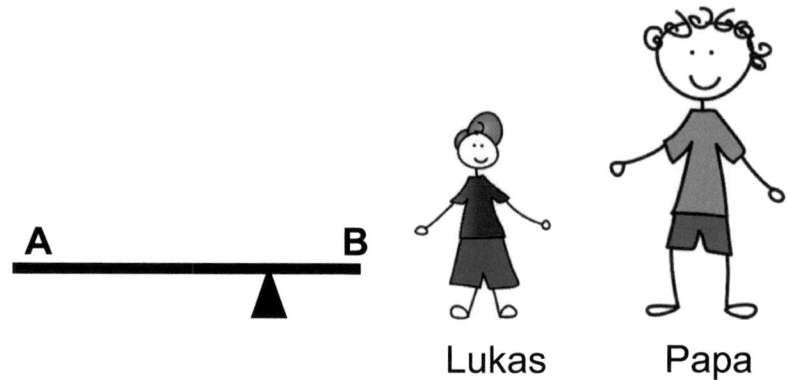

☐ Es ist egal. Die beiden können immer gleich gut miteinander wippen.

☐ Lukas muss sich auf A setzen und Papa auf B.

☐ Es ist egal. Auf dieser Wippe können die beiden nie miteinander wippen.

☐ Papa muss sich auf A setzen und Lukas auf B.

Item 3oA

Weil:

_____

_____

_____

_____

Item 4

Benno möchte einen schweren Kartoffelsack mit einer stabilen Metallstange anheben.
Mit welcher Stange geht es einfacher? Kreuze an.

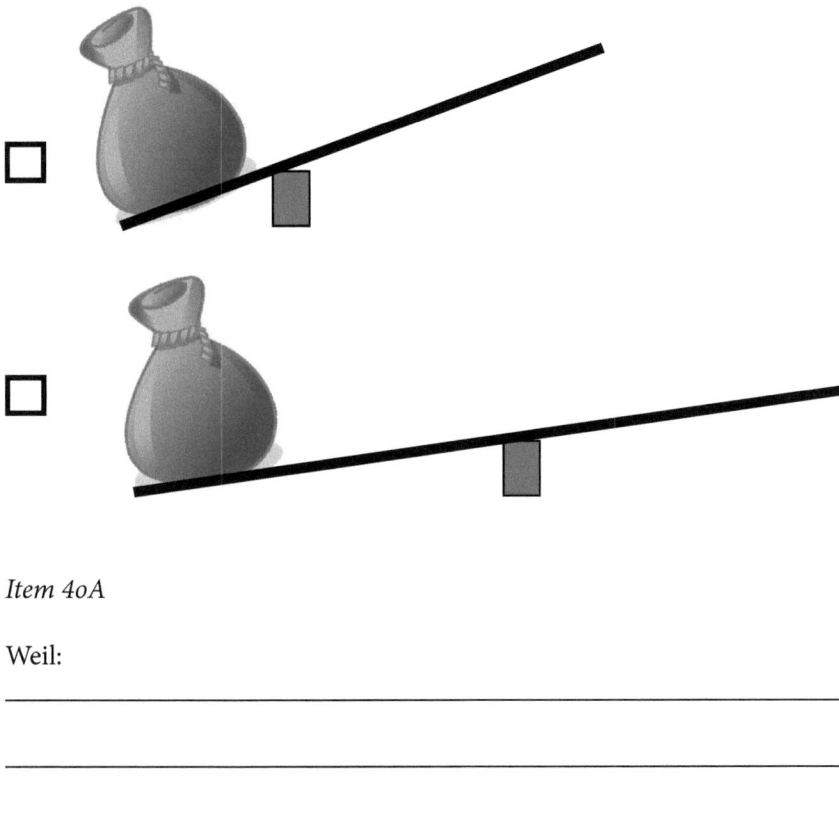

Item 4oA

Weil:

_____

_____

_____

_____

Sabine und Paula möchten miteinander wippen.
Kreuze das Bild an, bei dem es am einfachsten geht.

Sabine   Paula

☐   ☐   ☐

Item 5K

Warum? Wähle die Antworten aus, die es am besten erklären und kreuze an.
Mehrere Antworten sind richtig.

☐   Weil Sabine leichter ist als Paula.   V10

☐   Weil Paula leichter ist, wenn sie außen sitzt.   V11

☐   Weil Paula leichter ist, wenn sie in der Mitte sitzt.   V12

☐   Weil die beiden Mädchen so im Gleichgewicht sind.   V13

☐   Weil Sabine weniger Kraft braucht, wenn sie außen sitzt.   V14

☐   Weil Paula schwerer ist, wenn sie in der Mitte sitzt.   V15

Item 6

Emil ist beim Spielen eine Murmel unter das Sofa gerollt. Das Sofa ist sehr schwer. Papa schlägt deshalb vor, es mit einer stabilen Stange anzuheben. Mit welcher Stange braucht man am wenigsten Kraft?
Kreuze an.

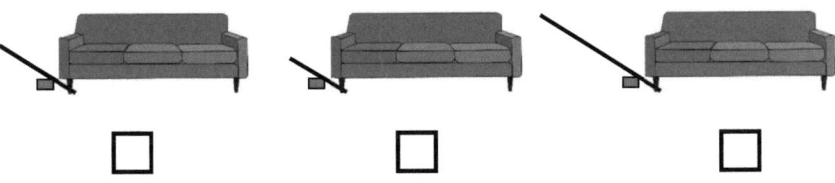

□   □   □

Item 6K

Warum? Kreuze an.	richtig	falsch	Fällt mir gerade nicht ein.
V17 Je länger die Stange ist, umso mehr Kraft braucht man.	□	□	□
V18 Je länger die Stange ist, umso weniger Kraft braucht man.	□	□	□
V19 Weil der Abstand zwischen dem Klotz und dem Ende der Stange so am größten ist.	□	□	□
V20 Je kürzer die Stange ist, umso mehr Kraft hat man.	□	□	□

Item 7

Wo musst du die Nuss in den Nussknacker legen, damit du am meisten Kraft hast sie zu knacken? Kreuze an.

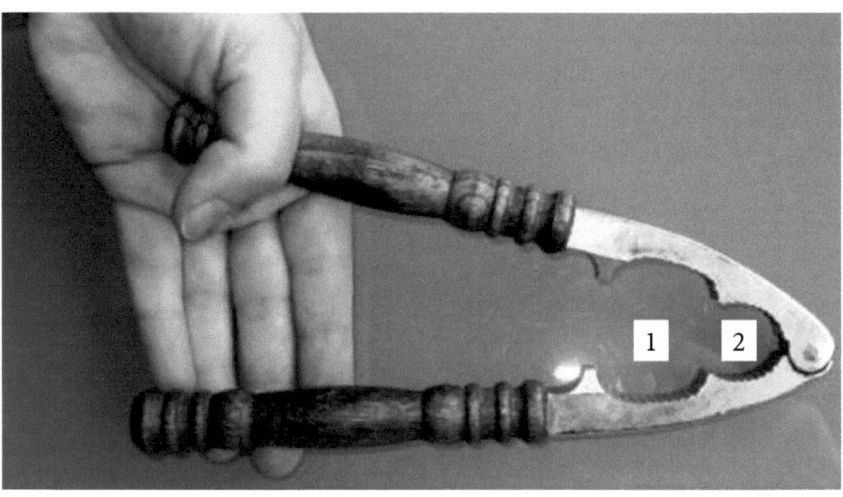

☐ Stelle 1

☐ Stelle 2

Item 7K

Warum? Kreuze an.	richtig	falsch	Fällt mir gerade nicht ein.
V22 Weil der Nussknacker an dieser Stelle aus Metall ist.	☐	☐	☐
V23 Weil der Abstand zwischen der Nuss und dem Griff so länger ist und man mehr Kraft hat.	☐	☐	☐
V24 Weil der Nussknacker die Nuss dort am besten festhält.	☐	☐	☐
V25 Weil der Abstand zwischen der Nuss und dem Griff so kürzer ist und man mehr Kraft hat.	☐	☐	☐

Item 8

Benenne die Teile. Wähle aus den Begriffen die richtigen aus.

Kraft	Gewicht	Hebelarm	Schraubpunkt
Achse	Kraftarm	Klotz	Lastarm
Drehpunkt	Länge	Last	Stange

Achtung: Manche Begriffe kommen mehrfach vor, andere gar nicht.

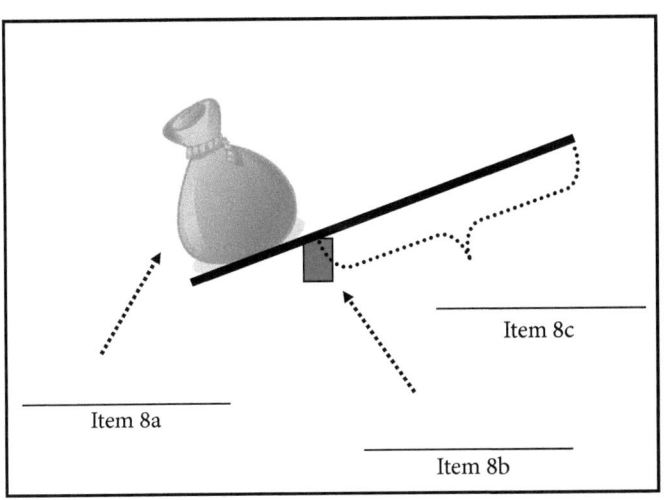

Item 8a

Item 8b

Item 8c

Item 8d

Item 8e

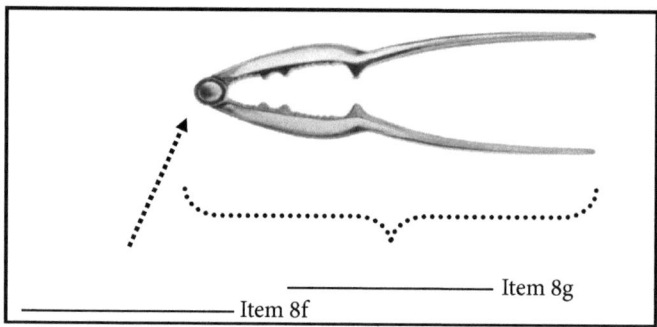

Item 8f

Item 8g

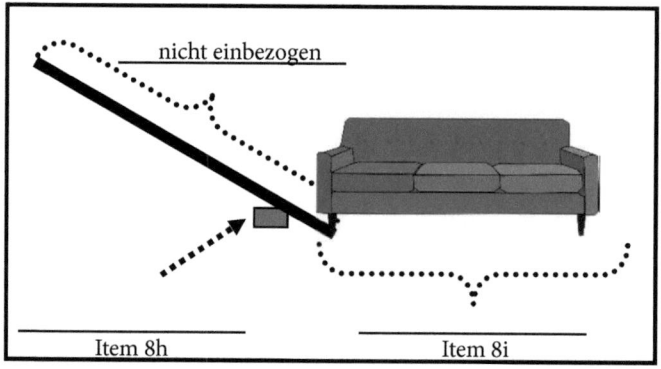

nicht einbezogen

Item 8h

Item 8i

Item 9

Beide Wippen sind im Gleichgewicht. Welcher Korb ist schwerer?
Kreuze an.

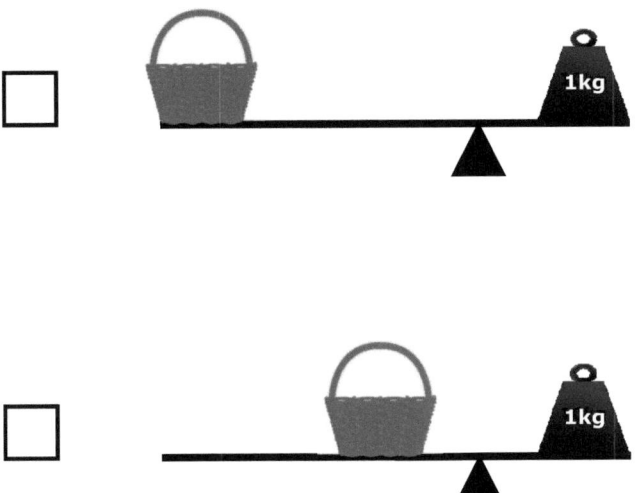

Herr Schreiner kann einen großen Kleiderschrank nur anheben, wenn er eine lange stabile Metallstange benutzt.

Warum? Kreuze an.

	richtig	falsch	Fällt mir gerade nicht ein.
Weil die Stange aus Metall ist.	☐	☐	☐
Je länger die Stange ist, umso mehr Kraft hat man.	☐	☐	☐
Weil man mit der langen Stange mehr Kraft braucht.	☐	☐	☐
Weil man mit der langen Stange wenig Kraft braucht.	☐	☐	☐

Item 11Glgw

Nimm dir Zeit die Sätze zu lesen.
Manche Sätze sind richtig, manche Sätze sind falsch. Überlege bei jedem
Satz und kreuze an.

	richtig	falsch	Fällt mir gerade nicht ein.
V41 Je schwerer ein Gegenstand ist, umso mehr Kraft braucht man um ihn hochzuhebeln.	☐	☐	☐
V42 Eine Wippe ist im Gleichgewicht, egal wie schwer die Kinder sind und egal wo sie sitzen.	☐	☐	☐
V43 Du drückst auf eine Stange. Durch eine lange Stange wird diese Kraft verstärkt.	☐	☐	☐
V44 Je kürzer ein Hebel ist, umso mehr Kraft hat man, einen schweren Gegenstand hochzuhebeln.	☐	☐	☐
V45 Eine Wippe ist im Gleichgewicht, wenn zwei unterschiedlich schwere Kinder außen sitzen.	☐	☐	☐
V46 Je länger ein Hebel ist, umso mehr Kraft hat man, einen schweren Gegenstand hochzuhebeln.	☐	☐	☐
V47 Eine Wippe ist im Gleichgewicht, wenn zwei gleich schwere Kinder außen sitzen.	☐	☐	☐

Item 11Kv

Nimm dir Zeit die Sätze zu lesen.
Manche Sätze sind richtig, manche Sätze sind falsch. Überlege bei jedem
Satz und kreuze an.

	richtig	falsch	Fällt mir gerade nicht ein.
V41 Je schwerer ein Gegenstand ist, umso mehr Kraft braucht man um ihn hochzuhebeln.	☐	☐	☐
V42 Eine Wippe ist im Gleichgewicht, egal wie schwer die Kinder sind und egal wo sie sitzen.	☐	☐	☐
V43 Du drückst auf eine Stange. Durch eine lange Stange wird diese Kraft verstärkt.	☐	☐	☐
V44 Je kürzer ein Hebel ist, umso mehr Kraft hat man, einen schweren Gegenstand hochzuhebeln.	☐	☐	☐
V45 Eine Wippe ist im Gleichgewicht, wenn zwei unterschiedlich schwere Kinder außen sitzen.	☐	☐	☐
V46 Je länger ein Hebel ist, umso mehr Kraft hat man, einen schweren Gegenstand hochzuhebeln.	☐	☐	☐
V47 Eine Wippe ist im Gleichgewicht, wenn zwei gleich schwere Kinder außen sitzen.	☐	☐	☐

Empirische Erziehungswissenschaft

BAND
60

Stefan Kühne

Zur Rekonstruktion schulischer Bildungsverläufe

Der Beitrag der Individualstatistik für die Entwicklung von Verlaufsindikatoren

*2015, 288 Seiten, br., 34,90 €,
ISBN 978-3-8309-3307-6*
*E-Book: 30,99 €,
ISBN 978-3-8309-8307-1*

Für Aussagen über das Schulwesen stellen amtliche Schulstatistiken eine zentrale Informationsgrundlage dar. Viele Bundesländer erfassen inzwischen so genannte schulstatistische Individualdaten.

In dieser Untersuchung wird nach dem Zugewinn dieser Individualdaten für das Bildungsmonitoring in Deutschland gefragt. Am Beispiel ausgewählter Schulstatistiken zum Schulabschluss und Schulabbruch werden die Defizite herkömmlicher Indikatoren aufgezeigt und individualstatistischen Indikatorenansätzen gegenübergestellt. Ziel ist es, von der üblichen Beschreibung von Zuständen ('stock indicators') zu einer Rekonstruktion von Verläufen zu gelangen ('flow indicators').

BAND
61

Cécile Ledergerber

Unterrichtskommunikation und motivational-emotionale Aspekte des Lernens

Eine videobasierte Analyse im Mathematikunterricht

2015, 256 Seiten, br., 29,90 €,
ISBN 978-3-8309-3323-6
E-Book: 26,99 €,
ISBN 978-3-8309-8323-1

Die Qualität der Unterrichtskommunikation ist für das Lernen von Schülerinnen und Schülern von großer Bedeutung. Dieses Buch stellt die Erkenntnisse der Unterrichtsqualitäts- sowie der Lehr- und Lernforschung hinsichtlich der Unterrichtskommunikation praxisnah dar und zeigt auf, was unterstützende Unterrichtsgespräche kennzeichnet. Die Ergebnisse setzen die Qualität der Unterrichtskommunikation mit der Unterrichtswahrnehmung von Schülerinnen und Schülern in Beziehung. Mit der videobasierten Analyse der Unterrichtskommunikation von Lehrpersonen im Mathematikunterricht wird zudem ein Weg aufgezeigt, motivational-emotional relevante Aspekte der Unterrichtskommunikation systematisch zu erfassen.